LAST RESORT
最后防线

金融危机与
紧急救市的未来

The Financial Crisis
and the Future of Bailouts

[美] 埃里克·波斯纳———著 朱工宇 刘熹微———译

ERIC A. POSNER

格致出版社 上海人民出版社

推荐序一

风物长宜放眼量，风吹山角晦还明
丁 伟*

在法学界乃至经济学界，波斯纳的名字都是一个传奇。如今，这个传奇正在延续。埃里克·波斯纳教授的学术履历，生动诠释了"虎父无犬子"的古语。身为法律经济学的重要创始人理查德·波斯纳之子，身在芝加哥大学这座世界级的经济学重镇，小波斯纳的法学之路从最开始就深刻烙上了经济分析的方法论印记。无论是他个人的第一部专著《法律与社会规范》，还是之后关于国际法、商法、经济法、宪法的一系列著述，无不鲜明体现了法律经济学的学术进路。

小波斯纳这本专门研究国际金融危机的《最后防线：金融危机与紧急救市的未来》，是其论著中比较少见的以传统法律分析为主体的作品。这可能与他作为律师近距离参与了受到危机重创的美国国际集团的系列诉讼案件有一定关系，所以本书具有更多来自法律实务方面的专业视角。当年那场破坏巨大且贻害至今的次贷风暴，也曾让老波斯纳如鲠在喉如芒刺背，以致先后出版了《资本主义的失败》《资本主义民主的危机》两部力作，对西方资本主义制度的缺陷和弊端作了毫不留情的批判。与其父的学术畅销书以及其他作者不计其数的同主题作品相比，小波斯纳这部新作的特点和优点都是非常明显的。

---

* 丁伟，上海市人大常委会法制工作委员会主任，上海市立法研究所所长，华东政法大学教授、博士生导师。兼任中国国际私法学会副会长，上海市法学会副会长，司法部法治建设与法学理论研究部级科研项目专家咨询委员会委员，司法部国家司法考试命题委员会委员，教育部国家公派留学评议专家，国内外多所高校兼职教授、客座教授。

从行文上看，《最后防线：金融危机与紧急救市的未来》简洁、犀利、深刻，仅以有限的篇幅，就把金融危机的主要根源、历史演进、应对过程、未来趋势以及相关的经济理论、法律规定、政府举措、诉讼纠纷、政治博弈、改革思路讲得一清二楚、入木三分，给人以曲径通幽、豁然开朗之感。从内容上看，本书的最大价值，就是专注于危机的事后化解环节、扎根于美国的金融法律制度，以紧密结合具体法律条文的细致剖析，得出令人信服的完善最终贷款人相关授权立法以及改进金融监管体系和司法裁判规则的对策建议。这也使本书得以从其他把焦点更多放在政府事前监管问题上的大量危机叙事中凸显出来。小波斯纳没有人云亦云，相比于谴责政府和企业，他更感兴趣的是：如何在下一次危机到来前，让法律跟上时代！

得益于作者开阔的学术视野、敏锐的学术嗅觉、专业的学术训练，本书关于新型的最终贷款人必须同时是终极交易商或者终极做市商的立法建议，与现代金融体系的发展趋势高度契合，对于我国深化金融体制改革也有很强的现实意义。正如《泰晤士高等教育》书评所言："本书的具体法律意见是专门针对美国的……但是，波斯纳关于金融体系需要强有力的支撑以及明确界定的干预和救助的权力的总体立论，与任何一个拥有复合型金融中心的国家都紧密相关。"

放眼世界，影子银行的壮大和金融科技的飞跃，已经对金融业的生态格局产生深远影响。跨界开展金融、非金融、类金融、金融基础设施等多种业务的混业经营主体，正在全球范围内引领新一波的金融创新浪潮。大数据和云计算的广泛运用，算法模型和经营模式的高度趋同，又可能会强化羊群效应和传导共振，从而放大金融市场的波动和风险。虽然每次金融危机的表现形式有所不同，但追根溯源，均与金融过度自由化、金融创新过于复杂、监管空白和监管套利普遍存在，超过了微观风控能力和宏观监管能力等因素直接相关，而这也是监管机构的权责需要通过立法更新的原因。

由于金融业内在的脆弱性、负外部性和风险外溢性，在历次危机发生后，实体经济都损失惨重，不得不由国家和社会公众付出高昂的救助成本，并进一步拖累实体经济发展。救还是不救，这是一个问题。如何去救，又是一个问题，而且是一个更现实的问题。《最后防线：金融危机与紧急救市的未来》反复论证的"美国政府经常违反法律"的核心结论，能够给予我们的一大重要启示，就是必须以法治思维和法治方式来防范化解危机。

从美国、日本、欧洲等国家和地区的实践来看，面对金融危机的冲击，它们起初也不太重视法治化的应对，而是更倾向于非正式的道德劝诫或者由政府机构发布指导意见等方式进行"密室行政"；直到晚近以来，才日趋通过正式立法并诉诸专门机构予以处理，应对的法治化程度也越来越高，这无疑大大增强了应对过程的可预测性和应对机构的可问责性。美国是其中的典型，相关权责机构的权力主要来自国会立法授权，此等权力的实际行使又引发了大量诉讼，上至联邦最高法院下至各州地区法院都深涉其中，从而又形成了一些普通法的原则。

如果不考虑本书的具体语境和相应的政治背景，那么小波斯纳在书的最后所提出的建议，归根结底，其实是一个关于立法的问题，一个关于法治和改革的问题。

"法无禁止皆可为、法无授权不可为、法定职责必须为。"上海自贸区成立以来，这句标语逐渐成为了从上到下的普遍共识。殊不知，这三个深蕴法理的短句，正好也是本书所讨论的一大主题。对于私权利主体，"法无禁止皆可为"，而人民群众的创造力是无限的，所以金融创新和监管套利的形式也是无尽的，立法、执法、司法都很难及时规范周延。对于公权力主体，"法无授权不可为、法定职责必须为"，而法律与经济、社会、科技的发展相比常常是滞后的，所以金融监管和危机化解的政府权责之间也常常是矛盾的。诚然，这是法治的困境之所在，但这恰恰也是改革的动力之所在。

以公权力的依法行使及其立法完善为例：可不可为，是一种技术判断；该不该为，则是一种价值判断。价值判断总是优先于技术判断，但最终还是要回归到技术判断。两者在现实场景中可能存在背离，但在理想状态下应当尽量趋同。具体来讲，政府显然负有防范化解重大风险的法定职责，但采取特定的防范化解措施却又需要依据明确授权，如果在执法中出现"该为而不可为"的情况，往往说明法律与现实之间已经存在脱节，那么立法就有必要及时调整作出回应。

立法是法治的前提，及时回应改革需求，在关键时刻就显得尤其重要。如果说在平时还能好整以暇，那么在危机中就是时不我待。要实现制度供给的及时性，即使是在平时，也需要妥善解决立法需求的扩张性与立法资源的稀缺性、供给能力的有限性之间的矛盾；一旦面临危机，还必须额外解决立法需求的紧迫性与立法资源的短缺性、供给能力的局限性之间的矛盾。如何确保制度的及时供给，做到"在法治下推进改革、在改革中完善法治"，对立法者的智慧是一种考验。

每当危机来临之际，不论是资本主义国家周期性上演的金融危机、经济危机，还是更加难以预期的公共健康危机、非传统安全危机，往往都会出现一种声音，希望政府在各种紧急状态下采取某些未获立法授权的行动来保护公众利益。从长远来看，从历史来看，这是得不偿失的。"海压竹枝低复举，风吹山角晦还明"，危机总是暂时的，没有不可克服的危机。如果允许危机侵蚀法治的肌理，反而会对

　　　　　　　　最后防线：金融危机与紧急救市的未来

国家社会造成更大的危机，第二次世界大战前夜的轴心国就是最坏的明证。

"风物长宜放眼量"，法治作为人类政治文明的重要成果，同样也应该是人类战胜危机的重要武器。当今世界正经历百年未有之大变局，发展的外部环境日趋复杂，不稳定性、不确定性明显增加。外部环境越是复杂，越要运用法治思维和法治手段，充分发挥法律"治国之重器"的作用。面对各种公共危机，除了要及时以法治方式弥补国家或者国际组织的能力不足，更重要的是要像小波斯纳在本书中所做的那样，总结危机的经验教训，以期通过能动性、前瞻性、引领性的立法推动改革进程，为防范和化解下一次危机做好准备。

法治兴则国兴，法治强则国强。法治是国家核心竞争力的重要内容。世界各国之间的竞争，在很大程度上是制度和规则的竞争。谁能在规则制定和运用中占据有利位置，谁就能赢得发展的主动权。除了完善国内立法，我们也要积极参与国际规则制定，做全球治理变革进程的参与者、推动者、引领者。要不断提升依法治理的智慧和能力，综合利用立法、执法、司法等手段深化改革、推动发展、化解矛盾、维护稳定、应对风险，坚决维护国家主权、安全和发展利益。

本书的两位译者朱工宇和刘熹微，都是我所任教的华政国际法学院的学生，两人都十分优秀。因为工作的关系，我与小朱有更多接触。小朱在校时曾代表学校参加"Vis Moot"国际商事仲裁英文辩论赛，在学术研究上能力也很强。我曾作为美迈斯法学奖学金的评委为其颁奖，此外他还得过贝克·麦坚时奖学金、贸仲奖学金、上海市优秀毕业生等荣誉。毕业后，他曾从事多年涉外民商事和劳动争议审判工作，常年撰写法院的劳动争议和自贸区审判白皮书，参与过互联网金融类案件审理情况分析等最高人民法院重大课题、重点课题，多次获全国和上海法院系统学术讨论会、审判白皮书、司法统计分析等各类奖项。后来，由于深度参与浦东争取国家立法授权进程，小朱来到了上海市人大，与我有了更多联系。调任那年，他关于陆家嘴金融城探索"业界共治＋法定机构"治理架构的建议，就入选了"浦东新区十大改革创新举措"，在此基础上又起草了金融城体制改革决定，为试点提供了依据，并被海南自贸港等改革先行地区所借鉴。从法官到立法工作者、公职律师，他都取得了不错成绩。这些年，他在起草"一业一证"改革决定等系列规范、参与修订自贸区条例等地方法规的过程中，都与我有很多交流。去年年初，当他把译稿送我参阅并请我作序时，我很高兴他能不忘所学，在繁忙的工作之余坚持比较法的研究。值此书出版之际，表示祝贺，希望他在未来的立法工作中，既要保持批判主义、理想主义的特质，以学者的敏锐，及时捕捉需求和发现问题；又要秉持现实主义、理性主义的态度，以立法者的睿智，有效破解难题，确保改革始终在法治轨道上运行。

2020 年 12 月

不畏浮云遮望眼，不废江河万古流

李迅雷 *

金融危机的防范化解，是当今世界的一个重大课题。位列我国新时期三大攻坚战之一的重大风险攻坚战，其核心任务就是坚决守住不发生系统性金融风险的底线。作为一名经济学者，我在开始阅读《最后防线：金融危机和紧急救市的未来》这部专著时，也不禁好奇，法律专家的视角会将我的思考带往何处？

果不其然，对我而言，波斯纳教授的精彩论述不啻于一种思维的挑战：政府（广义上的政府，包括某些相对独立的最终贷款人）有责任化解金融危机，但是政府也可能并不具备成功化解危机所必需的权力，因此，政府为化解危机所采取的应对措施完全有可能是违法的。这是我平时很少会去考虑的一个问题。

从法律角度看，波斯纳的立论显然是对的，而且他很有针对性地提出了改革金融法律制度和监管管理体制的具体建议。在我国加快深化金融供给侧结构性改革的大背景下，不管是对于广大金融业者，还是深谙此道的法律人，特别是立法者、司法官、监管者来说，本书都是相当具有启发性和建设性的。然而，我想说的是，从经济角度看，其观点未免有些严格。

回顾历史，放眼世界，可以发现这样的规律：当经济繁荣向上的

---

* 李迅雷，中泰证券首席经济学家，中国首席经济学家论坛副理事长，九三学社中央委员。

时候，往往由市场配置资源效率更高，进一步助推经济上行；当经济处在下行期的时候，各种风险都会暴露出来，就更需要发挥政府的管控作用。面对金融危机的冲击，政府应对措施的好坏对错，影响巨大。但是大多数人所关注的所谓好坏对错，其实并不是法律意义上的合法与否，而是经济意义上的有效与否。

当然，这并不是说法律问题就不重要。"时代的一粒灰，落在个人头上，就是一座山。"政府的任何一项措施，落在具体的、特定的社会主体身上，必然产生相应的、特定的经济效应和法律后果，有好有坏、有悲有喜。基于不同的国情，不同的人对于法治的精神、有限政府的理念等都会有不同的观点。在波斯纳置身的境域中，人们更习惯运用诉讼等法律武器，为权利而战。

不过，我还是更习惯跳脱于个体的得失，从更宏观的角度来讨论经济问题。关于危机应对，我想结合当前情况，以三组关系为切入点，简单谈些看法。

金融与经济

"金融活，经济活；金融稳，经济稳。""经济兴，金融兴；经济强，金融强。经济是肌体，金融是血脉，两者共生共荣。"习近平总书记的这些论断，深刻总结了金融与经济之间的关系，在某种程度上也点明了金融危机和经济危机之间的纠葛。

从历史上看，由于货币、资本与生产、消费的结合越来越紧密，金融危机和经济危机往往相伴相生。但是，两者的内在联系，并不能抹杀双方的本质区别。事实上，金融危机不必然导致经济危机，经济危机也不必然导致金融危机。

今年，全球的经济波动情况比较复杂。其中既有疫情问题，又有

最后防线：金融危机与紧急救市的未来

经济问题，同时还有贸易摩擦、政治角力等因素相互交错。总体而言，全球经济本就处于结构失衡和下行趋势中，疫情则进一步加速了经济衰退的步伐。全球的供应链和产业链遭遇阻断，世界主要经济体的经济甚至出现局部停摆，在这样的大环境里，金融市场的表现却有些出乎意料。

不少人总是把股市作为经济的晴雨表，但疫情以来最逆反的就是美国的股市指数与经济的背离。3月份，美国股市出现两次熔断，短短19天就进入技术性熊市。从历史数据看，一旦进入技术性熊市，则意味着牛市见顶，这次却有所不同，4月份开始的强劲反弹，又让股市进入了技术性牛市，其间很多指数甚至创了历史新高。与此同时，美国经济并没有太大起色，二季度GDP增速为−9.5%，国际货币基金组织曾预测其全年增速可能在−8%左右。那么，如何来解释这一背离现象呢？

美国股市之所以有此表现，很大一部分原因是空前宽松的货币政策和财政政策。美联储仅二季度就扩表逾3万亿美元，资产负债表规模达7.1万亿美元，当前美债占GDP的比重已经超过100%。美国财政部的发债规模也是令人咋舌，创了近几十年来的新高，全年的财政赤字率估计会超过15%，只有第二次世界大战结束之时可以与之相提并论。如此大规模的放水，必然有相当一部分资金流入股市，让资本市场受益。而且，联邦政府还投入大量财力补贴民众，比如3月底为应对疫情推出《新冠病毒援助、救济、经济保障法》（Coronavirus Aid, Relief, and Economic Security Act，简称《CARES 法》），对失业人口每周补贴600美元，很多人的收入甚至比失业前还要高。从Yodlee披露的数据来看，部分补贴很可能又被投入了股市进行投机，因为收到补贴后股市交易的量和频率在各收入段人群中都有显著提高。此外，还有一个背离就是股指与股市的背离，股指的代表性越来越差，经济在分化，股指与股市也在分化。

飞速膨胀的财政赤字和美债收益率在强力扩表背景下持续走低的局面，加速推动了美元指数的下行趋势，这又导致了流向其他经济体的资金相应增多，进而造成了全球范围内经济与股市的背离。事实上，全球经济依然是负增长的，我国经济虽然一枝独秀，但是GDP增速显然也不可与往年相比。

需求侧与供给侧

或许是吸取了上次国际金融危机的惨痛教训，面对疫情的冲击，西方主要经济体普遍采取了较为激进的纾困措施，同时辅之以量化宽松货币政策。最终贷款人各显神通大逞其能的机会再次到来。在当前经济形势下，紧急注入流动性当然是必要的，至少可以避免爆发流动性危机，但其弊端在于会进一步增加社会债务、加大资产泡沫、加剧收入分化，使得结构性问题更加突出。

以美国为例，前期大举债、高补贴、强刺激的应对措施，并没有真正拉动内需。疫情对传统产业打击更大，对中低收入者的收入影响更多，美国也是如此，数据显示，其失业率上升后，人均薪酬反而上升，说明低薪者在失业，传统产业更加低迷。二季度，美国居民可支配收入增长了11%，而消费支出下降了9%，消费依然没有起来，收入溢出效应反而导致资金流向股市。美股泡沫化下，杠杆资金规模也趋高位，占市值比重已超过互联网泡沫高峰时期。股市繁荣、经济却持续衰退，车市低迷、豪车却销量大增，这都是财富效应进一步加剧经济分化的表现。对此，需要依靠收入再分配来缩小差距，才能起到扩大内需的效果，这就属于制度供给的范畴了。像这样的需求侧刺激政策，是很难持续的，也会酿成隐患。

之前，法国学者皮凯蒂的《21世纪资本论》曾引发高层重点关注和学界广泛讨论。他用翔实的数据证明，美国等西方国家的不平等程度已经达到或超过历史最高水平，认为不加制约的资本主义加剧了财富不平等现象，而且将继续恶化下去。尽管他的分析主要是针对分配领域的，没有过多涉及更根本的所有制问题，但是得出的结论值得我们深思。今年美国大选和黑人平权运动引发的分裂和骚乱，与这一逻辑是一致的，都是因为社会经济结构扭曲导致的不满和应对。

事实上，即便没有疫情，全球经济也会处于一个下行的趋势。这主要是因为长期累积的结构性问题越来越严峻，尤其是贫富两极分化已经成为全球性问题。不仅发达经济体如此，新兴经济体也是如此。在全球经济弱复苏和流动性泛滥、部分债务国经济雪上加霜的背景下，我们要特别警惕全球性的系统风险。

今年以来，全球很多传统企业破产倒闭，说明疫情加快了供给侧的出清速度，实际上也加快了新旧动能转换的速度。这次，无论是应对疫情冲击还是应对经济回落，中国都非常成功，充分体现了制度优势。在措施上，我国与欧美国家的财政和货币政策有一个显著的不同，那就是没有去过度刺激经济，而是力图通过改革来解决结构性问题，是真正要"在危机中育先机，于变局中开新局"。

具体怎么操作呢？主要还是通过供给侧来改革，特别是深化要素市场的改革来推进。比如深化土地、劳动力、资本等生产要素的市场化配置改革，加大培育技术和要素市场，健全要素市场交易机制，等等。以金融市场为例，2019年开始进行注册制的试点，当前的目标是进一步完善多层次的资本市场，加大对外开放的力度。其改革的层面很多，主板、中小板、创业板、科创板、新三板等方方面面都在推进，这对于提高直接融资比重以支持实体经济是非常有利的。

总之，通过总量政策来刺激内需的弊端很多，可能累积风险，而且也不能治本。疫情之下，要形成需求牵引供给、供给创造需求的更高水平动态平衡，除了抓住扩大内需这个战略基点，更重要的还是坚持供给侧结构性改革这个战略方向。未来，要加快形成以国内大循环为主体、国内国际双循环相互促进的新发展格局，应对可能遇到的外部风险和挑战，关键还是要从供给侧来发力。

国内大循环与国内国际双循环

最近几年，许多国家的经济持续低迷、失业问题严重、两极分化加剧、社会矛盾加深。再加上"新孤立主义"及其变种在西方部分国家抬头，大大小小关税战层出不穷，全球贸易冲突不断加剧。这次疫情，又导致全球产业链受阻、国际经贸活动锐减、中美两国摩擦加大，使得人们对"逆全球化"预期比较一致。

我以为，"逆全球化"并不等于"反全球化"，本质上还是一种全球化，是全球化进入存量阶段的一个变体。在增量经济占优时，是一个做大蛋糕的过程；而在存量经济主导下，则表现为如何切分蛋糕。这一波"逆全球化"浪潮的实质，是某些发达国家为了转移其国内社会经济结构长期扭曲所导致的各种矛盾，同时试图重新建立或再度巩固一个有利于使其自身利益最大化的全球化秩序。

在此背景下，高层反复强调新发展格局，其现实意义尤为凸显。事实上，自 2008 年国际金融危机以来，我国经济已经在向以国内大循环为主体转变。未来一个时期，国内市场主导国民经济循环特征会更加明显。这个大循环的顺利运作，对于我们成功抵御外部风险，其作用不啻于定心丸、压舱石。当然，新发展格局决不是封闭的内循环，而是国内国际双循环相互促进。我国在积极拉动内需的同时，既加大力度引进外资，又加强国家之间的合作、输出资本，无论是"一带一路"倡议、自贸区试点、自由港建设，还是举办进口博览会、提出"六稳（包括稳外贸、稳外资）六保"等，无不体现出我国一直在为外循环的畅通和扩大而努力。

要成功构建新发展格局，关键在于做好三大抓手：改革、开放、创新。改革和开放是大家耳熟能详的，最近一段时间以来，创新被特别提出，说明中国经济谋求转型的力度比较大。目前仍是新旧动能转换的历史机遇期，要形成新时代新形势下我国参与国际竞争合作的新优势，还需强调这一方面。这就意味着我们还是要加大科技创新的力度，自主创新，促进数字经济、智能制造、生命健康、新材料等战略性新兴产业，以便形成更多的增长点、增长极。在这个存量经济占主导的阶段，我们还是要争取把蛋糕做大，让全世界更多人共享。

全球化这个大趋势，不会因为一些短期因素、人为因素而改变。这是因为，全球化的动力，来自生产要素流动，来自资本追求投资回报率的需求，来自人力资本追求更高薪酬的需求，来自通过交换或者价差获得贸易收益的需求。在当前疫情之下、在某些国家阻碍之下，全球化的进程可能会有所放缓，结构性扭曲导致全球经济步入一个低增长、高振荡的态势当中，但这只是短暂现象。

习近平总书记在不久前的浦东开发开放 30 周年庆祝大会上指出："我说过，中国经济是一片大海，我还要说世界经济也是一片大海。世界大海大洋都是相通的，任何人企图人为阻碍世界大海大洋相通，都只能是一种不自量力的幻想！"今年，中国奇迹般地克服了各种暂时性的困难，成为主要经济体中唯一能够保持正增长的国家。这真是一个好兆头，我相信，中国在世界经济中的地位将持续上升，同世界经济的联系会更加紧密，为各国提供的市场机会将更加广阔，成为吸引国际商品和要素资源的巨大引力场。"不畏浮云遮望眼，不废江河万古流！"是为序。

最后，言归正传，让我们回到波斯纳教授的专著。关于金融危机的应对措施，本书主要侧重于在美国的制度框架下如何依法化解系统性风险。我虽长期研究经济，但并不是这方面的专家，之所以在此作囫囵语，围绕金融和经济领域风险的防范和化解，笼统说了些个人的观点，是因为本书的一位译者。作为当选过三届的上海市人大代表，我与朱工宇先生素有交集。在 2020 年初的市人代会上，他曾与我讨论本书并赠予译稿。很高兴两位译者能将这部视野独特、分析入微、深度融会法律与经济的跨学科著作翻译出来，希望本书的出版能够对我国深化金融体制改革、完善金融监管体系有所助益。借此机会，向其表示祝贺！

2020 年 12 月 3 日

目　录

第三章 政府救助的合法性分析

第四章 美国国际集团相关诉讼

第五章 房利美和房地美

第六章 通用汽车和克莱斯勒的破产

INTRODUCTION

绪 论

> 美联储是当时唯一的消防队。
>
> ——亨利·保尔森①[1]

在2007—2008年那场金融危机之后,如果说有一件事是肯定的,那就是政府再也不会救助无力自救的金融机构了。美国前总统奥巴马曾如此表态。美国国会则把这一原则写进了后纾困时代最重要的联邦法规——《多德—弗兰克法》(Dodd-Frank Act)②[2]的序言之中。而且,所有高级别政府官员都对此表示认同。

这背后不无道理。政府的紧急救市激怒了普罗大众。于是他们发起了"茶党"(Tea Party)和"占领华尔街"(Occupy Wall Street)

---

① 亨利·保尔森(Henry Paulson),昵称汉克·保尔森(Hank Paulson),美国财政部第74任部长(2006—2009),曾任高盛集团董事会主席和首席执行官。——译者注
② 该法的全称是《多德—弗兰克华尔街改革和消费者保护法》(Dodd-Frank Wall Street Reform and Consumer Protection Act),于2010年7月21日经时任美国总统奥巴马签署生效。该法以推动其立法的两位国会议员命名,即参议院银行委员会主席克里斯·多德(Chris Dodd)和众议院金融服务委员会主席巴尼·弗兰克(Barney Frank)。之所以直接冠以"华尔街改革"之名,是因为华尔街既是2008年次贷危机的直接肇因,也是美国金融业的缩影。该法被认为是1929年"大萧条"以来最全面、最严厉的金融改革法案,是与《格拉斯—斯蒂格尔法》(Glass-Steagall Act,又称《1933年银行法》)比肩的又一块金融监管基石,为全球金融监管改革树立了新的标尺。其核心内容是保护消费者以及解决金融业系统性风险等问题。——译者注

运动。①官员们承认，在市场经济条件下，政府救市有违常理，因为市场经济必须允许甘冒风险的人承受损失。不负责任的富人们做出了愚蠢的投资，伤害了无辜的百姓，政府的救市行动反而会"犒赏"这些富人。政府救市的必要性，仅仅在于因为一旦全球经济崩溃，很可能会有更多人受到伤害。然而，也许政府的救市根本就是多余的。在这场净化性的"诸神的黄昏"（*Götterdämmerung*）②里，金融机构本应被允许作为"献祭的牺牲"。如果人们从一开始就能保持理性，那么紧急救市也就不会有其必要了。

　　救助金融机构是错误的，至少看起来是错误的。然而，"救助"（bailout）这个词有很多种用法，问题也正由此而来。自 1913 年创建之日起，美国联邦储备委员会（Federal Reserve Board）③——相当于其

---

① 茶党是右翼运动，占领华尔街是左翼运动。所谓左右之分，在美国的语境下，一言以蔽之，就是小政府和大政府，右翼是小政府，左翼是大政府。双方均认为美国有大问题，但解决方案却南辕北辙：占领华尔街运动觉得政府做得太少，主张政府要多收税，特别是多收富人的税，以缓解财富分配的不公，更好保护"草根"群体的利益；茶党却秉持保守自由传统，认为政府做得太多，主张政府要缩小规模、缩减开支、降低税收、弱化监管。茶党的"茶"（Tea）字，其实就是"Taxed Enough Already"的首字母缩写，意为"税已经收得够多了"。——译者注

② "诸神的黄昏"是北欧神话传说中预言的，会引发世界毁灭与重生的众神间的大战。原文所引德语，是瓦格纳（Wilhelm Richard Wagner）歌剧名作《尼伯龙根的指环》（*Der Ring des Nibelungen*）第四幕《诸神的黄昏》（*Götterdämmerung*）的标题，其他的三幕依次为《莱茵的黄金》（*Das Rheingold*）《女武神》（*Die Walküre*）《齐格弗里德》（*Siegfried*）。——译者注

③ 美国联邦储备委员会是美国联邦储备系统（以下简称"美联储"）的一部分。该系统于 1913 年 12 月 23 日根据《联邦储备法》成立，专司货币政策制定和金融机构监管等职能，是一个准公共银行系统。除了美国联邦储备委员会外，还包括 12 个地区性联邦储备银行（Federal Reserve Bank）、联邦公开市场委员会（Fedral Open Market Committee）和若干咨询委员会（Advisory Concil）组成。作为经国会授权的中央银行，其组织架构比较特别，采用的是法定机构和私营机构的混合结构，既不是一家单纯的银行，也不是一个严格意义上的政府部门。一般认为其具有独立性，其决议无需总统或国会批准，也不接受政府和国会的拨款，但须受国会监督。此外，其每年所得利润的 94% 需上缴财政部，剩余 6% 则用于向其股东（3 000 多家会员银行）支付股息。——译者注

他国家的中央银行——具有一项被称为"最终贷款人"（Lender of Last Resort，LLR）的职能。最终贷款人的作用是在出现金融危机、系统性的抽贷断贷（withdraw of credit）、整个经济体共同囤积现金等情况时，向无处筹措资金的金融机构提供贷款。最终贷款人会向银行以及其他的金融机构放贷，直到市场恢复信心，然后再连本带利收回贷款。

在肇始于 2007 年的那场金融危机中，美联储正如人们所预期的那样行使了它的最终贷款人职能。尽管这场危机在表现形式上和传统的、发生在普通商业银行的挤兑有所不同，但是它的确符合金融危机的经典定义。人们首先从商业银行或投资银行控制的部分金融实体中撤回资金，随后又从投资银行、货币市场共同基金以及其他的金融机构中撤回资金。然而，这些"影子银行"①对于整个经济体系而言太过重要，它们的倒闭会导致整体经济的崩溃（连带导致传统银行体系一并崩溃）。正是因为这场金融危机的特殊性质，美联储在应对危机时不仅要向银行提供贷款，还要向非银行金融机构提供贷款。后来，为了重振金融系统，美国国会还专门给财政部提供了拨款。

美联储真的"救助"过金融系统吗？答案取决于我们如何来定义"救助"。根据字典上的定义，救助指的是向某个无力偿还债务的人或者

---

① 影子银行（shadow banks）是指游离于银行业监管体系之外，可能引发系统性风险和监管套利等问题的信用中介体系（包括各类相关机构和业务活动）。影子银行是美国次贷危机爆发后出现的一个重要的金融学概念，又被称为"平行银行系统"（parallel banking system），包括投资银行、对冲基金、货币市场共同基金、保险公司、结构性投资工具等非银行金融机构。同时，影子银行也是通过银行贷款证券化进行信用无限扩张的一种方式，其核心是把传统的银行信贷关系演变为隐藏在证券化中的信贷关系。这种信贷关系看上去像传统银行，但只是行使了传统银行的功能，却没有传统银行的组织机构，所以才会被比作银行的影子。影子银行引发系统性风险的因素主要包括四方面：期限错配、流动性转换、信用转换和高杠杆。——译者注

企业提供经济帮助。然而，这个定义相当宽泛。假设我有一笔1 000美元的信用卡账单无法还上，我去找本地银行申请"房抵贷"（home equity loan），借此还清了账单。在接下来的几年里，我再把房抵贷还清。按照字典上的定义，这笔银行贷款可以算作"救助"。正因为有了它，我的信用卡债务才不会出现逾期违约。但是，这样的贷款并没有什么不同寻常之处。银行收我利息，借此营利，所以算不上是在帮我。

再假设，我转而去找我那有钱的叔叔，跟他说我还不起债了。于是叔叔给了我1 000美元现金，让我去还给信用卡公司。或者，由于叔叔知道我游手好闲，不大可能再有钱还他，就干脆直接给了我这笔钱，而且不收利息。这时候，我叔叔对我的"救助"就超出了字典上的定义。有些人可能会说，这种救助方式在道德上是存在争议的：他在帮我清偿债务的同时，也在教我不必为自己的行为负责。他承受了损失，却不期望得到回报。至于我，因为知道叔叔会来帮我，在金钱方面则会继续不负责任地大手大脚。

现在，我们再来探讨典型的金融危机期间的最终贷款人贷款。那时候，银行和其他金融机构都无法筹措到资金，因为没人愿意借给它们。一旦其债务到期，它们就会面临破产。其实银行有很多资产可以变卖抵债，但是因为这时候所有人都在囤积现金，所以没人愿意买。即使有少数胆子比较大的有钱人认为金融危机已经触底，银行把资产贱卖给他们之后还是会陷入资不抵债（insolvent）的境地，因为这样的贱卖无法筹措到足够的资金。此时，银行也可以用它的资产作担保，向最终贷款人申请贷款。而最终贷款人只需满足一些宏观经济上和政治上的宽泛条件，便可以通过发行货币的方式继续经营。正因为如此，最终贷款人才会借钱给银行。它不关心银行要多久才能还清贷款，因为它的投资是无限期的。

如果一切顺利，银行将连本带息还清最终贷款人的贷款，或者把担保物赔给最终贷款人。等到危机结束，最终贷款人可以在市场上出售这些担保物。这种情况更接近于我在前面举的"房抵贷"的例子，而不是"富叔叔"的例子。唯一的区别在于，在第一个例子里我找的是私营银行，而在金融危机期间，那些金融机构找的是政府。金融机构这样做是可以理解的。当某人家里发生火灾时，他会打电话给消防队，而不是去找私营企业来灭火，因为根本没有负责灭火的私营企业。金融危机期间，政府在某种意义上相当于信贷的垄断者。如果最终贷款人操作得当，政府应该能够赚钱，而不是亏钱。事实上，在2007—2008年危机期间，政府确实赚到了钱。

当然，现实也可能未必如此。如果最终贷款人向资不抵债的机构发放贷款，却没有取得足够的担保物，它就会亏钱，甚至可能会亏一大笔钱。经济学家们把事情分得很清楚：一种是我之前讲过的，给具有偿债能力的（solvent）银行提供的，纯粹的流动性支持（liquidity support）；另一种是给因为经营不善而导致资不抵债的银行的救助（rescue）。后者放出去的是再也收不回来的不良贷款。在 20 世纪 80 年代的美国储贷危机①

---

① 储贷危机（the S&L crisis）是二战后美国爆发的一场延续约 10 年之久的金融危机。20 世纪 70 年代，由于受到共同基金的冲击，储蓄贷款协会的储源大幅减少，濒临危机。为此，1980 年，国会通过《储蓄机构放松管制和货币控制法》（Depository Institutions Deregulation and Monetary Control Act），首次允许协会开展支票存款、提供浮动利率抵押贷款、消费贷款以及信托等传统上属于商业银行的业务。1982年，国会通过《甘恩—圣哲曼储蓄机构法》（Garn-St. Germain Depository Institutions Act），首次批准协会做无担保贷款业务，包括接受垃圾债券。1986 年，规定存款利率上限的 Q 条例被取消。这一切都刺激了协会的迅速扩张，它们大肆进行投机经营。但不久以后，油价下跌导致美国西南部经济陷入普遍衰退。许多储蓄贷款协会的投资无法收回，以致纷纷破产，进而导致为它们承保的联邦储蓄贷款保险公司的保险基金在 1987 年耗尽，无法履行所承诺的保险理赔义务，公众对金融业的信心也发生了动摇。储贷危机是金融监管当局被市场牵着鼻子走，进而被市场惩罚的结果，堪称金融监管失败的典型案例。——译者注

中，很多储蓄贷款协会①放出去的商业贷款都成了不良货款，协会最终以倒闭收场。政府向这些机构的储户进行偿付，却因为储蓄贷款协会对储户的负债远远超过了贷款本身的价值而损失了数十亿美元。

在储贷危机中，储蓄贷款协会没有被"救活"，政府也亏掉了数十亿美元。在 2007—2008 年的次贷危机中，政府却"救活"了陷入困境的银行，并赚到了数十亿美元。[3]尽管人们对储贷危机也感到愤怒，然而，无论是在猛烈程度上还是在政治影响上，这种愤怒都不能和人们对 2007—2008 年间政府救助行为的愤怒相提并论。那么，大家到底是在愤怒什么呢？

至少在公众层面，很少有人知道政府不仅没有亏钱，反而赚到了钱。有一种误解很可能阻碍了更为理性的分析，那就是政府在某种程度上对金融危机以及由此而来的经济衰退负有责任。有种观点认为，政府建立的金融系统在景气时给银行家利益，在不景气时又以牺牲纳税人的利益为代价来保护银行家，使他们免于承担损失。正如我将在下文讲到的，这种观点尽管部分正确，却算不上是对金融危机成因的很好的分析。

在对政府救助行为持批评态度的专家眼中，美联储在金融危机期间的行为之所以过当或者不当，源于它在危机应对中的以下表现：第

---

① 储蓄贷款协会（savings and loan, S & L）是在美国政府支持和监管下专门从事储蓄业务和住房抵押贷款的非银行金融机构。协会成立的初衷是为购房提供融资，贷款要以所购房屋为抵押。与银行一样，储蓄贷款协会可以在联邦或州注册，必须遵守美联储的资本充足率的规定。其形式主要有互助制和股份公司制两种。互助制意味着没有对外发行的股份，存储者即为所有者。1831 年诞生于宾夕法尼亚州的第一家储蓄贷款协会就是带有慈善互助性质的封闭性团体。为了提高储蓄贷款协会扩大资本来源的能力，美国开始通过立法促进从互助制向股份公司制的转变。1850 年，部分储蓄贷款协会对一般公众开放业务。1934 年，联邦储蓄贷款保险公司（FSLIC）成立，作为美国政府的一个独立机构，专门为储蓄贷款协会提供存款保险。——译者注

最后防线：金融危机与紧急救市的未来

一，传统观点认为最终贷款人应该把钱借给银行，而不是其他金融机构。然而，美联储却向非银行金融机构提供了大量贷款。第二，很多人认为美联储应该对金融系统提供整体支持，而不是只帮助个别企业，美联储同样违背了这一原则。大量针对特定企业的贷款被美联储发放给了诸如投资银行贝尔斯登（Bear Stearn）、保险公司美国国际集团（AIG）等对象。第三，在次贷危机期间，很多评论家指出，美联储把钱借给了资不抵债的企业，而非缺乏流动性但具有偿债能力的企业。这几乎就是储贷危机的重演。只不过储贷危机中，美联储在提供流动性支持方面保持了适当克制，尽管有些借款人可能真的既缺乏流动性又资不抵债，但这一观点在总体上是错误的。第四，美联储、联邦存款保险公司（Federal Deposit Insurance Corporation，FDIC）和获得了国会授权的财政部的救助规模太过庞大，以致政府的应对措施超过了以往的限度。

最后，很多评论家认为政府救助那些行事草率、不计后果的企业是有欠公平的；而且由于救助行为向市场传递了投资者不必为其错误决策承担责任的信号，这也为日后再次发生危机埋下了伏笔。若投资者知道将来一定会或者可能会被救助的话，他们就有了充分的投机冲动，希望在市场向好的时候获利，在市场崩溃的时候免于承担损失。这种不良动机，就是所谓的道德风险（moral hazard）。

对道德风险的批评，比表面看起来要更加复杂。企业行事草率、不计后果可以有多种表现形式。一种表现是其投资项目的净现值①为

---

① 净现值（net present value，NPV）是指投资方案所产生的未来现金净流量以资金成本为贴现率折现之后与原始投资额现值的差额。最简化的公式是：净现值＝未来现金净流量现值－原始投资额现值。净现值的经济实质是投资方案报酬超过基本报酬后的剩余收益。计算净现值时要按预定的贴现率进行贴现，预定贴现率是投资者所期望的最低投资报酬率（一般即资金成本）。净现值为正，方案可行；净现值为负，则不可取；净现值越大，方案越优，投资效益越好。——译者注

负。这可能是因为企业不够谨慎，或者认为政府会来救它。另一种表现是投资项目的净现值虽然为正，但是成功的概率非常低。企业如果没有对自己的投资进行谨慎的对冲，就有可能陷入流动性危机——无法在盈利之前筹措到足够的资金来维持运营。

尽管很多企业的草率经营行为属于上述第一种形式（有些企业还存在非法行为），然而这些草率（或者非法）的经营行为却不太可能引发金融危机。草率的经营行为可能会导致一些企业，甚至很多企业倒闭，但是绝对不会有人相信会因此引发经济危机。正因为如此，2008—2009 年间的政府救助不太可能导致人们在日后不计后果地草率行事。如果一家企业现在大量投资高风险衍生品，一旦风险爆发，它就很可能会破产，除非它是那种"大而不能倒"（too-big-to-fail）的企业。对于这个特例，我会在后面进行论述。即便是"大而不能倒"的企业，它的股东也会经历"大换血"。[4]对于金融机构而言，除非有特殊情况，它们是无法抵御流动性危机的。正如法律所规定的那样，在这方面，它们依赖的是政府的保护。

然而，本书的关注重点并不在于如何制定政策，而是一个被大多数人忽略但又同样重要的问题：政府的行动真的合法吗？

金融危机发生后，美国国会质询了很多参与危机应对的最高级别官员，包括美联储主席本·伯南克（Ben Bernanke），纽约联邦储备银行主席、奥巴马总统执政时期的财政部部长蒂莫西·盖特纳（Timothy Geithner），小布什总统执政时期的财政部部长保尔森以及联邦存款保险公司主席希拉·拜耳（Sheila Bair）。国会还成立了专门委员会，和其他的政府监察机构一起来评估他们的行动。在质询中被反复问到的一个问题，就是这些官员在危机应对中是否违反了法律的规定。他们的行动是否超越了国会给他们的授权？

最后防线：金融危机与紧急救市的未来

答案是肯定的——违法。美国政府经常违反法律。有时候，这种违法行为比较明显；更多的时候，是政府对法律的解释出了问题。美联储的行动之所以违法，是因为它征收了美国国际集团将近80%的股份。财政部之所以违法，是因为它征收了房利美（Fannie Mae）和房地美（Freddie Mac）几乎所有的股份。在对通用汽车（GM）和克莱斯勒（Chrysler）的大批债权人提供救助的过程中，美国政府不仅违背了破产法的精神，很可能还违反了法律的明文规定。美联储选择购买各种"有毒资产"（toxic assets），而不是以这些资产为担保来发放贷款，财政部则用国会的拨款救助购房者，两者很可能都已经违反了法律。至于联邦存款保险公司，在很多重大事项上也违反了法律的规定。

某些情况下，受损失的股东或者合同相对方会提起诉讼，主张权利。但在其他情况下，他们却因为不具备起诉的资格而无法进入诉讼程序。在抗议政府救助的人们眼中，这是一种非常强烈的讽刺。他们认为政府救助的受害者是纳税人，而非股东。假如有人要起诉，那也应该是纳税人来起诉。但是纳税人无权起诉政府并要求其停止某些监管行为（除了极个别的，与此无关的情况外），或者就违法的监管行为请求赔偿损失。相反，在大家看来，恰恰是得到了不公平救助的股东（和其他利益相关方）有权提起诉讼。

不难理解，人们对华尔街普遍缺乏同情的心态掩盖了与政府救助行动有关的一些重要问题。在政府行为合法与否的问题背后，是这场危机原本应当如何救助以及今后的危机又当如何救助的问题。这两个问题之间有着非常密切的关系。如果我们认为政府的行为不合法，却促进了公共利益，那么我们就应该修改法律，这样监管者们下次就会知道大家到底期望它们做些什么。事实上，不管原告最终能否胜诉，相关诉讼都在很大程度上揭示了救助行动本身存在的问题，并对究竟应当如何制定救助政策提出了很多思考。

这些诉讼主要围绕两个密切相关的主张展开：一个是政府利用紧急状态征收了原告的财产；另一个是政府对待原告不够公平，因为有些情况和它们相似的企业（或者其他利益相关方）却以更加优惠的条件得到了救助。这两个主张之间的密切联系在于，所谓的"更加优惠的条件"，其实就是政府不实施征收。在金融危机期间，有无数的金融机构无法借到资金。很多机构只能宣告破产，但是，也有很多机构从政府那里借到了钱，却不需要向政府交出股份，甚至不需要支付实质性的利息。

这里有许多的复杂问题需要澄清。第一，很多企业虽然没有从政府借到钱，却因为政府的紧急救助而获益。假如政府救助了 X，也就相当于救助了 X 的债权人。有了政府的贷款，X 才能够向它的债权人付款。当然，正如房利美和房地美所经历的那样，X 的股东可能会被扫地出门。另外，还有很多企业从政府的贷款中直接获益。这些企业既没有交出股份，支付的利息也很低。在这两种情况下，股东们都能保住自己的股份权益，因为政府或者让他们的企业有钱还债，或者让其他企业有钱向他们的企业还债。那些原告们认为，相比于以上情况，政府对他们实在太不够意思了。

第二，为什么政府对有些企业很好，对有些企业却没那么好，这也是个问题。对此有很多种解释。其中一种解释是，某些企业由于其高管比较精明或者和政府官员关系密切，所以在政治上具有非常大的影响力。与之相关的一个说法就是"华尔街"获得了比其他地方和其他行业的企业更好的待遇。美国国际集团的股东们纷纷叫屈，认为政府在公众和国会寻找替罪羊的时候，把它当成了目标，并征收了该集

　　　　　　　　　　　最后防线：金融危机与紧急救市的未来

团的股份。其他人则指出，"大而不能倒"的企业因为政府的慷慨馈赠而获益，但"小到不必救"（too-small-to-save）的企业却没那么幸运。

尽管上述观点揭示了部分真相，然而还有一种解释没得到应有的重视。就政府救助而言，一个很重要但是经常被忽视的问题是，企业并不想接受这些紧急贷款；即使接受了紧急贷款，它们也会把钱存起来，而不是借出去。只要还有办法避免，企业并不愿意接受紧急贷款，因为企业害怕市场给它们贴上弱者的标签，从此不再借钱给它们，进而加速它们的死亡。如此一来，紧急贷款就变成了"死刑立即执行"，而不是"死缓"。企业也不愿意把借到的钱再借出去，这是为了保留足够的现金，防备债权人以后不再借钱给它们。这就是"推绳子"①难题：政府无法强迫借款方把它们收到的政府专项资金再转借出去。对于政府而言，这两个问题都非常重要，因为如果银行这样的传统意义上的贷款方不重新开始放贷，那么政府就无法重树信贷市场的信心。

我认为，政府之所以能在2008年9月15日雷曼兄弟（Lehman）申请破产后的危机关键时期，及时控制住美国国际集团以及房利美和房地美，主要是出于如下几个偶然因素：房利美和房地美具有作为公私混合型实体（hybrid public-private entities）的特殊性质；而对于美国国际集团，是因为在对雷曼兄弟的救助失败后，政府可以信誓旦旦地威胁美国国际集团的董事会把控制权交给政府，否则政府将任其倒

---

① 推绳子（pushing the string）是关于经济政策的一个著名比喻，指的是某些政策只能作用于一个方向，却不能对另一个方向起到作用，就像绳子只能拉不能推，有时也特指货币政策效应的不对称性，因为货币政策对通货膨胀效果明显，对通货紧缩却效果不彰。一般认为，该表述之所以被人广泛援引，主要得益于英国经济学家约翰·梅纳德·凯恩斯（John Maynard Keynes）的阐发。——译者注

闭。政府一旦控制了这些企业，就可以直接控制或者至少是间接影响它们的活动。如此一来，也就不需要再去"推绳子"了。政府不仅动员房利美和房地美救助了住房抵押贷款市场[5]，还强迫美国国际集团帮助其他企业把有毒资产从它们的资产负债表中清理了出去。

上面这些例子阐述了本书的部分主题，后面还要对更多的案例进行讨论。我的基本观点如下：第一，在危机爆发之初，法律并没有授予最终贷款人（美联储和联邦存款保险公司）足够的权力来救助金融系统。即使是在国会为财政部划拨了救助资金并授权其随意支配之后，最终贷款人（现在还包括财政部）的权力依然不足以应对危机。第二，法律对这些机构的约束还不够充分，仅在个别比较重要的方面有一些规定。有时候，这些机构无视法律；有时候，它们千方百计规避法律。到最后，在法律和政治的双重约束之下，它们不得不向国会寻求更多授权。即便如此，授权仍显不足。第三，法律的约束是有副作用的。在危机期间，由于这些机构普遍（除了少数明显的例外情况）违反或者规避了法律，这种副作用还相当有限。然而，在危机过后，这些违法行为造成了政治上的不良影响，可能会妨碍政府应对下次金融危机。此外，这些违法行为还可能导致政府在诉讼中被判承担赔偿责任。第四，这些承担最终贷款人职能的机构在行使权力时有所偏私，并通过操纵民意来压制反对救助的不同政见。第五，尽管《多德—弗兰克法》所反映出来的主流意见是限制最终贷款人的权力，但正确的做法其实应当是增加最终贷款人的权力，同时用平等待遇原则对最终贷款人加以限制，避免出现偏私。

一直以来，经济学家和法律人士始终信奉强势政府，尽管他们有时候并不愿意承认自己有这种想法。即使是其中倾向于自由市场的那些人也不例外。只有强有力的政府才能够保护产权和契约。没有可靠的、经常性的对产权和契约的保护，商家和消费者都无法展开复杂的市场交易。至于强势政府的其他表现，包括对特惠行业的补贴、对市场交易的过度监管等，评论家们的确持批评态度，而且，他们倾向于把政府的紧急救助与这些执迷不悟的干预措施归为一类。然而，这种看法是错误的。如果他们能够认识到政府在市场经济中的作用并不仅限于保护各种财产性的权利和契约性的权利，还包括维护流动性，那么，政府救助与产权保护之间也就没有什么区别了。这一观点会在法律上带来一系列的后果。本书将要做的，就是对它们进行详细探讨。

注释

[1] Starr Int'l Co. v. United States，121 Fed. Cl. 428，444（2015）.

[2] Pub. L. No.111—203，124 Stat. 1376（2010）.

[3] 很多储蓄贷款协会的确获得了一种隐性的政府援助——监管容忍（regulatory forbearance）——这可以被视为事实上的部分救助，但储蓄贷款协会最终还是要被允许破产。

[4] 当"大而不能倒"的企业获得了在正常经济条件下不可能获得的救助时，那些之前给这些企业放贷的机构也会因此而获救并受到不当激励。但是，正如我所要说的，恰当的应对措施是进行监管，而不是对紧急救助的限制。

[5] 正如第五章所讨论的，政府无法迫使两房如其所愿地帮助抵押贷款市场。问题在于，在这种情况下，"政府"指的是两个不同的机构，它们对如何管理两房存在分歧。

ONE
THE TRANSFORMATION
OF THE FINANCIAL SYSTEM

第一章
金融系统的嬗变

> 然而，在这一关键时刻，次级市场的
> 问题对整体经济和金融市场所造成的影
> 响，看起来似乎是可控的。
>
> ——本·伯南克（Bernanke，2007），2007
> 年 3 月 28 日 ①

豪尔赫·路易斯·博尔赫斯（Jorge Luis Borges）在他的短篇小说《通天塔图书馆》（*The Library of Babel*）中，描绘了一座藏书比宇宙中的原子还要多的图书馆。关于这场金融危机的著作，虽没有多到足以装满博尔赫斯的图书馆，不过，就算有人会如此作想，那也是情有可原的。即使不需要重新讲一遍金融危机，我仍然会在本章和次章中作一简要说明，以强调与我的法律观点和政策观点相关的部分。

金融体系的变迁

导致这场金融危机的原因有很多，但事后发现其中的主要原因却

---

① 本·伯南克（Ben Bernanke），美国经济学家，联邦储备委员会第八任主席（2006—2014 年）。这段文字是 2007 年 3 月 28 日伯南克在众议院接受质询时所作的关于"次贷问题可控论"的证词。——译者注

相当简单，甚至是显而易见的。金融危机之所以爆发，是因为金融系统经历了一场嬗变，将原本用来预防金融危机发生的法律制度抛在了后面。[1]嬗变之所以发生，部分是由于那些法律制度增加了金融机构及其客户的成本。自然而然，这些机构发展出了一套既能规避法律又不会违背法律的方法。用经济学家的行话来说，这就是"监管套利"（regulatory arbitrage）。嬗变的另一个原因是这个世界变了：借款方和储户的需求变了，所以金融系统也随之改变，以便服务于这些需求；同时，技术也发生了变革，使金融创新成为可能，新型的交易与机构也由此产生。尽管在这场嬗变发生之时，包括金融经济学家、工商业者和监管人员在内的很多专家都已经有所察觉，但是，他们却并未意识到，金融系统的嬗变已经跑在了法律前面，还引发了新的金融危机风险。[2]事实上，他们的观点正好相反，那就是，这场嬗变让金融系统变得更加安全，而不是更加危险。这就是为什么导致这场金融危机发生的那些法律总体而言是在放松监管，（几乎所有人都没有料到）这其实增加了发生危机的风险，而不是（像几乎所有人都以为的那样）降低了金融的不稳定性。这就是为什么这场危机是个意外。而这也就是为什么美联储被迫创新，在某些场合甚至不惜突破法律，以便应对危机。

过去的好日子（其实没那么好）

金融系统的中枢是银行业。银行从普通群众和工商企业那里吸收存款，再以较长的期限贷给其他人，好让他们去买房买车；或者贷给企业，以便它们在开始盈利前先行购置设备和支付员工工资。通过这种方式，银行充当了中间人的角色：一边是短期的储户，他们需要的是能够随时存、取资金的账户；另一边是长期的借款方，他们需要的是不必其提前全额还贷的保证，直到他们的房子住满30年、车子开满5年或者（如果它们是企业）贷款融资项目取得利润为止。这个过程叫做"期限转换"（maturity transformation）——将储户借给银行的短期存款期限转换成银行放给借款方的长期贷款期限。

期限转换的关键在于统计学，这是一门关于大数据的学问。银行从成千上万的客户那里揽储，客户不断把钱存入活期账户，同时又不断把钱从活期账户里取出来。通常而言，所谓客户从活期账户中取钱，其实只是开支票给另一个银行客户，银行事实上并未付出资金，只是在记账时把银行对前面客户的借款记在后面客户的名下。鉴于各式各样的客户不断地存钱取钱、注销旧账户和开立新账户，银行可以假定其进项资金能在总体上保持一种结余状态。正因如此，银行才可能放长贷给借款方。没有人愿意通过借短债来融资购房。银行为购房者实现了愿望，这正是银行借以创造经济价值的方法。它们一边向购房者发放有利可图的长期贷款，一边又通过向储户发放利息、提供支票等支付业务来对其作出补偿。

不幸的是，这个体系也有它脆弱的一面。它是以不同储户的取款行为之间没有关联（或者没有充分关联）的概然性假定为前提的。正常情况下，这个前提是成立的，但是被推翻的可能性也是存在的。如果某个小镇上唯一的一家大型企业倒闭了，那么，为了熬过这段艰难的时光，几乎所有储户都有可能去取钱。或者，如果社会上出现谣言，称某家银行经营不善，储户们也有可能去取钱，因为他们害怕银行将来没钱偿付本息。在上述两种情况下，挤兑都有可能发生。就一家经营良好的银行而言，一旦人们对其偿付能力失去信心、争相取款，即使它实际上能够进行偿付，依然有可能会发生挤兑。挤兑会很快榨干银行的现金：考虑到把钱借出去能带来更多回报，银行手头并不会留存太多现金。银行或许可以找其他银行借钱来渡过难关，然而，在最糟糕的情况下，银行必须通过贱卖资产（主要是诸如抵押贷款之类的长期贷款）筹集资金。当资产被贱卖的时候，它们往往换不回多少资金。这家经营良好的银行就会变得流动性不足（缺乏现金），又由于贱卖资产而资不抵债，最后只好关门大吉。银行会解雇员工，因为员工失去了他们掌握的关于借款方的关系专用性信息①。银行还会尽可能催收贷款。所有这些都会对经济造成破坏，除非其他银行能够快速收拾残局。

　　银行并不是独自在战斗。它们的业务是通过由众多银行所组成的网络来开展的。这背后有两个原因：第一，银行提供的支付服务有赖于银行之间的互动。比如，A 银行的一位客户向 B 银行的一位客户开具了一张支票，为了完成这笔交易，两家银行除了需要调整客户在各自银行账户里的余额，还需要同时调整自己在对方银行账户的余额。第二，银行间会进行短期拆借，因为无论什么时候，总会有银行需要额外的资金，也总会有银行拥有闲余资金。这种网络体系既可以帮到银行，也可能让它们变得更加脆弱。如果一家银行发生了挤兑，它可以迅速从其他银行借到资金，对其客户进行偿付，直到他们恢复理性。冲着这家银行名下的住房抵押贷款和其他有价值的资产，别的银行会向它提供贷款。即便这家银行的所在地正饱受工厂倒闭或者长期衰退的折磨，它仍旧可以从其他银行获得足够的资金，然后再以一种有序的方式慢慢出售名下的贷款，从而避免发生挤兑之后常见的自杀式贱价甩卖。

---

① 关系专用性信息（relationship-specific knowledge）指的是围绕特定关系而产生的信息。其价值依托于关系而存在，并对关系的存续具有稳定和促进作用，如果原来的关系不存在了，其价值可能也就不存在了。——译者注

然而，这个网络的脆弱性在于，针对一家银行的挤兑也可能通过这个网络传染给其他银行。举例而言，如果 A 银行遭遇了挤兑，它为了筹措资金取出了在 B 银行和 C 银行的存款，接着，B 银行和 C 银行的客户就有可能会担心这两家银行无法兑现它们的债务。一旦 B 银行和 C 银行的客户也开始争相挤兑，整个系统就可能崩溃，从而导致局部的危机演变成为区域性的甚至全国性的危机。这时，整体经济就会发生通缩，商业活动将难以为继。

以往，银行主要通过留存资金或者资本缓冲①来防范挤兑，但是背后的动机使其无法达到社会最优（social optimum），因为危机的成本会向整个经济体扩散，不可能全部由银行内部消化。为此，各国政府建立了包含以下两方面要素的监管架构：首先，政府建立了严格而全面的银行监管体系，以确保银行从事安全的业务——提供低风险贷款（而不是高风险贷款）、维持多元化投资组合、远离高风险业务活动、保留充足的资金以及大额的资本缓冲。其次，政府保证了存款的安全——要么是通过像美国联邦存款保险体系那样的显性保险，要么是通过模糊的承诺暗示自己会履行最终贷款人的职能，向处于困境的银行提供紧急贷款。这两方面要素之间是密切相关的。保险制度不但减少了储户选择更加安全的（而非更有风险的）银行的动机，而且降低了储户对银行经营行为进行监督的意愿。这就引发了道德风险，而事前监管体系所要解决的，正是这种道德风险。

---

① 资本缓冲（capital cushions）指的是银行等金融机构的资本当中超过最低资本充足率要求的那部分额外资本。2010 年的《巴塞尔协议 III》将资本缓冲也纳入了强制性要求。常见的主要有留存资本缓冲（conservation capital buffer）和逆周期资本缓冲（countercyclical capital buffer）。——译者注

变革

美国的金融监管体系是在"大萧条"（the Great Depression）时期走向成熟的。在接下来的数十年里，这个体系似乎运行得相当不错。但是到了 20 世纪 70 年代，它却陷入了混乱状态。其中的一个问题就是这个监管体系管得实在太多了。出于安全和稳健方面的考虑，银行不允许从事保险、证券承销等业务，尽管此类业务原本可以（通过分散经营）使银行减少风险，并让银行客户享受到更加高效的金融服务。对大多数银行而言，它们不可以跨州经营，甚至在同一个州内也不能开设分支机构。这就导致银行只能保持一种小而碎片化的状态，在地域空间上也无法充分地实现多样化。银行体系还被人为地分成了专门面向消费者型储户和购房者的储蓄贷款协会或者储蓄机构①，以及专门面向工商企业的"商业银行"（commercial banks）。后来，监管部门（最终是国会）解除了许多这方面的限制。20 世纪 70 年代的通胀飙升，让储蓄贷款协会捉襟见肘、进退维谷：一方面，它们发行的30 年期抵押贷款的利率很低；另一方面，它们自己在融资时却要付出较高的利率。对于这些问题，始于 20 世纪 70 年代并于 80 年代和 90年代愈演愈烈的金融放松监管运动，其实是一种合乎情理的应对方式，尽管其中有很多举措在如今饱受诟病。

对于明显的过度监管，放松监管并不是唯一的反应；与此同时，金融行业内部也发生了变革。这场嬗变反映了两方面的需求。一方面，由于监管会增加金融中介机构及其顾客的成本，顾客想找到办法

---

① 储蓄机构（thrifts）又称"节俭机构"，因为"thrift"一词的本义是"节俭"。在美国金融的语境下，储蓄机构是储蓄贷款协会和储蓄银行（savings bank）共同的代名词。——译者注

　　　　　　　　最后防线：金融危机与紧急救市的未来

来绕过行业内部受到最严格监管的部门——银行业。这确实是一种监管套利行为。不过，目前尚不清楚到底是该指责它规避了旨在防止危机发生、提升安全性的法律法规，还是该表扬它躲开了会增加交易成本的过度监管？或许，这两种意见都有其合理之处。

　　另一方面，这场嬗变因应了世界范围内日益增长的对具有高度流动性的安全资产的需求。在原来的体系下，养老基金、保险公司、主权财富基金以及其他的大型机构如果想获得兼具安全性和流动性的资产，就只能选择有保险保障的银行存款。相比于剩下的唯一一种零风险资产，也就是美国国债，有保险保障的存款不仅风险为零（至少在美国是零风险），而且流动性更高。然而，正如波萨①所指出的，这种有保险保障的存款的供应量是有上限的（Pozsar，2011）。按照当时的美国法律，每个存款账户的保险金额不能超过 10 万美元。②而且，尽管投资者可以把他们的财富分散投向不同的银行，他们能够选择的银行其实也就只有那么多而已。更何况，银行的数量正因为互相兼并而迅速减少。据波萨估计，"机构资金池"③的资金持有总量已经从 1990 年的 1 000 亿美元增长到了 2007 年的 2.2 万亿美元，最多的时候可能达到了 3.8 万亿美元。对兼具安全性和流动性的投资项目的不断增长的需求，促使金融系统不断开发像有保险保障的存款那样安全而富

---

① 佐尔坦·波萨（Zoltan Pozsar），瑞士瑞信银行经济学家，国际货币基金组织访问学者。——译者注
② 这个限额针对的是计息账户。2008 年 10 月 3 日出台的美国《紧急经济稳定法》（EESA）又将计息账户的存款保险上限从每个账户 10 万美元提高到了 25 万美元。——译者注
③ 机构资金池（institutional cash pools）是指由全球非金融企业和机构投资者集中管理的庞大的短期资金余额。单个资金池的规模通常至少在 10 亿美元以上。机构资金池的货币需求是由非货币形式的"货币"来满足的，因为它的需求不是为了交易，而是为了流动性以及保值和投资，所以能满足其需求的最佳选择并非银行存款，而是短期国债和回购协议。——译者注

于流动性的新型证券产品（Pozsar, 2011: 5）。波萨的分析完全颠覆了对于金融危机的道德说教式的传统解读：这场危机的根源并不是对风险的追逐，即以社会的损失为代价进行的赌博，而是对安全的渴求。

应需而生的，是一个日后被称为"影子银行"的新体系。直到该体系诞生数十年后的 2007 年，这个有些阴暗的名字才被一位金融高管首次提出并被用来命名这个体系。[1][3] 事实上，影子银行并不完全是个新生的事物，它吸纳了许多已有的金融实践，这很可能就是为什么当时没有人充分理解这场嬗变的根本原因。

以银行向购房者提供抵押贷款为例。传统的做法是，银行会把这笔抵押贷款记在它的账上，购房者在接下来的 30 年里向银行按月还款。为了降低信贷风险，银行具有对抵押贷款申请人进行筛选的强烈动机，因为如果购房者违约，银行就要被迫走一遍把抵押物收回来再卖出去的程序。这套程序的成本很高，而且银行不一定能够足额受偿。有鉴于此，银行还具有密切关注购房者的强烈动机，一旦发现还款出现问题，它们就会重新商定贷款条件。尽管银行有很好的动机，也有把这项债权资产记在它的账上的必要性，这样做还是会给银行带来相当大的风险。只要利率上升或者房价下跌，违约的风险就会增加，银行对此无能为力。此外，假如储户大量取款，银行也很难在短时间内卖掉这些抵押贷款，所以会遭受损失。在传统的模式下，银行对挤兑缺乏抵抗力。虽然美国的联邦存款保险和政府的监管可以为金

---

① 影子银行的概念是由美国太平洋投资管理公司（PIMCO）的执行董事保罗·麦卡利（Paul McCulley）在 2007 年的美联储杰克逊霍尔会议（Jackson Hole Symposium）上首次提出的。麦卡利认为，影子银行体系的诞生始于货币市场共同基金在 20 世纪 70 年代的发展。——译者注

融稳定提供保障，但是政府的监管也会增加银行的成本，而银行都希望减少或者避免这种成本。

现在的做法是，银行或者其他金融机构（通常被统称为抵押贷款发起人）为购房者提供抵押贷款，而且可以把这笔抵押贷款暂时记在自己的账上，但是也要尽快卖出去。抵押贷款的买家包括了房利美和房地美（这两家是准私营机构，我后面还会讲到）、投资银行、由商业银行或者它的控股公司运营的信托以及类似的私营金融机构。买家会将贷款集中起来，打包成一个在各方面都非常多元化（比如来自不同地区）的大资产包，然后通过证券化手段把这些资产变成证券，再将这些证券卖给投资者，买下证券的投资者有权收取现金流。就像其他任何一种债券一样，这里的现金流源自购房者付给中介机构的本金和利息。现金流经过了结构化处理，所以有的证券非常安全，有的证券却富含风险。那些非常安全的证券之所以非常安全，是因为它的所有权人获得了优先权，可以优先于安全性较差的证券的所有权人，从由购房者的支付形成的资金池中优先受偿。即使有一小部分购房者违约，这些非常安全的证券也不会受到影响，但是差一点的证券却要承受这一损失。因为兼具流动性和安全性，所以这些非常安全的证券渐渐被人们认为是和银行存款、现金一样好的资产。对于需要将持有的资产随时变现并支付给客户、储户或者短期债权人的养老基金、保险公司、银行和其他投资者而言，这是一种非常理想的安排。信用评级机构也把这些安全的债券评为 AAA 级，从而正式认可了这一做法。[4]

上文说到的这种证券，就是抵押贷款支持证券（mortgage-backed securities，MBS）。由于房利美和某些政府机构的参与，抵押贷款支持证券早在"大萧条"时期就已出现。到了 20 世纪 90 年代和 21 世纪初，在私营金融机构的推波助澜之下，抵押贷款支持证券的规模和重要性开始了指数式的急剧增长。这些机构还开发了一系列相关证券，其中包括资产支持证券（asset-backed securities，ABS）以及担保债务凭证（collateralized debt obligations，CDO）。除了抵押贷款以外，资产支持证券还用到了其他资产，比如车贷和信用卡贷款。尽管这些不同类型的资产之间存在许多差异，但是它们所遵循的逻辑是和抵押贷款支持证券一脉相承的。

另外还有一种创新就是信用违约互换合约（credit default swap，CDS）。信用违约互换合约在本质上是保险单，通常针对的是债券或者其他金融票据。假设，有一位投资者拥有国际商业机器公司（IBM）发行的债券，同时又担心国际商业机器公司会债券违约，她既可以通过卖掉债券来解除这一违约风险，也可以通过向投资银行或者其他金融机构购买信用违约互换合约的方式来保护自己。根据信用违约互换合约的约定，一旦国际商业机器公司对债券违约，承保方就会按照债券的票面价值把钱赔给投资者。作为对价，投资者也要付一点钱给承保方，类似于保险费。如果国际商业机器公司发生违约，投资者只要把债券交给承保方，就能得到理赔。然而，需要注意的是，投资者还要承担"交易对手风险"（counterparty risk），即在赔付条件成就之时，承保方本身也可能会破产。

市场上销售的信用违约互换产品针对的是各种各样的债券，包括主权债券。但是在2007—2008年的金融危机中，信用违约互换合约扮演了特殊的角色。投资银行在设计担保债务凭证时，需要迎合的是对极度安全的AAA级债券的需求。很多情况下，只要有诸如美国国际集团之类的高评级企业提供担保就行了。在现代信用体系中，单一险种保险（monoline insurance）公司（受制于法律规定，这些公司只能承保信用风险，不能承保其他风险）同样发挥了重要的作用，因为它们可以对担保债务凭证、抵押贷款支持证券以及相关资产的违约风险提供保险。这种保险在通常情况下采取的形式，就是信用违约互换合约。信用违约互换合约还可以用来开发各种针对房价的赌约。投资人约翰·保尔森[①]之所以能够下注赌房价崩盘，就是因为他在发现了抵押贷款以及由此衍生的抵押贷款支持证券存在隐患以后，又购买了专门针对这些抵押贷款支持证券的信用违约互换合约。他和他的交易对手方一起投资了一家基金，只要这些证券的交易价格高于约定价格，这个基金就得付钱给他的交易对手方。但是由于交易价格下跌，这些钱最终还是"还"给了约翰·保尔森。

以上这些金融产品以及相关的证券，使得影子银行成为可能。在影子银行体系里面，存在一种类似于银行存款但又游离于银行体系之外的交易。它的运作方式大体如下：养老基金、保险公司、主权财富基金、货币市场共同基金以及其他的大型机构，先向投资银行或者其他大型借款方提供一日或两日到期的贷款。这类贷款必须以非常安全的证券作为担保，比如短期国库券。如果借款方违约，出借方就可以取得这些债券，并（有非常高的概率）获得全额补偿。交易双方还可以通过给担保物做个垫头[②]，让本来就很小的风险变得更小。如此一来，即使担保物略有贬值，出借方把担保物卖掉以后也仍然能获得完

---

① 约翰·保尔森（John Paulson），美国对冲基金大亨，Paulson & Co.创始人兼总裁，小说《大空头》的原型人物之一。他因在 2008 年次贷危机中大肆做空而一战成名，被人誉为"华尔街空神"。——译者注

② 垫头（haircut）指的是在以票据/证券类资产作为贷款担保物的情况下，担保物的市场价值与实际获得的贷款金额之间的差额。通常，资金出借方会向借款方主张一个垫头，也就是对担保物的担保价值打掉一个折扣，以保护己方免受担保物的市场价值下跌的风险。——译者注

全补偿。在实务操作中，这些贷款都会展期。如果出借方需要收回资金，它可以拒绝对贷款展期。从功能上来看，顾名思义，这种回购协议交易（repo transaction）与存款其实是一样的：短期贷款类似于活期存款，而拒绝展期就好比储户取款。其主要区别在于，回购协议交易没有保险进行保障，但是有担保物作为保障；而借款方在形式上并非"存款机构"（depository institution），所以也不是"银行"，自然也就不必接受严格的银行监管。传统的模式假定，只有银行才会受到挤兑影响，或者至少是受那种可能会导致系统性恐慌的挤兑影响，因此，银行必须接受严格的监管。

在传统体系中，储户（普通百姓和工商企业）以存款的形式向银行提供短期贷款。在影子体系中，短期贷款来自大型机构。它们寻求的是具有高安全性和高流动性的投资项目，虽然这类投资可以获得的利息不会太高，但是比银行的存款利息还是要高。在传统体系中，银行揽储集资并把钱借出去，同时将这些贷款记在银行自己的账上。在影子体系中，影子银行作为中介机构，将投资资金集中起来，用以向代理机构购买贷款。这些代理机构会帮着寻找和筛选借款人，但是不用实际承担信贷风险（或者只需承担其中的一小部分风险）。

这种嬗变并不是一天之内发生的。在数个世纪以前，影子银行机构就已经出现了。不过，传统的银行业从来没有消失过。从20世纪90年代到次贷危机期间，银行的存款和借贷业务一直都在增长。或许，这就是监管部门为什么会继续认定银行还是金融系统中枢的原因。影子银行仅仅被视为一种有益的补充，而不是金融中介体系的核心。然而，就在同一时期，影子银行业正在经历着指数级的增长，从最初的几乎可以忽略，发展到了超过传统银行业的规模。

银子银行体系顺利地运行了很多年，其原因是显而易见的：它是一个既经济又安全的出借资金、收取利息，以及借入资金的渠道。凭借事后之明，经济学家才发现了这个体系存在的问题。问题之一，是交易各方开始用其他形式的担保物替代国库券（包括诸如担保债务凭证之类的抵押贷款衍生证券），同时用更大的垫头来对冲额外增加的风险。这原本不会成为问题，然而抵押贷款衍生证券对房价的敏感程度比人们预计的更高，房价的波动幅度也比人们预计的更大。房价在2006年和2007年间崩盘，抵押贷款衍生证券的价格也大幅跳水。在回购协议市场上，出借方起初还只是要求给更大的垫头，后来干脆就不再接受这些证券作为担保物。借款方为了筹集资金，不得不出售这些证券，这又导致证券的价格进一步下跌。直到这场危机结束后，经济学家才开始撰文研究为什么影子银行业务会是一种监管套利的形式，一种用来逃避旨在降低风险的监管制度的手段。[5]

设计开发和买卖交易抵押贷款相关票据的人会用数学模型给票据定价。这些模型告诉他们，所谓的安全的证券的确是安全的。评级机构同样相信这些模型。但是，AAA级证券的违约率依然居高不下，以致评级机构不得不下调评级。那么，为什么所有人都错了呢？这是因为，这些模型是以房价的历史数据为依据的。数据显示，尽管曾经有过区域性的下跌，全国性的下跌却从未发生过。这就给人造成了一种错觉，那就是全国性的房价下跌是极度不可能的。[6]关于次级抵押贷款（subprime mortgage）市场的数据更加缺乏，因为次级贷款的历史很短（Brunnermeier，2009）。受制于有限的数据，投资者认为违约的风险可以忽略不计。即使是经验非常丰富的投资者也可能忽视"尾端风险"（tail risk）——极度恶劣事件的极度轻微风险。这可能是源自认知上的局限，也可能是因为数据分析的客观缺陷。

然而，问题其实出在更深层面。银行体系的脆弱性源自银行的核心功能——期限转换。只有不同储户的取款行为之间不存在关联性，银行才有可能避免挤兑。影子银行体系同样具有期限转换的功能，但是它的脆弱性源自其他地方。为了确保贷款的安全性，回购协议交易的出借方会索要担保物。当国库券不够用的时候，它们就只能接受诸如担保债务凭证之类的人为构造的资产。然而，担保债务凭证本身就依赖于一个假设，那就是各地房产的价格之间没有关联性或者没有充分的关联性。一旦这个假设被推翻，影子银行体系也就随之倒塌了。

危机的本质：流动性问题抑或偿债能力问题

这场金融危机常常被归咎于房地产泡沫，但是房地产泡沫本身却并没有引起危机。早在这场危机发生很久以前，包括伯南克在内的很多官员就已经承认，房价看上去是有些太高了。很多评论家也如此认为。然而所有人，甚至是那些了解住房市场弊病的人都没有预见到这场金融危机。

房地产的价格和其他诸如股票、债券之类的资产的价格一样，都要遵循供求法则。在旧金山等一些地区，限制了房屋供应量的城市区划法令（zoning laws）已经因为当地的房价飙升而受人诟病。当然，房价上涨也可能是因为有更多的人（比如移民或者新晋中产阶层）想要买房子。但是如果这些因素是造成房价波动的唯一原因，那么泡沫是不可能产生的：因为价格自有其功能，只要正常发挥作用，在房价上涨时地产商就会多造房子，在房价下跌时他们就会减少开工。

与上述这些导致房价变动的根本原因或者"真正原因"相比，一些纯粹的心理性因素也会导致房价波动。即使是经验丰富的投资者，也有可能会犯错误，并高估房价的涨幅。比如，他们可能会以为，移民潮会带动房价上涨，但是实际上新来的那波移民却住进了早先就已定居美国的亲戚家里。如果大家都存在误判，房价就有可能偏离基础价值（fundamental value），不过时间应该不会太长。在这场危机期间，似乎很多人都陷入了一种头脑狂热的状态，他们认为规则已经改变，房价将不受现实因素的制约并持续上涨。[7] 在这些投资者当中，有一些人是新手，对市场一点都不了解。"冒失鬼们"买入房子以后会放上几个月，然后再卖出去，他们仅仅因为房价过去在涨，就打赌房价还会继续上涨，而不是横盘或者下跌。其中也有一些人是投资老手，相信住房需求已经发生了根本性的变化。另外，还有一些投资老手也加入了这场狂欢，这倒不是因为他们相信房价会永远上涨，而是因为他们觉得有足够多的人会这么想，而且会在足够长的时间里继续这么想，所以他们觉得自己作为老手，只要把握好投资时机，就能赚到钱。

那么，为什么房地产泡沫会引发这场金融危机呢？在 20 世纪 90 年代，互联网泡沫越吹越大，然后就破裂了。当时的损失也有数万亿美元之多，却没有爆发金融危机。那么，为什么呢？

为了搞清楚原因，不妨假设大部分互联网公司股票的持有人是养老基金、401（k）计划①和主权财富基金。当然，这些计划和机构的名下还有很多其他资产——包括债券和其他公司的股票。当互联网公司的股票发生贬值的时候，很多中产阶层和有钱人都明白，他们的养

---

① 401（k）计划是美国的一种由雇员和雇主共同缴费建立的完全基金式的企业养老年金制度，其依据是 1978 年《国内税收法典》（Internal Revenue Code）新增的第 401（k）条款，该计划也由此得名。对于国家层面的养老保险制度而言，这是一种有益的补充。——译者注

老金计划的价值已经缩水了，但是在大多数情况下，缩水的幅度还不足以让他们痛定思痛、改弦更张。如果你已经年过半百，而你的养老金计划从150万美金降到了140万美金，这时你打算要做的事和你以往所做的事其实并不会有什么不同。当然，有很多投资者和投机者（包括互联网公司的员工和投机者）的损失更加惨重，但是这些人在整体经济中的比重相对较小。

在房地产泡沫破裂的时候，有很多人再也还不起抵押贷款，只能违约。这种情况本身原本并不会引起危机。关键问题在于，投资者们发现用来设计开发抵押贷款相关债券和定价估值的数学模型从未考虑到房价的下跌会如此之快，范围会如此之大。这种数学模型是以历史数据为基础的，但是当时的泡沫却是史无前例的。此外，购买抵押贷款衍生债券的投资者都会假设作为基础资产的抵押贷款符合资产说明书上所列明的承销标准。然而，投资者们逐渐认识到这个假设也是错的。抵押贷款经纪人在购房者的财务状况上作了虚假陈述。给抵押贷款打包的人也很有可能合谋了这种欺诈。随着这种情况被越来越多的人知道，企业不愿再买卖这些抵押贷款衍生债券。既然没人能给它们定价，自然也没人愿意购买。有很多债券持有人就是当初设计开发这些债券，并掌握关于其价值的独家信息的投资银行。于是，大规模的逆向选择①问题就出现了：投资银行不太愿意出售它们认为到期价值较高的债券，而市场也怀疑投资银行只会抛售设计欠妥的债券。[8]等到交易真正发生的时候，这些债券的价格就会变得很低，因为买家不

---

① 逆向选择（adverse selection）是信息经济学的重要术语之一，指的是由交易双方信息不对称和市场价格下降导致劣币驱逐良币，进而出现市场交易产品平均质量下降的现象。因为，假如信息优势的一方可以让自己受益而对方受损，信息劣势的一方却难以顺利地做出交易决策，于是价格就随之扭曲，并失去了平衡供求、促成交易的作用，进而导致市场效率的降低。——译者注

　　　　　　　　　　　最后防线：金融危机与紧急救市的未来

愿意购买他们不了解的资产，而且他们也怀疑卖家会试图首先脱手最有毒的资产。

这种资产价格的反馈环①是所有金融危机的共同特征。在以往的反馈环中，储户到银行挤兑，然后银行通过出售贷款抵押物疯狂筹集资金。由于所有的银行或者大多数银行都在同时出售贷款抵押物，贷款抵押物就会贬值，因此很难找到买家。相应地，银行的投资组合的价值也会下降。这时，即便是经验丰富的债权人也会取回存款或者停止放贷。最后，银行不得不出售更多的抵押物以筹集更多的资金。在这场次贷危机中，反馈环的表现形式有所不同。当次级市场存在问题的事态变明朗的时候，人们就停止了次级抵押贷款相关资产的交易。这些资产的价格随即应声暴跌。这就意味着，大量持有这些资产的企业要么承认自己资不抵债，要么主张这些资产的价格被人低估了。根据公允价值会计准则，它们确实可以如此主张。但是不管它们怎么做，债权人都会对它们失去信心，并停止向它们放贷，迫使它们以"跳楼价"贱卖次级抵押贷款相关资产，从而导致这些资产的价格进一步下跌，致使它们在资不抵债的问题上越陷越深，甚至把其他显然还具有偿债能力的企业也逼上了悬崖。

资金拮据的企业还会抛售其他资产，导致反馈环进一步扩大。在回购协议市场上，对于用抵押贷款相关资产进行担保的贷款，债权人主张的垫头变得越来越大，后来干脆就停止了向外放贷。[9] 于是，借款方不得不在市场下跌行情中出售这些资产，从而导致资产进一步贬

① 反馈环（feedback loop）指的是由两个以上的因果链首尾相连形成的虚拟的闭合回路。反馈环可以分为两大类，即具有自强化行为的"正反馈环"和具有自收敛行为的"负反馈环"。在行为经济学中，反馈环更多凸显的是心理因素，受心理预期的影响，某种行为会在群体间得到放大，结果便是好的愈好，差的愈差，到了临界点又一切归零，周而复始。——译者注

值。像雷曼兄弟那样深度介入抵押贷款相关资产的企业都倒下了。当这些企业破产的时候，它们的债权人也受到了冲击。事后发现，货币市场共同基金曾经对投资银行的债务作了大量投资。由于投资银行亏损严重，这些基金也遭遇了挤兑，不得不抛售资产，使得这些资产的价格暴跌。诸如此类的事情就这样不断循环上演。

这种反馈环在资产的"真实"（real）价值和交易价格之间打开了一个缺口。由于所有人都在试图出售抵押贷款相关债券和投资了这些债券的企业的债务，以及与这些债券和企业有关的衍生品，所以，这些资产的价格跌到了比其未来可能产生的本金和利息的贴现现金流①还要低的水平。某些高评级抵押贷款相关债券的价格变动意味着，几乎所有的购房者都会违约，而且丧失了抵押品赎回权的房屋只能以其价值的 20% 至 30% 进行出售，这在以前从未发生过，即使在危机最严重的时候，这也是不可想象的。一项针对次级债券的研究发现，基于通常的关于回收率（recovery rate）和抵押贷款提前还款的假设，它们的定价意味着作为基础资产的贷款的违约率达到了 100% 甚至更高（Stanton & Wallace，2011：3253）。实际上，次级抵押贷款的违约率即便从历史角度来看已经高到了极点，也从来没有超过 20% 至 30%；房价即使在很多地区出现了断崖式下跌，也从来没有跌到零。在正常时期，投资者可以从银行借钱买下这些被低估的资产。但是，银行却不

---

① 贴现现金流（discounted stream）是指由未来某年的现金收支折算而成的当前价值。这也是一种对投资机会进行评估的方法，由美国的阿尔弗雷德·拉帕波特（Alfred Rappaport）教授于 1986 年提出，又被称作拉帕波特模型（Rappaport model）。这种方法的关键是把资产的价值与其所产生的预期未来现金流的现值相联系，具体又可分为净现值法、内部收益率法两种。净现值法（net present value）是通过资本的边际成本求出贴现率，并将未来的现金收支折现成当期现金。内部收益率法（internal rate of return）是将存续期间可能产生的现金流入依某一贴现率折成现金，使现金收入等于当时的投资成本，借以得出该结果的贴现率也就是收益率。——译者注

愿意出借，这时候几乎没有人愿意出借，由于担心自己的还债能力，金融机构都在囤积现金。

在危机伊始就陷入麻烦的企业一般都过度参与了次级抵押贷款和房地产交易。不过它们还面临着另一个问题：过高的杠杆率。由于投资银行都认为在回购协议市场上借钱是非常安全的，所以它们借了很多钱，却只留了很少的资本缓冲来吸收损失。当作为担保物的资产被停止交易的时候，这些企业就借不到钱了。为了偿还债务，它们不得不以"跳水价"贱卖担保物。如此一来，仅有的资产净值缓冲①将不足以抵御损失，企业也就变得资不抵债了。

恐慌还在通过其他渠道蔓延。虽然相比于投资银行和对冲基金，诸如美国银行（Bank of America）、巴克莱银行（Barclays）、花旗集团（Citigroup）、德意志银行（Deutsche Bank）和摩根大通（JP Morgan）之类的大型商业银行所面临的资金压力要小一些，因为它们可以依赖有保险保障的存款，但是它们同样也在通过回购协议、没有保险保障的欧洲美元（Eurodollar）账户、银行间借贷以及其他一些没有保险保障的方式筹集资金。部分客户急需流动性，用尽了授信额度，而很多还有授信额度的银行和公司也都在自己当初设立的信托上遭受了损失，它们当初设立这些信托的目的是把抵押贷款和其他资产打包成证券或者促进这些证券的投资。大型银行发现从前面这些市场上筹资已经越来

---

① 资产净值缓冲（equity cushions）指的是担保物的资产价值当中超过债权价值的那部分额外价值。债权人可以利用这部分额外价值，防止在担保受偿过程中的任何不利变化，比如担保物的贬值以及相关的应计利息或者费用。在美国的破产法律实践中，法院一度认为高于4%的额外价值就足以构成充分的资产净值缓冲，但是，罗德岛联邦地区法院于2008年推翻了这一惯例。该法院在Bank Rhode Island v. Pawtuxet Valley Prescription & Surgical Center, Inc.案中指出，遍考有关的案例法，低于10%的资产净值缓冲将很难被认定为是一种充分的保障。——译者注

越难，于是就减少了对外借贷。它们还大幅度减少了银行间借贷，也就是彼此之间的无担保隔夜拆借。由于大型银行都要通过英国银行公会（British Bankers Association）公布它们为同业借贷所支付的利率——英国银行公会负责维持伦敦银行同业拆借利率（LIBOR）基准[10]——所以，它们的债权人可以从中敏锐捕捉到它们的资金问题。伦敦银行同业拆借利率报价最高的银行，将会引起新闻界的关注，媒体都会猜测这些出现异常情况的银行已经资不抵债或者即将资不抵债。这将造就一个典型的自我实现的预言（self-fulfilling prophecy），因为避险意识强烈的债权人会选择从报价异常的银行那里撤回信贷。

一旦银行在同业拆借中勉力挣扎的困境为人所知，它们的客户就会把自己的资金转到别处。对于对冲基金以及其他的大型金融机构而言，银行的作用相当于主经纪商（prime brokers）——它们管理这些机构的账户，提供授信额度，代持这些机构的资产，并促成交易。如果客户注销账户，收回之前让银行用作贷款担保物的资产，那么，资金的另一个来源也就枯竭了。银行将不得不停止提供其他服务。正常情况下，银行会通过承销证券发行来帮助公司筹集资金。由于持有大量随时可以出售的证券，而且发出了随时购买证券的持续要约，银行可以为证券买卖双方匹配交易。银行还会出售（以及购买）利率互换（interest rate swaps）、信用违约互换、货币互换（currency swaps）等合约。资金上的困难会妨碍上述所有活动。

如上所述，发生金融危机的关键并不在于房地产泡沫破裂这一孤立事件，而在于房地产泡沫和各类金融活动之间的相互作用。假如抵押贷款衍生债券都老老实实地待在主权财富基金和养老基金的金库里，那么这场金融危机原本是不会发生的。然而，它们在无数的金融交易中都被用作担保物，而且对那些信用为整个信贷市场所倚重的金融机构的资产净值会有影响，所以当房价崩盘的时候，整个金融系统也随之被冻结了。

对于金融恐慌的成因，金融经济学家之间存在分歧。金融恐慌到底是由流动性问题（具有偿债能力的企业无从获得贷款）单独引发的，还是需要与金融机构资不抵债同时爆发？[11]当然，金融危机的爆发的确有可能是因为银行发放了不良贷款。如果贷款无法得到偿付，银行就可能资不抵债，导致储户都来取款挤兑，进而危及其他银行和资金出借方。20世纪80年代的储贷危机就是由此引发的。因为高利率增加了储蓄贷款协会的资金成本，它们不得不从事风险更高的贷款业务，以收取更高的利息（White，1992）。监管的放松也使它们得以跨入自己不熟悉的业务领域。对商业地产的过度投资催生了价格泡沫，而泡沫的破裂将储蓄贷款协会一并摧毁。

但是，绝大多数的金融危机可能都是流动性问题和偿债能力问题的混合体。比如，在2007—2008年的这场危机中，很多金融机构之所以倒闭，仅仅是因为它们发放了太多后来发生违约的次级抵押贷款，以及买入了太多后来因为这些违约而完全贬值的抵押贷款相关资产。这些企业都使用了过高的杠杆，而且过度介入了房地产市场。这些违约现象表明，这种资产的基础价值很低，即使合计在一起，都比企业负债低。从经济角度来看，这些企业已经资不抵债。在受到信贷收缩影响的企业当中，虽然还有很多企业经营状况依然良好，并没有过度使用杠杆，也没有过度涉足房地产市场，但贷款机构仍停止对它们放贷，仅仅是因为这些机构自己也需要囤积资金，以避免挤兑发生在自己身上，而不是因为贷款机构认为这些企业资产不足。尽管流动性紧缩导致这些资产的市场价格出现了暂时下降，使得这些企业看起来像是资不抵债，但是从基础价值或者经济角度来看，事实却并非如此。

关于这场金融危机，最恰当的理解是把它视作流动性危机，而不仅仅是偿债能力危机。[12]诚然，专注于次级抵押贷款的那些银行和抵押贷款发起人在 2007 年和 2008 年间的确已经资不抵债，但是次级借贷业务在整个信贷市场上的份额并不是很大。然而恐慌还是从次级抵押贷款市场蔓延到了其他那些依然健康的信贷市场，而恐慌性的挤兑同样也威胁到了经营状况良好的企业。当时，那些具有偿债能力并受到严格监管的大银行都不愿意互相借贷（或者只愿意以史无前例的高利率溢价放贷），甚至连隔夜拆借都不愿意提供。这些事实都是被决策者所普遍接受的、非常具有说服力的证据，可以证明这场危机在本质上就是流动性危机。

金融危机属于极端事件。大多数情况下，它们都会导致大规模的经济衰退（Reinhart & Rogoff，2010）。通行的解释认为，银行和其他金融机构通过与借款方之间形成各种关系来实现价值增值。一旦这些贷款机构倒闭，与其相关的关系专用性信息也将随之消失（Bernanke，1983；Chodorow-Reich，2014）。还有一种解释认为，骤然从实体经济中抽离信贷，会迫使企业解雇员工、贱卖库存等，导致下行螺旋继续恶化，从而破坏现有的商业关系。[13]同时，购房家庭由于负债过度，在房价崩盘的时候，无法对自己的房贷进行再融资，所以只能削减开支（Mian & Sufi，2014）。2007—2008 年的金融危机引发了 2007—2009 年的"大衰退"（the Great Recession），在这个过程中，以上所有混乱情景都曾历历可见。

其他肇因

诚然，金融系统的嬗变是这场危机的主要肇因。不过，其他的事件和因素也同样发挥了一定作用。我们将对此作一简要分析。

住房政策

如前文所述，金融系统的嬗变所导致的房地产泡沫以及金融机构过度依赖房价的业务模式，是这场金融危机的直接诱因。因此我们有必要从管理住房和信贷市场的相关法律和制度入手，寻找更深层次的原因。先从住房开始。

自"大萧条"时期以来，美国政府一直对住房提供补贴。"大萧条"对房屋业主造成了严重伤害，失去工作以后，他们不得不对房贷违约。最终，银行也不得不承担这些损失。违约、收回房屋、房价崩盘都加剧了那场危机。为了帮助重启住房抵押贷款市场，国会创设了许多机构。其中的很多机构存续至今，早已超越了当初创设它们时所预设的目的。国会还对住房提供了税收补贴。"居者有其屋"的理念，最终成为了根深蒂固的美国精神。然而，即使是对中产阶层而言，房屋所有权也隐含着巨大的金融风险。这个问题却被人们忽视了。

1977 年，国会通过了《社区再投资法》（Community Reinvestment Act，CRA）[14]，鼓励银行为低收入社区和少数族裔社区提供服务。这部法律并没有设定严格的数量上的要求。但是，如果银行不在没有服务或者服务不足的地区开设网点、发放贷款，监管部门将有权否决银行的合并或者禁止其开展新的业务。在颁布施行的最初 20 年里，《社区再投资法》很可能没有起到什么大的作用。银行根据这部法律所发放的贷款在信贷总量中只占到了很小的一部分。不过，从 20 世纪 90 年代开始，政府给银行施加了更大的压力。《社区再投资法》项下的贷款从 1992 年的 430 亿美元迅速飙升到 2007 年的 4.6 万亿美元（Calomiris & Haber，2014：217）。1992 年，国会通过了一部新法案，要求房利美和房地美扩大贷款回购的业务规模，以便提供给低收入购房者的房贷能够在两房的业务中占据大部分比重。为了降低自身成本，两房自然而然降低了所购买的抵押贷款的承销标准，在借入资金方面也越来越激进。虽然目前还没有多少关于两房的行为直接催生了这场金融危机的证据[15]，然而，降低承销标准的做法（如果想把钱贷给低收入购房者那就得这么做）确实扩散到了优级信贷市场（prime credit market）①。这就使得中产阶层的购房者有能力购买更贵的房子，并为此申请更高的贷款，从而进一步增加了这个体系的信贷总量。就在这一时期，很多购房者（包括我在内）吃惊地发现，获得抵押贷款的首付款只需要 10%，或者 5%，甚至 0。而在以往，这个比例要求是20%。可调利率抵押贷款（adjustable-rate mortgages）以及风险程度更高的异型抵押贷款（exotic mortgages）越来越多，越来越容易获得。异型抵押贷款可以让购房者在获得贷款的最初几年里几乎完全不必还款。显然，这些风险性更高的高杠杆型抵押贷款要比安全性更高的普通抵押贷款更容易违约。到了 2007 年，由于这些贷款已经充斥市场，房价的崩溃也因此变得更加容易了。[16]

　　随着优级市场和次级市场上的承销标准不断降低，次级市场上的"神操作"也变得越来越不可思议。低收入购房者一般没有存款，所以拿不出首付款。他们的收入很低，所以也没法按照常规的贷款利率还贷。有时候，他们要么在边缘部门工作，要么就是个体户，甚至连工资流水都拿不出来。然而，银行却认为这些都无关紧要——只要房价能继续上涨就行。假如购房者还不了抵押贷款，但是房价已经涨

① 危机爆发前，美国金融机构根据借款人信用质量，常将贷款分为三类：优级抵押贷款（prime mortgage）、次优抵押贷款（Alt-A mortgage）和次级抵押贷款（subprime mortgage）；按照付息方式，又可分为固定利率抵押贷款（firm rate mortgage，FRM）和可调利率抵押贷款（adjustable-rate mortgages，ARM）。次优和次级贷款的标准比较低，以浮动利率贷款为主。优级信贷市场对借款人的审核比较严格，基本上只接受优级抵押贷款。——译者注

了，她可以利用房屋的资产净值对她的抵押贷款进行再融资；或者卖掉房子，把利润装进口袋；或者选择违约，让银行把作为抵押品的房子收回去再卖掉，从获得的收益中扣除与抵押贷款相关的所有应付费用。就算（必须承认确实有可能如此）房价下跌，贷款方承受了损失，这些损失也可以被分散转嫁给投资了抵押贷款衍生证券的投资者，作为抵押贷款发起人的银行不必承担损失。同时，高利率也对银行和投资者可能面临的风险起到了一定的补偿作用。

为了创造次级抵押贷款，银行需要发挥一些"创造性"。为了解决次贷借款方存款不足的问题，银行很轻易地向他们提供了二次贷款来抵偿首付款。为了解决收入太低的问题，银行还重新调整了还贷模式：头几年用的是比较低的"诱惑性"利率，要到后面利率才会迅速飙升。为了解决缺乏收入证明的问题，银行干脆放弃了这个要求。它们还会作出暗示，让购房者夸大他们的收入和经济状况。为了减少投资者所承受的风险（并把风险转移给购房者），银行还发行了可调利率抵押贷款以及附加提前还款罚金或者其他罚金的抵押贷款。当房价最终崩盘的时候，次级抵押贷款发生了大规模违约。优级抵押贷款虽然也有违约的情况，但是数量较少。

住房政策，特别是鼓励向低收入群体提供房贷的住房政策，是否真的导致了这场金融危机？[17]一些保守主义者认为，住房政策就是罪魁祸首（Wallison，2015）。不过，大多数自由主义者认为，两者之间根本没有关系。双方的分歧反映了一个更宏大、更抽象的命题，那就是政府对市场的干预是否造成了这场金融危机？住房政策不大可能是这场危机的唯一原因，甚至很可能连主要原因都算不上。早在数十年以前，对中产阶层和穷人的补贴就已经出现了，它们与这场危机之间并无伴生关系。而且，即便可以追溯到政府政策的次级借贷，也仅仅是一小部分罢了。

所谓的次级与优级之分，分散了人们对主要问题的注意力：让人们认为普通人为了买他们供不起的房子，或者因为沉溺于过度消费而背负了太多的债务。举例而言，劳费尔[①]发现，洛杉矶有 30% 的抵押贷款违约事件可以归因于在房价会继续上涨的假设之下办理的二次抵押贷款业务以及其他形式的资产净值提取（equity extraction）业务（Laufer，2013）。迈恩和苏非[②]则指出，抵押贷款债务已经远远超出了个人收入可承受的水平（Mian & Sufi，2014）。购房者常常对自己承担的风险存在误解；而以往旨在限制此类误解的官方政策，现在却促成了这些误解。无论政府的政策是否鼓励了过度的次级借贷，它都纵容了与抵押贷款相关的过度消费债务，实际上，它纵容了所有类型的过度消费债务。

金融创新和衍生品

金融创新的历史和金融系统同样久远。每当有一项创新问世，人们都会问一个同样的问题：它会减少信贷成本，还是会给可能损害金融系统的投机活动制造可乘之机？而这个问题的答案也从来都是同样的——都会。金融创新的现代史可以向前追溯到 20 世纪 40 年代和 50 年代发展起来的货币互换（Mehrling，2011）。在资本受到管制的布雷

---

① 史蒂文·劳费尔（Steven Laufer），美国联邦储备委员会研究和统计分部经济学家。——译者注

② 阿蒂夫·迈恩（Atif Mian），美国普林斯顿大学伍德罗·威尔逊公共与国际事务学院经济学教授，尤利斯-拉比诺维茨（Julis-Rabinowitz）公共政策和金融中心主任，国民经济研究局（NBER）研究员，巴基斯坦经济研究中心（CERP）主任，著名经济学刊 *American Economic Journal* 编委会成员。——译者注

阿米尔·苏非（Amir Sufi），美国芝加哥大学布斯商学院布鲁斯·林赛（Bruce Lindsay）经济学与公共政策教授，国民经济研究局研究员，著名经济学刊《美国经济评论》（*American Economic Review*）编委会成员。——译者注

顿森林体系下，货币互换（currency swap）可以让一家想要为位于乙国的子公司融资的甲国母公司，和一家希望为位于甲国的子公司融资的乙国母公司，通过彼此交易资金头寸（positions）的方式实现彼此的目的。假设有一家美国公司想要把钱借给旗下的法国子公司。因为有资本管制，这家公司不能用美元购买法郎然后再把法郎转给法国子公司。为此，它可以找一家需要把钱借给旗下美国子公司的法国公司。法国公司想用法郎购买美元，然后再把美元转给美国子公司，但是资本管制同样不允许这项交易。于是，两家公司达成协议：美国公司把美元借给法国公司旗下的美国子公司，法国公司则把相同价值的法郎借给美国公司旗下的法国子公司。为了简化交易，跨国银行充当了中介机构。每个公司都只需要把本国货币交付给银行，然后再替子公司从银行收取外国货币。银行则通过匹配交易，对资金头寸进行对冲操作。这就意味着，交易双方都不需要亲自找寻对方，也不需要直接和对方打交道。货币互换可以帮助企业为跨国扩张提供融资（这会产生经济效益），并帮助企业规避与资本跨国流动有关的监管限制。

在 20 世纪末的数十年间发展起来的利率互换和信用违约互换采用的也是同样的模式。利率互换让借款人不必再承受支付随时可能一飞冲天的可变利率的风险。信用违约互换让债权人免于负担借款人违约的风险。按照设想，承担这些风险的交易对手方，规模必须足够大，经营必须足够多元化，因而足以抵御这些风险——而且必须真的能把这些风险对冲掉，通过分散和分解，把风险分摊给整个市场。但是投资者并没有被要求对冲风险，他们中的很多人也的确没有这样做。在利率互换交易中，浮动利率支付者很像是一家银行——它必须承担利率上升的风险，一旦利率上升，浮动利率支付者就得设法拿出钱来支付交易对手方——然而，它并没有受到像银行那样的监管

（Mehrling，2011：82）。此外，由于这些工具非常强大，它们可以被用来把次级借贷之类的高风险交易的风险分散开去。

如上文所述，房价的崩盘和抵押贷款违约率的上升，本身很可能并不会造成金融危机。后来实际违约率最高的次级贷款，在危机发生前夕只占到了当时抵押贷款总量中的一小部分。由次级抵押贷款衍生出来的证券在当时的全球交易证券总量中也只占非常小的比例，比0.01%还要低（Dwyer & Tkac，2009）。真正的问题在于，一旦发现定价模型有误，人们就无法再继续为证券定价，只能停止交易这些证券，这就导致了流动性危机。此外，作为金融创新的结果，相关企业面临的房价波动风险与其说是更加分散了，还不如说是更加集中了。大型企业有更多渠道受此风险影响——因为它们不仅拥有担保债务凭证和抵押贷款支持证券，对外放贷时也收取这些证券作为担保品，它们还会发行信用违约互换合约，发起抵押贷款，以及诸如此类。许多企业，包括那些持有次级抵押贷款并把这些贷款打包成抵押贷款支持证券的企业都认为，由于它们购买了信用违约互换合约，故而风险是相当有限的。它们都没有意识到，因为发行信用违约互换合约的只是一小部分企业，所以原来的风险已经变成了高度集中的交易对手风险。[18]同样，市场也没有意识到，因为信用违约互换合约这种针对违约风险的保险形式的存在，让它的发行人和投资者都忽略了承销标准下降的事实——为了满足市场对抵押贷款的渴求，抵押贷款发起人降低了标准，把目光瞄准了风险更高的借款人（Arentsen et al.，2015）。

在某些情况下，金融创新应当引起警惕。举例而言，复合担保债务凭证（CDO-squared）把低等级的担保债务凭证重新组合，像做数学题一样变造出新的高等级的证券，而整个体系也因此变得更加脆弱（Coval，Jurek & Stafford，2009）。但是，经济学家和投资者并没有意识到金融创新构成了对金融系统的威胁。相反，他们还认为金融创新提高了金融系统的稳定性和效率。这种观点并不是全无道理。从本质上来讲，银行其实不是稳定的机构。那些看似无害的传统的储蓄贷款协会很容易受到利率风险的影响。它们从消费者手中揽储，发放30年期的固定利率抵押贷款，然而一旦市场利率飙升，储蓄贷款协会要么失去储户，要么提高存款利率，这都会导致破产。事实上，20世纪80年代的储贷危机就是这样发生的。金融创新看起来像是一剂天赐良方。现在，储蓄贷款协会和银行可以通过加入利率互换，防范利率飙升的风险；它们可以把有风险的抵押贷款推给投资银行，再由投资银行把贷款证券化；它们还可以购买信用违约互换合约，保护自己免受信用风险；它们还可以做很多这样的事。虽然所有人都知道房屋业主有可能对抵押贷款大规模违约，但是，考虑到抵押物的价值，违约带来的危害也是有限的；即使房价真的跌了，投资抵押贷款的损失也可以被分摊给世界各地的数百万人。按理，这本应使金融危机发生的概率变得更小，而不是更大。

　　或许，那些金融机构有些过于自信了，所以才会越过谨慎的边界，购买了过多的抵押贷款相关资产。购买的风险防范产品越多，参与更高风险投资的诱惑也就越大。其实早在20世纪90年代，衍生品带来的危险就已经初露端倪。然而，由于这些金融创新是新生事物，那时还很难说服人们去摆脱对金融创新的依赖。在事情变得无可挽回之前，投资者无法从全局的高度看明白到底发生了什么。而且，金融系统的脆弱性并不是由某个特定银行的投资活动或者某种特定衍生品的开发设计造成的。这种脆弱性来自金融机构之间的相互联结以及它们开展的金融活动类型——不过，其中的大部分联结和活动是几乎所有人都看不到的，甚至监管者也不例外；就算有人能够看到，也没有人能够理解。即使到了今天，人们也没有搞清楚金融网络中的这种相互联结究竟是导致了脆弱性，还是提高了稳健性。用比较生动的矛盾修辞法来描述，这种相互联结的金融网络其实"稳健又脆弱"（robust-yet-fragile），意思是这个体系可以在一定的（大多是无法被观察到的）参数范围内承受冲击，但是一旦超过了某个（未知的）临界阈值，这个体系立刻就会变得不稳定起来（Acemoglu, Ozdaglar & Tahbaz-Salehi, 2015：566）。如果金融网络的联结太多，一家银行的倒闭就会传染许多其他银行，导致危机更容易发生；然而，如果金融网络的联结太少，那么任何一家银行都难以单独抵御冲击，这同样会导致危机的发生（Elliott, Golub & Jackson, 2014）。而且，临界阈值是个未知数，所以，除了某些极端情况以外，没有人（即使是非常熟悉这个网络的理想的监管者）能知道这个网络到底处于何种状态。[19]

金融机构管理不善

有些金融机构倒闭了，有些金融机构却没有。对此，一个自然而然的解释就是它们的管理存在差异。埃勒尔和耶拉米利①研究了银行控股公司（bank holding companies，BHC）这一类大型金融机构在危机爆发前的风险管理实践后发现，银行控股公司的风险管理做得越好，危机期间的违约贷款就越少，利润也就越高（Ellul & Yerramilli, 2013）。[20]显然，管理不善的银行控股公司并没有意识到次级抵押贷款对自己所构成的威胁，所以被危机打了个措手不及。不过尚没有证据表明，它们抱着"赌输了会有人来救"的侥幸心态，故意把赌注压

---

① 安德鲁·埃勒尔（Andrew Ellul），美国印第安纳大学伯明顿分校凯利商学院副教授，欧洲公司治理研究所（ECGI）研究员。
维杰·耶拉米利（Vijay Yerramilli），美国印第安纳大学伯明顿分校凯利商学院副教授。——译者注

在次级抵押贷款上。或许，管理不善还导致了下面的一系列恶行：在承销和证券发行中实施欺诈、过度依赖信用评级机构、操纵评级、没能重新商定抵押贷款条件、不愿改变鼓励员工过度冒险的薪酬方案[21]以及未能监督和制约抵押贷款发起人的冒险行为[22]。然而，尽管这些行为确实发生了，而且在危机期间非常扎眼，但它们最多只能算是次要的因素。相对于金融系统的体量和这场危机的规模，特别是考虑到危机的受害对象并不限于管理不善的企业，还包括了很多管理良好的企业，这些因素的作用可以说是微乎其微的，也是非常不确定的。

埃勒尔和耶拉米利的发现，实际上又把问题推了回来，那就是为什么有些银行控股公司的风险管理比其他银行控股公司更为有效？毕竟它们都受同一机构（美联储）监管，适用的是同样的监管标准。在危机发生之前，企业高管们普遍都不清楚到底应该在风险管理体系上投资多少。我们其实也不知道究竟哪个高管最为尽责，因为我们不清楚危机前各项风险管理投资的净现值是多少。

其他证据也表明，企业高管并没有故意在房价上投机，同时期望赌输了会有政府来救。在一篇很有意思的文章里，郑英昊、拉伊纳和熊伟①通过比较华尔街雇员在对待受托的客户资产以及在对待自己的个人理财方面究竟有何异同，对这个假设进行了验证。他们把在大型金融机构中从事抵押贷款证券化业务的高管人员和普通雇员分为一

---

① 郑英昊（Ing-Haw Cheng），美国达特茅斯学院塔克商学院副教授。萨希尔·拉伊纳（Sahil Raina），加拿大阿尔伯塔大学商学院副教授。熊伟，香港中文大学（深圳）经管学院学术院长，美国普林斯顿大学金融学讲座教授及经济学教授，深圳高等金融研究院首任院长，美国金融学会旗帜期刊《金融期刊》（*Journal of Finance*）联合主编。曾获 2015 年首届孙冶方金融创新奖、2018 年中国经济学奖等荣誉。——译者注

组，称为"证券化代理人组"（securitization agents）；又把标准普尔500指数（S & P 500）的证券分析师和律师分在另一组，作为对照组。研究发现，相比于对照组，"证券化代理人组"的投资能力并不见得更加高明。他们同样在市场的高点买下了景区度假房，而不是等以后再买。而且，他们在作出消费的决定时也完全没有意识到，房地产泡沫带给他们的高收入其实只是暂时的（Cheng, Raina & Xiong, 2014）。

在这场危机中，信用评级机构扮演了重要的角色，同样引起了研究者的关注。对于优先级的抵押贷款支持证券和最高级的担保债务凭证，它们给出了 AAA 的评级，事后证明这是非常不准确的。通行的说法认为，是投资银行向评级机构施加了压力，要求把担保债务凭证评为 AAA 级，并威胁称，如果它们不照办，就要把生意送给别的评级机构。为了保住各自的市场份额，评级机构不惜刷新下限，争相开始了"逐底竞争"（race to the bottom）。由于担保债务凭证的结构并不透明，而且，在评级机构不给 AAA 评级时，投资银行可以对担保债务凭证进行必要的重新设计，让它看上去稍微变得安全了一点（但还是不够安全），因此，这个问题就变得更加严重了。评级机构的雇员要么就是没有作为对手的投资银行聪明，要么就是为了收取评级费用而和投资银行串通在一起。最后，无数大型投资者（养老基金、银行、保险公司）在购买担保债务凭证时都依赖了这种 AAA 评级。不过，经验老到的投资者并不信任这种评级，所以他们在报价时会把大型的担保债务凭证发行者为谋求有利评级而给评级机构施加的压力考虑在内（He, Qian & Strahan, 2012）。鉴于经验不足的投资者会上当，这方面的问题更像是一种合理的失误，而不是管理不善。基于以往对公司债券的准确评级，评级机构已经为自己的准确性积累了良好口碑。它们的客户自然会合理地相信，评级机构在对结构化债券进行评级时，依然会保持以往的高标准。[23]

监管放松

1999 年，时任美国总统的克林顿签署了《格雷姆—里奇—比利雷法》（Gramm-Leach-Bliley Act）①[24]。这部法律取消了一些对银行自主权的限制，允许银行与保险公司、投资银行等非银行金融机构合作联营。有人认为，《格雷姆—里奇—比利雷法》取代了《格拉斯—斯蒂格尔法》（Glass-Steagall Act）[25]。据说，后者曾在商业银行和投资银行之间立了一堵"墙"，正是这堵隔离墙的倒塌，导致了八年后的金融危机。这种观点并不完全正确。它会造成一种错误的印象，让人误以为在黄金时代的安全银行和狂飙突进的赌场金融之间曾经有过一次断崖式的裂变。但是其中也有正确的成分。读者可以把《格雷姆—里奇—比利雷法》视为金融行业放松监管的一种象征。事实上，监管放松是一系列早在数十年前就已经开始的复杂事件，确实对金融危机产生了一定影响。

监管放松有许多不同的表现形式。阻止银行到外地经营或者跨州经营的法律规定被放宽了。消费导向的储蓄机构和商业导向的银行之间的种种人为界限也被放宽了。银行逐渐开始被允许从事新类型的业务。尽管商业银行从来没有获准进入投资银行或者保险公司的核心市场，但是法律允许它们把自己卖给拥有各种类型金融机构的控股公司。不过，对其子公司之间互相交易进行限制的制度被保留了下来。

即使是在 20 世纪 90 年代末和 21 世纪初监管放松达到最顶峰的时候，银行仍然是受到严格监管的对象。这些监管措施限制了银行的放贷方式，包括放给谁、怎么放，还限制了银行的业务类型、管理和经

---

① 又称《金融服务现代化法》（Financial Services Modernization Act）。——译者注

营模式、投资种类以及允许承受的风险水平。监管部门会经常检查银行的账目，并要求银行对其管理状况、资本结构和业务操作进行整改。银行的经营完全不像"自由市场"。而且任何一个有点分量的人物都不会在银行业中鼓吹自由市场主义。没有人会忘记，银行作为信贷中介的本质造就了它自身的脆弱性，一家银行的崩溃有可能会传染给其他银行，从而引发流动性危机。为了抵御这种风险，银行需要存款保险和最终贷款人充当救场后援的角色。正因为存在这种风险，对银行运营的种种监管也都是必需的。

《格雷姆—里奇—比利雷法》并没有改变上述情况。这部法律允许投资者设立控股公司，控股公司可以同时拥有商业银行、投资银行、保险公司和其他金融机构。但是，商业银行和保险公司一样，仍然要接受严格的监管。它们与投资银行之间的业务互动依然受到限制。或许，这部法律加剧了危机期间的金融传染。因为，如果控股公司动用资源支持受到房价影响的结构性投资工具、自营交易柜台和其他的子公司，那么可以用来支援遭遇挤兑的银行子公司的资源就相应减少了。即便如此，这也只是个相对不太重要的问题。

真正的问题在于，人们没有看到金融系统的嬗变，即影子银行的崛起，也没有创设新的监管制度以因应这种变革。和投资者及金融机构一样，监管者也不明白金融市场的运行方式究竟发生了何种变化。1998 年，时任商品期货交易委员会（Commodity Futures Trading Commission）主席的布鲁克斯利·伯恩（Brooksley Born）曾发出警告，称衍生品市场缺乏透明度。如果监管者不清楚是否存在问题，他们就不可能实施有效的监管。最起码，也应该要求衍生品交易者向政府披露资金头寸。伯恩的建议被时任美联储主席的艾伦·格林斯潘（Alan Greenspan）和克林顿当局的其他高级经济官员愚蠢地束之高阁。

这些官员认为金融创新会提升金融稳定性，所以，他们反而担心对衍生品市场进行更严格的监管会抹杀之前取得的成绩。

此外，监管部门犯下的另一个错误是允许银行和其他金融机构减少资本缓冲。金融机构监管体制的核心要素是一整套要求所有金融机构额外留存一定盈余资本的规则——这就是"资本充足原则"（capital adequacy rule）或者"资本要求"（capital requirement）。针对银行和保险公司的资本要求总是要比针对投资银行、交易商、经纪人、自营商等金融机构的要求更高一些。凭借后见之明（Posner，2015），我们才知道当时适用于所有这些机构的资本要求其实都太低了。2004 年，证券交易委员会（Securities and Exchange Commission，SEC）放松了对经纪自营商（broker-dealers）的资本要求。与此同时，对于商业银行，银行监管部门也没有实行足够严格的资本监管。因此，直到最终倒闭的那一天，绝大多数的大型金融机构都还符合相关的资本监管制度以及合规要求。这个情况与 20 世纪 80 年代的储贷危机很不一样。[26]

不过，尽管更高的资本要求可以降低金融危机造成的损害，这样的要求却并不能预防金融危机。金融危机驱动之下的价格崩盘有些过于极端，如果按照票面价值衡量其价格，那么即便是资本最充足的企业也将资不抵债。更何况，资本要求并不能解决流动性问题。资本充足的企业一旦被迫贱价甩卖资产以筹集资金，很快就会资不抵债。其实，问题并不在于监管部门有法不依或者执法不严，而是它们根本就不知道为了因应金融系统变革所引致的新风险，规则究竟应该如何变化。

美联储的错误和危机应对中的其他失误

很长时间以来，经济学家都把"大萧条"归咎于股票市场的投机活动。他们的说法是，投资者从银行借钱炒股，致使股票价格远远高于它们的基础价值。一旦股票价格发生崩盘，投资者就没法把钱还给银行，而银行也会因此倒闭，接着就会相互传染，进而导致整体经济范围内的流动性丧失。

1963年，米尔顿·弗里德曼和安娜·施瓦茨[①]写了一本非常重要的著作，把批评的炮火指向了美联储。他们认为，要不是因为美联储不知何故没有增加货币供应量以抵消通货紧缩的影响，1929年的那场金融危机原本只会是一次非常普通的危机，和之前数个世纪频繁上演的那些危机并没有什么不同。政府还犯下了各种各样的其他失误，进一步加剧和延长了"大萧条"（Friedman & Schwartz, 1963）。

弗里德曼和施瓦茨的观点后来逐渐被公认为深具经济学智慧。在2002年的一次著名演讲中，伯南克曾以开玩笑的口吻，代表美联储作了道歉并承诺以后不会再犯这样的错误。然而，就在数年之后又有观点指出，正是政府的失误导致了2007—2008年的金融危机。这不免让人想起了当年弗里德曼和施瓦茨所下的论断。

经济学家约翰·泰勒[②]认为，是美联储奉行的通胀型货币政策最终制造了市场泡沫，是美联储维持了数十年的低利率最终导致了金融危机。之所以会有这样的政策，是因为美联储觉得"9·11"恐怖袭

---

① 米尔顿·弗里德曼（Milton Friedman, 1912—2006），20世纪最重要的经济学家之一，美国芝加哥经济学派、货币学派的代表人物，以主张自由市场经济而闻名。1976年被授予诺贝尔经济学奖，以表彰他在消费分析、货币供应理论及历史，以及稳定政策复杂性等方面的贡献。安娜·施瓦茨（Anna Schwartz, 1915—2012），美国经济史学家，国民经济研究局高级研究员。她与弗里德曼合著的《美国货币史（1867—1960）》是20世纪具有里程碑意义的经济学巨著。——译者注

② 约翰·泰勒（John Taylor），美国斯坦福大学玛丽和罗伯特·雷蒙德（Mary and Robert Raymond）经济学教授，胡佛研究所高级研究员。他于1993年提出了著名的"泰勒规则"（Taylor rule），这是目前最常用的简单货币政策规则之一，已被许多国家的央行所奉行，甚至直接纳入了立法，比如2015年的《美联储监管改革和现代化法》（Fed Oversight Reform and Modernization Act）。——译者注

击事件以及其他的冲击性事件严重损害了市场的信心。泰勒认为，美联储偏离了稳健的货币政策，人为降低利率，会鼓励人们寻求具有更高回报的投资项目，结果人们把钱投到了和住房相关的证券里面。其实，金融机构的这些风险活动，是宽松货币政策的"果"，而非这场金融危机的"因"。至于那些市场泡沫，则是美联储的宽松货币政策所导致的预料之外的结果（Taylor，2009）。

泰勒的这种观点并没有被普遍接受，但是批评美联储的危机应对措施的声音却越来越多了。美联储的最大错误，就是没有在2008年9月救助雷曼兄弟。雷曼兄弟的倒闭不仅引发了对货币市场共同基金的挤兑，还在金融系统的其他领域引起了极大震动。在当时的金融系统中，雷曼兄弟扮演了很重要的角色；当雷曼兄弟进入破产程序的时候，它的交易对手方就会丧失预期的现金流收入，所以相应地，对手方也会陷入困境或者被迫停止对外贷款。此外，没有救雷曼兄弟的事实，还向外部释放了一个信号（或者看起来像是释放了一个信号），那就是美联储将不会向其他企业提供紧急贷款，或者只会在有限的条件下发放紧急贷款。假如美联储当时真的放弃了它在危机中的最终贷款人身份，那么它就会完全重复20世纪30年代的错误。

关于雷曼兄弟的崩溃，我们会在第二章和第三章中再行讨论。事实上，泰勒的观点即便是正确的，也没有多大的实际意义。我们不知道，美联储采取的所谓"最优宏观经济政策"又能否（像泰勒所暗示的那样）防止金融危机再度发生。不过，看上去这似乎不太可能。金融危机的肇因，是私营市场上那些很少被人真正理解同时又难以预料的金融行为。对于这样的行为，除非中央银行拥有政治上的自由和超凡的智慧，否则难以预测并加以阻止。目前尚无任何证据表明，仅凭一项诸如降低利率那样循规蹈矩的、简单的应对措施就足以挽回市场信心。的确，美联储是把利率降到了非常接近于零的水平，然而，最终破解了这场危机的措施，看起来却似乎是各个借贷项目和投资项目，再加上 2009 年春天举行的针对大型金融组织的压力测试（stress tests）共同作用的结果。

政府官员们永远都会犯错。他们会忽略经济学家们的建议，特别是在经济学家之间本身就无法形成一致意见的时候。不过，这场危机也的确把那些经济学家们的种种理论打回了原形。即使金融市场在本质上不会自行趋向危机，鉴于爱犯错误的政府官员们总要在金融领域横插一脚（而且，在可以预见的将来，这种情况并不会有什么改变），所以，紧急救市在未来依然会被人们所需要；这也意味着，救市政策需要被正式纳入立法，需要为法律所体现。

资本主义和全球化

最后，我们要讲一讲在危机过后另一个广受关注的因素：资本主义本身。资本主义是一个资本为私人主体（个人或企业）所有并由其按照自主意愿进行投资的经济体系。虽然资本主义在资源配置方面较有效率，但是长期以来人们一直认为资本主义具有内在的不稳定性。其中部分原因在于，资本主义国家周期性爆发的金融危机造成了巨大的经济困难和政治动荡。

资本主义之所以能在 19 世纪的激烈批判中幸存下来，是因为它的政府学会了如何强化自己的优势。诚然，金融危机确实无法避免，但是政府已经找到了降低危机发生频率和减轻危机严重程度的方法——主要是通过监管、存款保险和紧急借贷。即使是在那些干得最糟糕的资本主义国家，反周期宏观经济政策、社会福利、失业保险、最低工资标准、累进税制以及社会安全网络中的其他一些要素看上去似乎也缓和了对资本主义的反对意见。

上述措施并不能让资本主义体系恢复到完全稳定的状态，因为债权人和债务人之间有着强烈的共同利益诉求，那就是不管政府如何监管，都要保持信贷的流动。为了达到这一目的，它们主要借助了三种方式：其一，直接违反法律，把交易活动藏起来不让政府发现。在金融危机期间，许多的银行和抵押贷款发起人都违反了承销标准，而且经常和债务人串通在一起。其二，向政府施压，要求放松监管。其三，信贷行业会进行创新，这很可能是最关键的。大多数创新纯粹就是监管套利——原本标准化的信贷交易只要经过结构化设计，看上去就会很像租约、保单、衍生品以及其他处于有关金融监管部门管辖范围之外的交易形式。比如，为了规避对利用借入资金放贷的限制、突破借入资金的法定上限，银行可以通过创设表外实体（off-balance sheet entities）来借钱发放贷款或者购买抵押贷款支持证券，银行还会同时提供授信额度，让那些表外实体的投资者安心。这些授信额度会将银行置于风险之中，却又不受通常的监管限制。[27]监管部门一般都能发现这种行为，然而对于这些或多或少可能减少交易成本和风险的金融创新，监管者常常会面临两难。[28]举例而言，只要企业愿意，资产证券化可以帮助企业分散风险，但是直到危机爆发，人们才发现资产证券化最终却以一种监管者当时尚未理解的方式集聚了风险。此外，监管者还要跟人们长期存在的担心过度监管可能导致资本外流的想法作斗争。正如明斯基①的著名观点所指出的，这些压力决定了不稳定性永远是金融系统的一大特征（Minsky, 1994）。基于以上理由，

---

① 海曼·明斯基（Hyman Minsky, 1919—1996），美国经济学家。他提出了著名的"金融不稳定性假说"（Financial Instability Hypothesis），认为资本主义的本质决定了金融系统的不稳定性。——译者注

诸如最终贷款人等应急措施还是应当成为政府官员有权采用的备选手段。

这场危机还暴露了另一件具有讽刺意味的事。为了防范货币危机，发展中国家购买了用美元计价的流动性资产，以期将来能够通过快速出售这些资产来支撑本国货币。对安全的流动性资产的需求激增，加速了抵押贷款相关证券的发展，并最终引发了2007—2008年的金融危机。拉扬[①]在其研究中指出，富国和穷国之间（以及同一个国家内的富人和穷人之间）的"断层线"（fault lines），是导致这场金融危机的核心因素（Rajan，2010）。但是，这种断层线不能归咎于任何人的过错，因为它们是无法消除的。在今后的很长一段时间里，金融的不稳定性还将继续困扰着我们。

有人预测到金融危机了吗？

没有。直到这场危机来临，过去常用的评估银行风险的标准化预测机制并未发出任何预警。事实上，所有专业评论家都没有预见到这场金融危机。[29]欧洲中央银行（European Central Bank）曾就衡量金融稳定性的问题资助过一项非常认真和精细的研究。相关成果于2007年公布。这项研究论证了其所建议的措施对以往各类金融动荡都表现出很好的预测力，但是没有发现新的金融危机其实早已近在咫尺（Nelson & Perli，2007）。美联储同样没有预料到这场危机。直到危机

---

① 拉古拉姆·拉扬（Raghuram Rajan），印度经济学家，美国芝加哥大学布斯商学院凯瑟琳·杜萨克·米勒（Katherine Dusak Miller）杰出贡献教授，国际清算银行董事会副主席。曾任印度央行第23任行长（2013—2016）、国际货币基金组织首席经济学家、美国财政部名誉经济顾问、美国金融学会主席等职。——译者注

上演——2007 年 8 月法国巴黎银行（BNP Paribas）的停止赎回事件曝光时，美联储才承认信贷市场出现了系统性的崩溃（Judge，2016：879）。随着危机不断演化，包括华尔街专业人士在内的几乎所有人都惊呆了——所有的大型投资银行都处于倒闭或者濒临倒闭的状态，大型银行之间非常安全的隔夜拆借消失了，受到严格监管的货币市场共同基金遭遇了挤兑，回购协议市场也发生了崩溃。[30]这种预测的失败值得我们深入研究，在本书后面的法律分析当中，我会作重点论述。

当然，并不是所有人都同样茫然无知。耶鲁大学的经济学家罗伯特·希勒①就准确地发现了房价的扭曲，并提出泡沫将要破裂。希勒值得赞扬，因为他的预测是以对房地产市场的细致分析为基础的。不过，他并不是唯一一个卡珊德拉②式的预言家。当时还有无数的投资者在下注做空房价，其中有很多人由于过早下注而蒙受了损失。要做空诸如房子这样的资产是一件非常烧钱的事，这些投资者无法做到将自己的资金头寸维持足够长的时间，也就没有从最后的经济崩盘中大发横财。在畅销书《大空头》（The Big Short）里，作者迈克尔·刘易斯（Michael Lewis）热情赞美了一群做空房地产市场并最终大获成功的投资者。这些投资者非常聪明，同时也异常幸运，因为他们没有太早下注，没有像其他那些投资者一样"聪明反被聪明误"。

预测某种资产的价格将要下跌和预测金融系统将要崩溃有一大不同。前一种预测每天都在发生，有的人很聪明或者很幸运，只要赌对

---

① 罗伯特·希勒（Robert Shiller），2013 年诺贝尔经济学奖得主，行为金融学主要创始人，新凯恩斯学派（New Keynesian Economics）代表人物。他在资产定价实证分析领域有重要贡献。——译者注
② 卡珊德拉（Cassandra），希腊罗马神话传说中的特洛伊公主、阿波罗祭司，具有神赐的预言能力，曾预言特洛伊的毁灭，但是她还受过诅咒，其预言永远都不会被人相信。——译者注

了就能赚很多钱。虽然房地产是一种非常重要的资产，但它也只不过是一种资产。那些预测到房价即将崩盘的投资者并没有预测到整个金融系统都要崩盘。

尽管绝大多数投资者都没有披露他们的赌注，我们对于以上论断仍然抱有相当程度的自信。其原因在于，如果你预测金融系统将要崩溃，那么你最不想要做的事情，就是和高杠杆的投资银行打赌。但是刘易斯笔下的空头们恰恰却是这么做的。诚然，这些投资银行有可能会因政府救助而得救（比如贝尔斯登），然而，政府同样也可能不救（比如雷曼兄弟）。如果你真的预测金融系统将要崩溃，那么你就应该囤积现金，或者购买黄金，或者购买国库券那样非常安全的证券，而不是购买那种让你有权从一个已经不存在的金融机构那里获得收益的合成担保债务凭证。

一些经济学家曾公开发表预测，说房地产泡沫的破裂会导致巨大的经济损失。希勒本人就曾表示，经济衰退是一个严重风险。努里埃尔·鲁比尼①早在 2005 年就已经作出预言，称房价崩盘会对参与抵押贷款借贷的金融机构造成严重困难，并引发大规模经济衰退。迪恩·贝克②也作过类似的预测。拉古拉姆·拉扬则在 2005 年指出，金融创新——特别是游离于受到监管的银行体系之外的金融中介活动，可能会增加金融系统的风险，而不是（像当时人所以为的那样）减少风险。[31] 但是，连这些经济学家们都没有预测到这场金融危机。行为经

---

① 努里埃尔·鲁比尼（Nouriel Roubini），美国纽约大学斯特恩商学院经济学教授，鲁比尼全球经济（RGE）创始人兼董事长。曾任白宫经济顾问委员会国际事务高级经济学家、美国财政部政策制定与评估办公室主任等职。他因次贷危机前的预言而声名鹊起，被称为"末日博士"。——译者注

② 迪恩·贝克（Dean Baker），美国经济政策研究中心（CEPR）联合创始人兼联席主席。——译者注

济学家宣称，这场危机证明了他们的正确性——很多人的行动都是非理性的，不过，他们同样没有预测到这场危机。没有人真正预测到了。且不论没有人提前数年预测到了危机，即使到危机即将爆发的2007年夏天，还是没有经济学家预测到。事实上，整个经济学界可能都没有想过美国有可能发生金融危机（Gorton, 2012：viii）。

华尔街同样不相信金融危机可能发生或者将要发生。或许，华尔街认为即使发生了金融危机，美联储作为提供流动性的最终贷款人也能化解危机。这些想法也许有点自私自利，但是相当合理。如果一个房屋业主因为数十年来政府都有效地防止了动乱，所以认为他不需要购买武器和路障，这难道就是自私自利吗？自20世纪30年代以来，整个美国就没有发生过金融危机。即使是在监管放松多年之后，现代的监管环境仍然要比1929年严格很多。同时，金融系统本身也比那时更加灵活、更为复杂。在某些只要一家金融机构倒闭就可能引发危机的情况下——包括1984年的伊利诺伊大陆银行（Continental Illinois）事件、1998年的长期资本管理公司（Long-Term Capital Management）事件，政府都迅速介入，并在恐慌蔓延之前成功恢复了金融系统的信心。

假如没有人能够预测金融危机，那么我们又怎么能够因为监管者和银行家相信现行监管体系已经足够安全而指责他们呢？批评贝尔斯登和雷曼兄弟在泡沫最大的时候自甘冒险、过度借贷并投资房地产相关资产是另一回事。即使没有这场金融危机，这些企业还是有可能倒闭，从而给它们的股东和交易对手方造成严重损失。但是，似乎并不能就此认为是它们的不谨慎（即便它们当时确实不谨慎）引起或者助推了这场金融危机，进而又引起或者助推了"大衰退"。因为它们有充分的理由相信，监管者会处理好系统性风险。

注释

[1] 下面，我主要参考了这些文献：Pozsar（2011；2014）；Mehrling（2011）；Gorton（2012）；Krishnamurthy（2010）；Brunnermeier（2009）；Krishnamurthy, Nagel and Orlov（2014）；Duffie（2010）。其他引文如下。

[2] 一个主要的例外是拉古拉姆·拉扬（Raghuram Rajan, 2005）。在美联储赞助的一次会议上，拉古拉姆·拉扬的观点被拉里·萨默斯（Larry Summers）和其他一些主要经济学家嗤之以鼻，引为笑谈。

[3] 显然，这个词是由 McCulley（2007）首创的。

[4] 更为全面的阐述，参阅 Pozsar et al.（2012：10—11）。作者提供了一个依然程式化但是更加复杂的描述，分为七个步骤：（1）由金融公司发起贷款；（2）由各类金融机构设立并经商业票据注资的中转机构囤积贷款；（3）由投资银行将贷款打包成资产支持证券（ABS）；（4）由投资银行和其他金融机构囤积资产支持证券；（5）由投资银行将资产支持证券通过结构化处理转为担保债务凭证（CDO）；（6）由金融公司、对冲基金和其他机构对资产支持证券提供中介服务；（7）由货币市场共同基金、其他共同基金、养老基金、保险公司以及其他机构为以上所有步骤提供资金。以上所有步骤都可以在金融控股公司内部进行。另可参阅 Pozsar（2014）。

[5] 关于影子银行的各种理论，参阅 Gennaioli, Shleifer and Vishny（2013）以及文中的论述。

[6] 参阅 Gerardi et al.（2008：140）："大多数分析师认为房价下跌 20% 根本就是不可能的。"

[7] 这种泡沫理论，虽然很难与典型的经济模型相调和，但在历史上已有颇多证据。可参阅 Kindleberger（2000）等。欲了解更新的观点，参阅 Brunnermeier and Oehmke（2013）。

[8] 可参阅 Beltran, Cordel and Thomas（2013）等。

[9] 参阅 Gorton and Metrick（2012）。尽管并非回购协议市场的所有部门都受到了影响［参阅 Copeland, Martin and Walker（2014）］，而且这次挤兑的规模并没有那么大，但它还是影响了高盛、摩根士丹利和花旗集团等具有系统重要性的机构。参阅 Krishnamurthy, Nagel and Orlov（2014）。

[10] 伦敦银行同业拆借利率（LIBOR）被债权人用作确定其利率的众多参考基准之一，它是根据一组被要求评估短期无担保贷款的资金成本的银行的报价计算出来的。

[11] 相关分析，参阅 Goldstein and Razin（2013）；Goldstein（2013）。

[12] 可参阅 Acharya and Mora（2015）等。

[13] 对于这些观点以及其他看法的分析，参阅 Gorton and Winton（2003）；Schularick and Taylor（2012）。

[14] Pub. L. No.95—128，91 Stat. 1147（1977）.

[15] 可参阅 Bolotnyy（2014）；Kaufman（2014）等。

[16] 可参阅 Corbae and Quintin（2015）；Campbell and Cocco（2015）等。

[17] 房利美、房地美和其他的政府赞助企业的确是住房政策的主要实施工具，但不是唯一的工具。我将在第五章对它们进行讨论。

[18] 许多人显然认为信用违约互换（CDS）市场的流动性很强，但事实并非如此，尤其是在危机爆发之后。例如可参阅 Junge and Trolle（2013）。

[19] 关于危机发生的原因还有很多种其他理论，其中有一些与网络体系无关。例如戈顿与奥多涅茨（Gorton and Ordoñez，2014）所关注的是担保物价值信息的作用。在早期的模型中，危机在本质上是随机事件。尽管近期的研究很有想象力和启发性，但是从实用角度考虑——当然要从监管者的角度——来看，危机仍然无法被预测。

[20] 另可参阅 Fahlenbrach, Prilmeier and Stulz（2012）。

[21] 这种流行观点没有得到证据的支持。参阅 Fahlenbrach and Stulz（2011）。

[22] 这个问题很早就被认为是本次危机的一个主要因素，其理论基础在于：抵押贷款发起人由于不必承担违约风险，因而违反了承销标准。参阅 Keys et al.（2009）。然而，这种理论的证据是很薄弱的。可参阅 Bubb and Kaufman（2014）。

[23] 关于更多研究中的例证，可参阅 Baghai, Servaes and Tamayo（2014）；C. Opp, M. Opp, and Harris（2013）；Bolton, Freixas and Shapiro（2012）；Pagano and Volpin（2010）；Griffin and Tang（2012）。

[24] Pub. L. No.106—102，113 Stat. 1338（1999）.

[25] Pub. L. No.73—66，48 Stat. 162（1933）.

[26] 关于贝尔斯登，可参阅 SEC（2008）等。

[27] 参阅 Brunnermeier（2009：81）。监管机构已经认识到了这些形式的套利行为，并着手加以处理，但并没有彻底解决。

[28] 推荐一部很有分量的金融创新史，参阅 Olegario（2016）。

[29] 关于对各种预测的分析，参阅 Bezemer（2010）。关于英国的评论家和政府官员的失败，参阅 Hindmoor and McConnell（2015）。与之相对，美国金融危机调查委员会（FCIC，2011：xvii）认为这场危机是可以预见的："我们金融体系的领导者和公共管理人员无视警告，未能对在一个攸关美国公众

福祉的体系内不断演进的风险因素提出质疑、给予理解并加以管理。他们的失败是一个重大过错，而不仅仅是一个失误。尽管商业周期不可能避免，但是这种规模的危机原本不必发生。"

[30] 关于回购协议市场走向崩溃的更多资料，参阅 Kacperczyk and Schnabl（2013）。

[31] 据我目前所知，只有一个人曾经公开表示房地产泡沫的破裂会导致金融危机，那就是投资者彼得·希夫［参阅 Schiff（2007）］。尽管希夫预测到了一场金融危机，但是在他看来，这场危机将伴随着美国经济的全面崩溃。全面崩溃还没有发生（至少截至目前还没有）。

TWO
CRISIS

第二章
危机

> 每一个银行家都知道，一旦到了必须
> 证明自己值得信任的时候，不管他说的有
> 多好听，他都不可能再次赢得信任。
>
> ——沃尔特·白芝浩①（Bagehot，1873：64）

  房价在 2006 年达到了最高点。随着房价开始下跌，次级抵押贷款市场也逐渐萎缩。请记住，这个市场部分是由房价上涨的预期所驱动的。还不起抵押贷款的购房者由于无法获得再融资，只能任凭丧失了抵押品赎回权的房子被收回。在 2007 年最初的几个月里，次级抵押贷款机构不是申请破产就是停止营业。那些由住房抵押贷款经结构化处理而来的抵押贷款支持证券（MBS），也开始被评级机构降低评级。违约、抵押品止赎和降级，导致抵押贷款支持证券以及类似的诸如担保债务凭证（CDO）之类的证券价格不断下跌。当年 4 月，最大的次级抵押贷款机构之一新世纪金融公司（New Century Financial）申请破产。贝尔斯登旗下有两家对冲基金就是靠从债权人手中借钱投资担

---

① 沃尔特·白芝浩（Walter Bagehot，1826—1877），英国著名经济学家、公法学家、道德哲学家和政治专栏作家。曾任《经济学人》（*The Economist*）杂志主编。主要著作包括：《英国宪法》（*The English Constitution*）《物理与政治》（*Physics and Politics*）《伦巴第街》（*Lombard Street*）《文学研究》（*Literary Studies*）《经济研究》（*Economic Studies*）。——译者注

保债务凭证来实现营利，随着担保债务凭证的价值不断下降，债权人要求它们增加对贷款的现金担保。为了筹集资金，这两家基金不得不出售担保债务凭证，而这又导致了担保债务凭证的价格进一步下跌——这是一个我们还会一再见到的下行螺旋。当年7月，贝尔斯登对这两家基金进行了清盘。

尽管事后我们可以把这场危机开始的时间往前追溯到这些基金倒闭的时候，然而直到2007年年中，市场还都没有意识到发生了系统性的风险——一个可能影响整个信贷市场的风险。虽然资产支持商业票据（asset-backed commercial paper）市场已经在7月崩盘，其他类型的商业票据受到的影响却仍然十分有限，这表明市场只看到了抵押贷款支持证券的问题，却没有发现整个信贷市场都存在问题（Brunnermeier, 2009：84）。回购协议借贷和银行同业拆借填补了市场的空白。股票市场在7月继续上涨，基金的倒闭并没有引发连锁反应。8月，事态才开始明朗：真的要出问题了。8月9日，法国巴黎银行停止了对三家投资次级抵押贷款相关证券的基金（它们的评级很高）的赎回。该行发布公告称，次级证券的交易活动已经关闭，没法对这些证券进行估值。这是金融市场崩溃的第一个公开信号。有人可能还会认为，问题仅仅局限在次级抵押贷款上，但是以伦敦银行同业拆借利率与隔夜指数掉期①的利差（LIBOR-OIS spread）为标准的银行间借贷成本已经超出了历史正常区间[1]，这就表明，那些最大的银行正在对彼此失去信心。从8月起，美联储开始降低贴现率并购买政府证券，希望借

①　隔夜指数掉期（Overnight Indexed Swaps）是一种特殊的利率互换工具，通过将隔夜利率交换成为若干固定利率，由此进行有效的利率风险管理。它也是衡量市场对于央行利率预期的指标。其中的固定利率，取的是银行同业拆借利率的平均数，且每天进行发布。一般而言，在正常市场情况下，隔夜指数掉期往往低于伦敦银行同业拆借利率。——译者注

此压低市场利率，以便银行能继续向彼此和公众放贷。就在当月，美国最大的抵押贷款机构——国家金融服务公司（Countrywide）受到了来自储户和其他债权人的挤兑冲击。幸亏有美国银行注资，它才得以稳住局势。之后买下它的，同样也是美国银行。

国家金融服务公司的困境，向监管部门暴露了金融系统历经嬗变之后的脆弱性（Geithener，2004：122—128）。虽然国家金融服务公司旗下拥有一家可以吸收存款的储蓄机构，但是它大部分的抵押贷款操作是通过旗下的非银行金融机构实现的。这些子公司的资金来自回购协议市场和商业票据市场。在回购协议市场上，货币市场基金等机构可以向国家金融服务公司提供隔夜拆借，并收取一定的担保物，其中大部分的担保物是高质量的国库券以及诸如房利美和房地美之类的政府赞助企业（government-sponsored entities，GSE）所发行的证券。不过，也有一些担保物是存在较多问题的抵押贷款支持证券。国家金融服务公司的贷款方在发现它面临的困难以后，就不愿意再对贷款进行展期了。抵押贷款支持证券正在贬值，而它们不想和抵押贷款支持证券同归于尽；它们甚至都不想再要国库券。同样，货币市场基金也不想再对国家金融服务公司的商业票据进行展期，因为一旦国家金融服务公司破产，这些商业票据就会失去价值。如果国家金融服务公司倒闭，那么货币市场共同基金自己的身价也会因此贬值，连它们自己的客户都会跑来挤兑。这些基金将被迫甩卖抵押贷款相关资产，导致这些资产的价格进一步下跌。为了避免发生挤兑的风险，这些基金倾向于停止放贷活动。但是，如果它们真的这么做了，国家金融服务公司就会倒下得更快，进而拖垮那些还没来得及收回信贷的基金和其他的投资者。

有必要指出的是，在流动性危机中，每个人都会囤积现金。他们把钱从银行或者其他的金融机构中取出来，然后藏到床垫底下。但是这么说其实也不太对，因为床垫不会支付利息，而借款人却会。投资者不会把所有的钱都从所有的银行里面取出来，他们只会把钱从最差的银行里面取出来，再存到状况更好的银行里面。当然，最差的银行倒闭以后，第二差的银行也就成了最差的银行，继而成为新的取款目标。这就是为什么流动性危机更像是一种逐步解体，而不是那种会即刻摧毁整个金融系统的向心内爆。

为了不被挂上最差的污名，金融机构使出了浑身解数。美联储愿意为银行提供紧急贷款，但是银行却不太想要，因为它们认为储户会推定接受紧急贷款的银行一定是很糟糕的，接着就会去这家银行取款，从而毁掉这家银行，这时就算银行有应急流动性也没有用。为了解决这个问题，美联储在 2007 年 12 月推出了"定期拍卖工具"（Term Auction Facility，TAF），通过拍卖的方式来确定给银行放贷的利率。和随后将要推出的其他措施一样，这个工具（facility，本意为"便利"）意味着美联储将为银行提供有别于贴现窗口贷款（discount-window loans）的放贷条件——更加灵活、更加宽泛。拍卖可以让贷款利率降低，所以贷款本身的污名化效应会变得更小；而且贷款的期限可以定得更长，作为对价的担保物也可以更多样化，其中就包括了抵押贷款支持证券。最后，"定期拍卖工具"每两周举行一次拍卖，每次拍卖都会有很多家银行参与。这与某家银行自行去求助贴现窗口不同，可以进一步减小特定银行被烙上污名的风险。正如其此前所宣传的那样，"定期拍卖工具"在它的巅峰时期贷出了近 5 000 亿美元的资金。

"定期拍卖工具"为市场提供了喘息的空间，市场似乎已经稳定了下来。但是，新一波的对抵押贷款支持证券的评级下降和金融机构的减记操作，又引起了人们对承保抵押贷款支持证券这一单一险种保险机构的担忧。如果这些机构被降级，那么它们所承保的债券也会因此被降级（尽管有很多的单一险种保险机构被降级，但是它们都不需要联邦紧急救助）。2008 年 3 月，美联储又推出了另一项便利措施——"定期证券借贷工具"（Term Securities Lending Facility，TSLF）。通过这个工具，美联储可以把国库券贷给一级交易商（primary dealers）——包括大型投资银行，而一级交易商也被允许提供包括抵押贷款支持证券在内的高评级证券作为担保物。就在当月，美联储为摩根大通并购贝尔斯登的交易提供了便利。这时候，回购协议市场正处于危险之中。贝尔斯登在房价上下了很大赌注，等它发现自己犯错的时候为时已晚。就在这次救助之后，美联储立刻推出了一项新的便利措施，名为"一级交易商信贷工具"（Primary Dealer Credit Facility，PDCF），通过这项工具，美联储可以把钱（而不仅仅只是证券）贷给一级交易商。这说明美联储正在扩大救助行动的范围，把覆盖面从受到严格监管的普通商业银行，拓展到了金融系统中除商业银行以外的其他重要组成部分。

7 月，危机又波及了商业银行系统，因迪美（IndyMac）倒闭了，这是一家主营高风险抵押贷款的大型储蓄贷款协会。联邦存款保险公司接管了因迪美，并向储户作了偿付。随后，房利美和房地美的财务问题也浮出了水面。这两家企业都是公私混合型机构，它们通过购买抵押贷款并将其打包成证券，在优级抵押贷款市场上扮演着重要的角色，虽然对次级市场的介入程度非常有限，但是次级市场的崩溃也会对次级市场之外的其他类型的金融交易产生妨碍，房价的崩溃同样影响到了优级市场（尽管人们在那个时候还不明白其中原因）。时值保尔森治下的美国财政部劝说国会通过了《房市及经济复苏法》

(Housing and Economic Recovery Act，HERA)[2]。为了救助房利美和房地美，这部法律强化了政府的权力。保尔森有一个著名的"火箭筒"理论（Paulson，2010：xvii）："如果你有一个火箭筒，而且大家知道你有火箭筒，那你可能根本用不着把它拿出来。"（*Wall Street Journal*，2008）他的意思是，如果房利美和房地美的债权人知道政府会在这两家企业遇到困难时出手相救，那么这些债权人就不会去挤兑。后来发现，这个预测是错误的。

危机的高潮：2008 年秋—2009 年冬

2008 年秋天，危机的进度开始加快。9 月，多米诺骨牌一块接着一块地倒下。9 月 6 日，政府接管了房利美和房地美。9 月 14 日，政府帮助美国银行收购了美林集团（Merrill Lynch）——一家富有传奇色彩的大型投资银行。9 月 15 日，雷曼兄弟申请破产，大大加剧了市场的恐慌。就在第二天，一家大型货币市场共同基金——主要储备基金（Reserve Primary Fund）"跌破了 1 美元"（broke the buck），宣布无法按照每股 1 美元的面值进行赎回，从而引发了对货币市场共同基金的争相挤兑。主要储备基金拥有的数百万美元的雷曼兄弟债权，这时候也变得一文不值或者接近一文不值。在这一周晚些时候，美联储为美国国际集团安排了 850 亿美元的贷款，并向货币市场共同基金开放了授信额度，财政部也对货币市场共同基金的存款作了担保。9 月 22 日，另外两块多米诺骨牌——摩根士丹利（Morgan Stanley）和高盛集团（Goldman Sachs），变更为银行控股公司。虽然它们之前就已经可以通过"一级交易商信贷工具"从美联储那里获得信贷，但是银行控股公司的身份可以让市场更加相信美联储将会继续在背后支持它们。①此外，在美联储的极力坚持之下，这两家公司都在市场上筹集资金，从而增强了自身的稳定性。9月25日，一家大型的储蓄贷款协会——华盛顿互助（Washington Mutual）被联邦存款保险公司接管。但是联邦存款保险公司犯了一个严重的错误，它拒绝对承保范围以外的债权人进行赔付，这进一步加剧了金融系统的紧张局面。9月28日，另一家更大的银行——美联银行（Wachovia）倒闭，联邦存款保险公司策划让花旗集团买下这家银行［最终，这家银行卖给了富国银行（Wells Fargo）］。这一次，基于这家银行的系统重要性（systemic importance），联邦存款保险公司向所有的债权人保证他们都将会得到清偿。很多人没有注意到，以往经常在大型货币中心银行融资的金融机构，这时候都在集体离场（Beltran, Bolotnyy & Klee, 2015）。

这些大规模的救助行动并没有让市场稳定下来。伯南克和保尔森为此达成了一致，认为有必要让国会介入。美联储已经发放了数万亿美元的贷款，联邦存款保险公司和财政部也做出了努力。但是，美联储可以采取的措施是有限的。根据某个法律观点（在后面的章节中会进行讨论），美联储不能向已经明知资不抵债的企业或者无法提供足够担保物的企业发放贷款。即使美联储想无视法律，它也必须取得政治上的支持。违法行为本身就会导致诉讼、赔偿和禁令，就算没有这些后果，也有可能激怒国会。更何况，除了这些法律上的问题，美联储也不愿意冒着失去公众支持的风险，发动一场有可能会花掉纳税人数十亿美元的救助行动。如果这些贷款收不回来，国会将不得不增加税收或者削减开支。

---

① 在美国法的语境下，银行控股公司的身份意味着，摩根士丹利和高盛集团的监管机构从原来的美国证券交易委员会变成了现在的美联储。这两家公司的高管认为，美联储宣布对它们的市场经营活动进行监管，会降低它们的短期资金遭到挤兑的风险。——译者注

在选举之年对国会提出要求是一项吃力不讨好的工作。国会议员根本就不明白到底发生了什么，国会领袖们也不太愿意相信伯南克和保尔森。但是，普罗大众却有不同意见。在最初的众议院立法提案被投票否决以后，市场大幅跳水。作为妥协，国会通过了一部新法律，于10月3日由总统签署发布，这就是《紧急经济稳定法》（Emergency Economic Stabilization Act，EESA）[3]，它充满了政治利益上的分肥，以补偿那些心怀不满的国会议员。不过，这部法律同时也授权财政部可以通过一个名为"问题资产救助计划"（Troubled Asset Relief Program，TARP）的项目，支出7 000亿美元以救助金融系统。财政部获得了明确授权，可以购买各种类型的金融资产。与美联储遇到的障碍不同，财政部购买资产并不要求对方提供担保。但是和美联储甚至联邦存款保险公司所具有的信贷能力相比，财政部可以动用的资源实在有些微不足道。

在接下来的时间里，三大政府机构并肩作战。10月，美联储推出了"商业票据融资工具"（Commercial Paper Funding Facility，CPFF），使其得以购买商业票据——这是一种短期的、通常没有担保的贷款。联邦存款保险公司实施了"临时流动性保证计划"（Temporary Liquidity Guarantee Program，TLGP），为其保险项目之外的存款以及银行发行的各类短期债务提供担保。财政部公布了"资本收购计划"（Capital Purchase Program，CPP），并通过这一计划向九家大型商业银行注入了2 500亿美元"问题资产救助计划"专项拨款。11月，三大机构合力为花旗集团和美国银行提供了一揽子救助计划（对美国银行的救助方案最终没有实施）。这些一揽子计划为银行的部分债务提供了担保。12月，财政部将"问题资产救助计划"专项拨款贷给了通用汽车和克莱斯勒这两家摇摇欲坠的汽车业巨头。在整个冬季和下一年春季，财政部对银行进行了压力测试，要求那些没有通过测试的银行必须从私营市场或者财政部获取额外的资本。财政部还推出了一项支持私人购买有毒资产的计划，希望现金充裕的投资者愿意赌这些资产的价格最终会涨，并在这一过程中把有毒资产从存在系统性风险的银行和投资银行的资产负债表中清除掉。与此同时，美联储也启动了一项购买由政府赞助企业提供支持的抵押贷款支持证券的计划——最终，美联储将购买超过 1 万亿美元的此类抵押贷款支持证券。等到春天过去，这场金融危机也结束了，"大衰退"却开始了。

白芝浩

为什么美联储和其他救助机构要介入这场危机？它们是如何考虑介入的——哪些公司要救，按什么条件来救，哪些公司不必救？对此，伯南克曾表示自己受到了沃尔特·白芝浩的影响。

关于最终贷款人所应奉行的原则，英国专栏作家沃尔特·白芝浩在他的著作《伦巴第街》（*Lombard Street*）中作了最为著名的阐发。尽管白芝浩并不是第一个阐明这些原则的人，他的观点却常常被央行的官员所引用。我现在也要做同样的事。[4]根据白芝浩的观点（Bagehot，1873：196—197），在流动性危机期间，中央银行应当：（1）尽可能慷慨放贷；（2）要求好的担保物；（3）收取较高的利率。[5]最终贷款人的作用，是避免经济上还有偿债能力的企业破产或者低价贱卖资产。至于那些资不抵债的企业，由于它们管理不善，与其任其持续经营①，

---

① 作为会计术语，"持续经营"（going concern）可以指一家处于假设的会计状态下的企业，其经营活动在可以预见的将来会继续下去，直到出现相反证据为止；它也可以指企业的一种能力，表明该企业可以在正常经营活动中变现资产、清偿债务，不拟也不必终止经营或破产清算。——译者注

还不如通过破产清算把它们拆成碎片来得更有价值，所以最终贷款人不该救助资不抵债的企业。

白芝浩建议中的三大要素被认为有助于实现上述目标。第一，最终贷款人必须自由放贷（lend freely），即向尽可能多的具有偿债能力的企业放贷，因为它要弥补私营贷款机构从经济体中撤回信贷所留下的空白。最终贷款人不能把贷款局限于大型企业或者"大而不能倒"的企业，也不能仅仅局限于银行，因为流动性危机会影响到每一个人，可能迫使每一个人贱卖资产，进而导致恶性循环。通过扩大信贷的支持范围，最终贷款人可以帮助所有企业继续持有资产，直到资产到期日来临或者信贷市场恢复。当低价甩卖停止、资产价值恢复的时候，危机也就结束了。这时候，最终贷款人就应该收回贷款。

第二，最终贷款人必须要求"好的担保物"（good collateral），以此作为放贷的条件，因为它赔不起钱。然而，"好"的担保物的含义一点都不明确。在白芝浩的年代，它可能意味着政府债券以及在正常时期通常会被中央银行接受为担保物的其他具有高评级和高流动性的资产（Bignon, Flandreau & Ugolini, 2012：596—598）。英格兰银行（Bank of England）当时是一家（准）私营机构。如果它借出去很多钱却没能收回来，那么它自己就会破产。尽管救助整个金融系统符合英格兰银行的利益（只有这样它才能继续放贷），但是顾名思义，拿自己的生死去冒险并不符合它的利益（Goodhart, 1995：333—335）。现代的中央银行虽然是公共机构，不过上述原则还是被保留了下来。其理论根据在于，纳税人的钱属于财政机关——也就是国会和财政部，所以中央银行不可以拿纳税人的钱去冒险。目前，按最起码的标准，好的担保物指的是真实价值（正常时期的价值）大于贷款金额且波动性又不太大的资产。如果中央银行在放贷时并没有获得好的担保物，而贷款又收不回来，纳税人就会遭受损失。要求好的担保物，其意义就在于让央行承受尽可能低的信贷风险。

第三，最终贷款人必须收取"非常高的利率"（a very high rate），或者"惩罚性"（penalty）利率。关于这项原则的通常解释是，惩罚性利率有助于抵消最终贷款人所造成的不当激励（perverse incentive）。[6]金融经济学家曾经毫不客气地把最终贷款人的作用比作一种"流动性认沽期权"①，因为银行可以强迫最终贷款人把现金"卖"给它们，这就相当于最终贷款人为金融机构提供了某种保险。然而，由于保险可以保护企业免受不景气的风险，所有类型的保险都会引发道德风险。为了抵消道德风险，最终贷款人要收取高利率。这就意味着接受紧急贷款的企业并没有获得完全保险，而是只有部分保险，就像买了住房保险或者汽车保险的人仍然要自行承担免赔额（deductible）一样。在所有这些例子中，部分保险（partial insurance）可以给被保险人提供事前谨慎行事的动机，而惩罚性利率也会促使借款人在恢复元气后尽快返回私人市场。有必要指出的是，即使是惩罚性利率，利率也不会非常高。这个利率，必须比危机期间通行的高利率要低；否则它就不可能解决流动性危机。比较典型的惩罚性利率，是比危机即将爆发前的利率高一个百分点左右。[7]

中央银行并不总是遵从白芝浩的建议。在美国，肇始于"大萧条"时期的银行改革最终确立了一个理念：最终贷款人的作用对象应

---

① 在文中，"流动性认沽期权"（liquidity put）是个比喻。银行等金融机构作为这种假想的期权的权利人，在信贷市场冻结时可以要求最终贷款人买（未必是直接买）入其所"卖"的资产，从而强制获得最终贷款人"卖"出的现金（表现为贷款），也就是流动性。认沽期权（put options），又叫看跌期权、卖出期权、出售期权、敲出期权、卖方期权、延卖期权、卖权或卖权选择权，期权的购买者在期权合约有效期内或行权日，拥有按执行价格卖出一定数量标的物的权利。——译者注

该是银行，而不是整个金融系统。政府把金融系统分成了两个部分：一边是安全而无趣的银行体系，由最终贷款人、联邦存款保险公司的保险来提供保障，同时也要受到严格的监管；另一边则是除银行业以外的其他金融行业，在这里，（几乎）所有的事都可以做。白芝浩当年并没有做过这样的区分。是法律造就了这种"旧模式"（the Old Model），而"旧模式"妨碍了美联储对历经嬗变后的流动性危机的应对。尽管美联储最终还是向非银行金融机构提供了紧急贷款，但是在最开始的时候，它的反应却是如此之慢、如此之不情愿（Wessel，2009：147—149）。

中央银行也不太赞同白芝浩对于"好"的担保物的看法。在流动性危机期间，由于流动性的回撤收缩，资产的价值会下降，但是它们的基础价值（fundamental value）可能还在。这就意味着，如果企业能够持有某项资产直到危机结束，届时它就能以比危机期间的市场价格更高的价格卖掉资产。为了解决危机，中央银行必须基于信贷市场最终会复苏的假设，计算资产的"真实"（real）价值，即资产到期回报的贴现现金流（discounted stream）的价值。然而，要判断价格的下跌到底有多少是因为流动性短缺，又有多少是因为基础性的经济变量，其实并不是一件那么容易的事。

一些金融经济学家怀疑，白芝浩所称的好的担保物其实是没有意义的。他们认为，市场价值是决定资产价值的唯一因素。贱卖的价格也是市场价格。谈论所谓的"真实"价值或者"基础"价值，是没有意义的。这简直就像在说，对资产价值的判断可以独立于市场之外。

上述观点的确包含了一些重要的事实，但是说服力还不够。为了指出其中的错误，我们不妨假设：政府宣布从今以后将拒绝履行某类金融合同。如此一来，合同项下的资产就会失去价值，而且，如果市场认为该禁令还会持续下去，那么该类资产的市场价格就会是零。然而，下面的问题值得我们作进一步的认真思考：如果政府第二天又宣布它已经改变了主意，并将继续履行这类合同，那么市场价格又会如何变化？我们可能认为市场价格会上升，并继续作出相应的预测。只要我们有把握政府不会再改变主意，我们就可以预测市场价格会回到原来水平。这也意味着在合同被取缔的那天，这些资产仍然是有"真实"价值的，大致等于它们不久之前的市场价格乘以政府撤销其决定的概率。

从概念上来讲，美联储提供流动性和政府保护契约权利其实并没有什么不同。如果美联储任性武断地大幅提高利率，并撤走市场上的所有流动性，那么它就可以轻易达到和政府取消金融合同相同的效果。而当美联储决定，在危机期间提供流动性，以好的担保物为对价发放贷款的时候，它的所作所为就和前面正好相反，其效果将是补充因信任危机而枯竭的流动性，从而重启市场。所以，导致市场价值和"真实"价值背离的，其实是政府作为或者不作为的自由裁量权。

如果我们不喜欢对"真实"价值或者"市场"价值的区别咬文嚼字，我们可以完全不提"真实价值"，再来讨论一遍美联储的做法，但结论并不会有什么变化。如果美联储以取得受流动性危机影响而交易价格偏低的担保物为条件发放贷款，它其实已经作了一个预测，即担保物的价格会因自己为结束危机所做的努力（当然也包括发放这笔贷款）而上涨。假设，美联储的放贷金额是 100 美元，而担保物当时的交易价格是 80 美元。美联储相信，作为自己努力化解危机的结果，担保物最终会值 120 美元。如果有纯粹主义者坚持认为，从技术角度来看美联储实际上并未获得充分的担保，那么对此的回应就是，此时美联储的正确做法并不是去获得通常意义上的"担保"，而是要保证贷款必须具有很高的偿还概率。只要美联储能够让人相信，它的救助措施会让担保物的价格涨到 100 美元以上（或者由于其他原因，借款人还款的可能性很大），那么基于交易价格为 80 美元的担保物而发放的 100 美元贷款得到偿还的概率就会很高。按照这一思路，我们其实没有必要区分市场价值和"基础"（或者"真实"）价值。资产的市场价值就是它在危机期间的交易价格；美联储基于该资产而发放的贷款并没有获得充分的担保；只要美联储真诚地、善意地相信如果它努力救市，贷款得到清偿的概率将会很高，合理利率能够完全补偿信贷风险的概率也将很高，那么它的行为就是正当的。实际上，这两种路径是一样的。

如果从实践和经验层面，而非概念层面来理解金融经济学家的反对意见，那么就会更容易。在流动性危机期间，预测未来的价格走势一直都是非常困难的。在很多情况下，流动性短缺会导致资产的市场价格低于"真实"价值，但这并不意味着资产的"真实"价值就等于（或高于）它的票面价值。资产可能会因为其他原因而贬值。举例而言，在 2007—2009 年的危机期间，发行于 2005 年（该年度的大多数衍生品尚不含次级抵押贷款）的 AAA 级担保债务凭证贬值惨重——失去了 70% 到 80% 的价值。在危机结束后，这些担保债务凭证的交易价格仍比票面价值低了 5% 到 10%（Stanton & Wallace，2011：3255，fig.1）。这就表明，危机期间的一部分价格下跌可以归因于基础性的问题，也就是担保债务凭证在设计之初未曾预料到的违约现象。然而，随着美联储最终开始接受那些按照通常标准来看不够好的担保物，它已认定，基于常规的经济分析，这些担保物的价值足以保护美联储免受违约影响。正如盖特纳在回忆对贝尔斯登的救助行动时提到的（Geithner，2014：156）：

贝莱德集团（Black Rock）的拉里·芬克（Larry Fink）向我保证，如果我们能再持有几年这些资产，我们很可能保本，最多也就是损失几十亿美元。我让他在给本（伯南克）和汉克（保尔森）的电话中作了同样的保证。我告诉本，我认为这符合第13（3)节关于"获得足以令我们满意的担保"的法律标准，对此他表示同意。

最后，因为担心污名化的问题，中央银行在金融危机期间并没有按照白芝浩的建议加收惩罚性利率（Hoggarth & Soussa，2001：174—175）。[8]而且，关于最终贷款人到底会不会引发道德风险的问题其实还没有定论。根据比尼翁、弗兰德鲁和乌戈利尼①的研究，目前尚无历史证据可以证明，最终贷款人于19世纪引入英国和法国后导致了道德风险（Bignon, Flandreau & Ugolini, 2012）。为了降低道德风险，中央银行进一步收紧了审慎监管标准。金融危机属于不太常见且不可预见的事件。一家不善于管理自己的流动性问题的企业是不会得到最终贷款人救助的，除非它碰巧在危机发生的时候遇到了问题。但是鉴于危机并不常见，企业很难依靠这样的"运气"。为了保护自己免受危机的影响，金融机构必须持有大量现金，或者通过借入长期贷款、卖出股份来筹集资金。然而，这样就会使金融系统存在的一大主要目的的（把短债变为长贷）落空。政策制定者并不希望以金融企业不再从事金融为代价来防范金融危机。

---

① 文森特·比尼翁（Vincent Bignon），法国央行（法兰西银行）经济学家。马克·弗兰德鲁（Marc Flandreau），美国宾夕法尼亚大学历史系教授，国民经济研究局研究员。斯蒂法诺·乌戈利尼（Stefano Ugolini），法国图卢兹大学经济学副教授。——译者注

我之所以要在前面不停地讲白芝浩，是因为他为我们提供了一个重要的线索，可以帮助我们理解美联储在金融危机期间的行动何以会与法律的要求渐行渐远。无论是在思维模式上还是在制度架构上，美联储都奉守适用于"旧模式"的白芝浩传统理论。如果只是降低贴现率，在思维模式上并不需要进行转变；但是，如果是向投资银行（比如贝尔斯登）或者保险公司（比如美国国际集团）提供贷款，即使这些机构在功能上和银行并没有什么不同，那也要另当别论。这种对银行的重点关注、对好担保物的考量、对惩罚性利率的观念看法，都可以帮助我们解释，为什么贴现窗口贷款和降低利率会是初期的行动重点，为什么要在出售贝尔斯登资产的过程中让股东的收益最小化，为什么没有能够救助雷曼兄弟，为什么对政府赞助企业和美国国际集团会如此严苛，以及为什么要诉诸国会制定《紧急经济稳定法》？幸运的是，美联储也会随机应变。更加幸运的是，国会还在资金方面雪中送炭。在国会和财政部的帮助下，美联储得以转换身份，从最终贷款人摇身一变，成为了终极的资产买家和承保人（asset buyer and insurer of last resort）。美联储（或者财政部）不再把钱贷给资产的所有人并让他们继续持有资产直至到期，而是选择自己购买这些资产并持有直至到期；同时，各类政府机构（包括联邦存款保险公司）还四处提供担保——幸运的是，它们最终及时拯救了整个金融系统。

余波

有一种比较流行的观点是，政府在 2008—2009 年间发放的那些紧急贷款中赔了钱，而且，这些贷款不仅是纳税人对华尔街的一种补贴，也是对银行家们不计后果行为的一种酬赏。[9] 这种观点不仅是错误的，还从根本上误解了最终贷款人的功能。

在紧急贷款上，政府其实并没有亏钱，反而赚到了钱。有一项评估报告指出，截至 2017 年 3 月，政府一共赚了 785 亿美元。[10]然而，问题的关键并不是政府赚了钱还是亏了钱。最终贷款人的意义在于化解金融危机，而不是为政府或者纳税人赚钱。正如我们将要看到的，最终贷款人的贷款和投资虽然会刺激经济，让纳税人受益，但是也有可能会亏损。即便如此，政府投资的回报问题仍然为我们讨论评价救市措施的标准提供了有益的起点。

政府为什么会赚到钱呢？这有可能是因为运气，然而，最终贷款人的本质也决定了它会赚钱。一旦流动性危机爆发，私营贷款机构停止或者大幅度减少了借贷活动，那些依靠短期借款生存的企业的偿债能力就会受到威胁。与私营贷款机构相比，最终贷款人有一项独特的优势：它不需要筹集资金就可以发放贷款。当然，如果最终贷款人借出去的钱都收不回来，理论上它也有可能破产——因为无法抵偿自己的运营费用。但是政府需要中央银行，所以政府会通过行使强制加税的权力来救助它。

最终贷款人的独特优势，让它在流动性危机期间取得了对信贷的准垄断地位。这就意味着，它有权为自己的放贷索取高价。在美联储向美国国际集团提供 850 亿美元贷款并要求后者以 79.9% 的股份作为对价的例子中，这项权力表现得最为明显。即使美联储只收取正常的利息，如果它想，它还是可以要求一个足以保证丰厚利润的利率。[11]

美联储有点像一个收费的消防队。鉴于自由市场中没有私营的救火企业，所以消防队是必要的。尽管政府的灭火服务是免费的，不过理论上它也可以收费，就像它对公共场所停车等其他服务收费一样。如果政府真要收费，那么理论上市场可以承受多高的价格，它就可以允许消防队收多高的价格。这就是垄断价格，最高可以达到和被救房屋的价格一样高。一旦有了这项权利，消防队就可以赚很多钱。但是，政府一分钱都不会让消防队收，因为政府的目标不是赚钱，而是救火。

美联储和其他具有最终贷款人职能的机构一起，通过降低利率、广泛放贷、定向放贷、担保债务责任、购买有毒资产等手段，终于在2008年的晚些时候，扑灭了金融危机的大火。尽管，关于到底哪些具体措施是必需的争论会一直存在，但是毫无疑问，正如理论模型和历史实践所预测的那样，积极的干预措施最终起到了效果。[12]然而，美联储却受到了广泛的批评，在接下去的数年中不得不忍受来自国会的非难。为什么人们会如此不满？主要的反对意见认为，美联储鼓励了不计后果、草率行事，这迟早会导致另一场金融危机。其逻辑在于，如果贷款机构知道美联储时刻都在准备救助还不了债的企业，那么即使贷款机构觉得借款人无法自行偿还借款的可能性很高，它们还是会把钱借出去。从更技术的层面来讲，贷款机构会主张一个无法完全弥补其所承担的信贷风险的利率。这将会导致过度借贷、不良贷款，最终引发另一场危机。

这种观点虽然也有正确的成分，但是真相要复杂得多。如果面对的只是普通的经济困难，大多数金融机构并不能得到政府的救助。普通的投资银行将会退出市场——比如1990年破产时位列美国最大的投资银行之一的德崇证券（Drexel Burnham Lambert），它的债权人该承担多少损失，就得承担多少损失。只有在发生系统性危机时，他们才能期待政府帮忙。然而，系统性的危机并不是金融机构能够防备的事。我们可以再来思考一下业主的困境。由于知道消防队可能姗姗来迟，以致来不及抢救失火的房屋，业主们可能会自行采取一些火灾防范措施。但是，对于连消防部门自身都会被殃及，以致国民警卫队不得不介入的全市范围内的超级大火，他们却不会采取防范措施。因为这类灾难的发生概率非常低，从成本上来看，对它进行防范会得不偿失。而且考虑到这类灾难的巨大影响，防范措施在任何情况下都不可能起到作用。这种情况就是政府介入的理想场景。

只有一小部分金融机构可以仰仗政府的救助。它们就是那些"大而不能倒"的机构：它们与金融系统的联系太过紧密，以至于政府无法承受坐视它们倒闭的风险。正因为存在政府干预的可能性，它们的债权人在发放贷款的时候才会接受低于市场水平的利率。在《多德—弗兰克法》中，国会授权政府机构对那些具有系统重要性的金融机构进行判定[13]，并对此类机构加以额外监管，从而解决了这一问题。要判断这些措施是否充分，现在还为时尚早。然而，可能是因为额外监管的成本超过了借款成本降低所带来的收益，金融机构并不想被冠上具有系统重要性的头衔。[14]或许这就是这些措施有用的一个有力证据。有一种广为传布的观点认为，"大而不能倒"的名号意味着企业在未来可以获得救助并因此降低企业的信贷成本，所以对企业有利。看起来，这个说法是错误的。

注释

[1] 近期的研究表明，次贷市场对于信贷危机的影响被夸大了；优级抵押贷款的违约也非常关键，即使并不是更关键的。参阅 Adelino et al.（2016）。

[2] Pub. L. No.110—289, 122 Stat. 2654（2008）.

[3] Pub. L. No.110—343, 122 Stat. 3765（2008）.

[4] 英国银行家和政治家亨利·桑顿（Henry Thornton）通常被认为是这些原则的首创者，他于 1815 才去世。参阅 Goodhart（2011）。

[5] 相关分析和研究，参阅 Domanski, Moessner and Nelson（2014）。

[6] 然而，比尼翁等学者（Bignon, Flandreau and Ugolini, 2012）认为，当时白

芝浩和其他人支持惩罚性利率，是希望以此鼓励银行相互借款（进而相互放贷），而不是等到危机结束时依赖中央银行，但是，鉴于利率仍然太低，银行无法从借贷中获得太多利润。

[7] 根据美联储目前的规定，惩罚性利率比市场利率高 50—100 个基点。参阅 Federal Reserve（2016d）。

[8] 参阅 Gorton（2012：134—139）（认为道德风险很关键）和 Selgin（2013）（批判了前者的观点）。关于来自这场危机的例证，参阅 Strahan and Tanyeri（2015）（发现了紧急救助并没有增加货币市场共同基金市场上的道德风险的证据）；Brandao-Marques, Correa and Sapriza（2013）（发现了关于道德风险的证据）；Black and Hazelwood（2012）（同前）。

[9] 参阅 Ritholtz（2009）等。

[10] 这个预测来自 ProPublica；参阅 Kiel and Nguyen（2016）。出于许多理由，我们可以对此保持怀疑态度，但这个预测已经相当好了。

[11] 美联储并不是一个真正意义上的垄断者。其他的地方确实也有钱，富人的口袋里、主权财富基金和其他机构的金库里都还有钱。美联储的独特地位来自它的货币发行权，归根结底是得益于国会征税权的背书支持。私人资金持有者们大多囤积了现金、购买了国库券之类，在美联储采取行动的同时也成功地度过了危机。

[12] 参阅 Aït-Sahalia et al.（2012）；Brunetti, di Filippo, and Harris（2011）；Carpenter, Demiralp, and Eisenschmidt（2014）；Duygan-Bump et al.（2013）等。

[13] Pub. L. No.111—203，124 Stat. 1376（2010）.

[14] 最突出的例子是大都会人寿保险公司与政府之间的博弈。

THREE
THE LAWFULNESS
OF THE RESCUE

第三章

政府救助的
合法性分析

> 有些人认为，政策制定者在防止金融灾难时不可能找不到既合法又可行的措施。这次，这样的事却实实在在地发生了。
>
> ——美国金融危机调查委员会①（FCIC，2011：435）

　　政府试图采取积极措施来解冻信贷市场，却屡屡发现自己被法律束缚了手脚。对于遇到的法律问题，官员们反应不一。在雷曼兄弟倒闭后，美联储的官员曾宣称他们之所以不能发放紧急贷款，是因为存在法律上的障碍。然而，在贝尔斯登和美国国际集团的案例中，为实施当时情势所必需的紧急措施，美联储却选择违反法律，或者用一种极端狭隘的方式来解释法律。美联储和财政部借助一些新的、有待商榷的法律解释，推出了大量信贷便利措施，并向房利美、房地美、通

---

① 美国金融危机调查委员会（Financial Crisis Inquiry Commission）是根据 2009 年 5 月出台的《欺诈执行与复苏法》（Fraud Enforcement and Recovery Act）成立的独立调查委员会，旨在调查发生在美国的金融和经济危机的成因，进而总结教训并提出改进意见。委员会由国会提名 10 人组成，成员来源广泛，包括银行家、房地产业者、金融监管机构、经济及金融研究者等。委员会拥有国会授予的权力，可以对相关人士进行传唤，以保证其最终结论的客观公正。2011 年 1 月 27 日，委员会向美国总统、国会和社会公众发布了调查报告，中文版参见：《金融危机调查报告》，王欣红等译，社会科学文献出版社 2013 年版。——译者注

用汽车和克莱斯勒提供了救助。在多数情况下，这些政府机构会利用复杂精巧的法律策略掩护它们的行动，从而规避法律。

我们或许可以认为，法律并没有起到多大的作用。这些政府机构以及它们的负责人都没有为其在危机期间的违法行为付出代价。下次再发生危机时，他们可能还会无视法律（Posner & Vermeule，2010）。[1]但是，如果美联储能够依法行事，显然要比违法更好。法律的限制性规定并不是没有代价的。它们使美联储的行动过于谨小慎微，还让官员们得以将 2008 年 9 月未能救助雷曼兄弟的惨痛失败归咎于法律的制约，从而转移对他们判断能力的批评。法律还迫使美联储和财政部把原本简单的交易（贷款和资产收购）构造得更加复杂，这不仅降低了透明度、增加了成本，还导致了意料之外的后果。法律还在不同机构（美联储、财政部、联邦存款保险公司、证券交易委员会以及其他机构）之间造成了权责分散，在这场危机中，这些机构之间的分歧导致了行动的延误和协调的失败。最后，政府的违法行为已经引发了成本高昂、旷日持久的诉讼，最终有可能会迫使政府向那些公司股东们赔偿数十亿美元（Zaring，2014）。

最终贷款人的相关法律规定

在美国，尽管美联储通常被视作最终贷款人，但实际上最终贷款人的职能是由美联储和联邦存款保险公司共同承担的。在《多德—弗兰克法》颁布之前[2]，美联储曾被视为具有偿债能力的银行和非银行金融机构的最终贷款人。联邦存款保险公司则拥有对资不抵债的银行进行清算的权力；作为这项权力的一部分，联邦存款保险公司可以在紧急情况下为对手方提供类似于最终贷款人的贷款。然而，向资不抵债的非银行金融机构的对手方提供贷款的权力是不存在的。这就要求美联储和联邦存款保险公司在2007—2009年金融危机期间必须在措施上推陈出新，而《紧急经济稳定法》[3]在2008年10月的出台也就势在必行。为了弥补上述不足，《多德—弗兰克法》规定了一套针对所有类型的资不抵债的金融机构的有序清算程序。

美国《联邦储备法》（Federal Reserve Act）第10B部分规定，美联储拥有向银行提供紧急贷款的权力。[4]美联储可以提供短期贷款，但是这些贷款必须要有高质量的担保物作为担保，同时还要遵守很多程序上的要求和限制，在银行资本不足时更当如此。根据现行的法律规定，对"财务状况大体健康"的银行，美联储会在联邦基金利率①的基础上加收50个基点的罚息；对更差一些的银行，美联储则会额外再收50个基点的罚息（Federal Reserve，2016d）。这种借贷方式就是"贴现窗口贷款"（discount-window lending）。

根据《联邦储备法》第13（3）节的规定，美联储可以向非银行金融机构提供贷款[5]，但是必须首先满足若干重要的程序性限制规定。美联储必须断定存在"非同寻常的紧急情况"，而且联邦储备委员会②必须进行投票并获得至少五名成员以上的绝对多数票同意。贷款必须"获得足以令联邦储备银行满意的担保"，而且借款方必须"无法从其他银行业机构获得足够的信用贷款"。《多德—弗兰克法》

① 联邦基金利率（federal funds rate）是美国银行同业拆借市场的利率。其中最常被引用的是有效联邦基金利率（effective federal funds rate），联邦储备系统公告（Federal Reserve Bulletin）将每日有效利率定义为：纽约经纪人交易的加权平均利率。——译者注

② 美国联邦储备委员会是联邦储备系统的核心管理机构。该委员会由七名成员组成，其中有主席、副主席各一人，委员五名，均须由美国总统提名，经参议院批准方可上任。——译者注

还增加了一项额外要求，即贷款的发放必须通过"具有广泛适用性的项目或者工具"，这就意味着美联储必须明确贷款的资格条件，不能在借款方中随意挑挑拣拣。

第10B部分和第13（3）节可以说是共同贯彻了白芝浩原则①。在紧急情况下，美联储可以广泛地向银行和非银行金融机构提供贷款，但是必须获得充分的担保。至于贷款实行何等利率，法律赋予了美联储相应的自由裁量权。只要美联储愿意，它还可以征收惩罚性利率。

联邦存款保险公司则被赋予了对资本不足的或者倒闭的银行进行清算的权力。一般情况下，联邦存款保险公司会用保险基金来偿付投保的存款人，但是在其他方面，债权人并不受保护，他们需要像在通常的破产程序中那样，根据优先权或者按照比例，从银行出售资产的收益中受偿。在这种情况下，联邦存款保险公司有责任将保险基金的成本最小化——这就意味着只能对那些在保险基金保障范围内的债权人（主要是储户）进行偿付。[6]然而，当银行倒闭"可能会对经济状况或者金融稳定造成严重的负面影响"[7]时，法律作出了例外规定。只要取得财政部部长、联邦储备委员会2/3多数以及联邦存款保险公司董事会2/3多数的同意，联邦存款保险公司就可以对问题银行的所有债权人进行偿付。因此，作为最终贷款人的联邦存款保险公司有两方面职能：对投保的存款人进行常规性赔付，以及在紧急情况下偿付其他银行债权人。

如此一来就留下了一个很明显的空白：存在偿债能力问题（而不

---

① 白芝浩原则（Bagehot's Dictum）作为中央银行在金融危机中的行为准则，主要包含三要素：（1）尽可能慷慨放贷；（2）以好的担保物为对价；（3）收取较高的利率。参见本书第二章。——译者注

仅仅是流动性问题）的大型非银行金融机构。在《多德—弗兰克法》出台之前，联邦存款保险公司还没有权力救助非银行金融机构，而美联储也只能在有担保物的情况下才能向其提供贷款。在危机期间，为了解决这类机构的问题，美联储和联邦存款保险公司在法律操作层面下了很大工夫。接下来我们将对此进行分析。

美联储在金融危机期间的法律博弈

在授权范围内的行动

在法国巴黎银行发布公告之后，美联储首次对金融危机作出了反应。在这一初始阶段，美联储使用了在其法定权限范围内的传统工具。2007 年 8 月 17 日，根据《联邦储备法》第 10B 部分的规定，美联储降低了"贴现窗口贷款"的利率，同时对这些贷款进行展期。[8] 2007 年 9 月，美联储将联邦基金目标利率①从 5.25%降到了 4.75%。危机期间，美联储一直在降低利率，并于 2008 年 12 月降到了 0 至 0.25%。《联邦储备法》第 14 部分专门规定，美联储有权通过在公开市场交易各种证券来调整联邦基金目标利率。[9]对于美联储的这项权力，从来都没有人提出过质疑。[10]

2007 年 12 月，美联储试图通过拍卖紧急贷款，而不是随意对其设定高价来缓解"贴现窗口贷款"的污名效应。这一措施就是"定期

① 联邦基金目标利率（target federal funds rate）是由美联储下设的联邦公开市场委员会（Federal Open Market Committee, FOMC）的成员在公开市场会议（也称议息会议）上投票决定的。会议每年在华盛顿召开八次，约每七周举行一次。除常规会议外，还可举行额外的临时会议。委员会的成员包括联邦储备委员会的七位执行委员和五位联邦储备银行主席，一人一票，共计 12 票。——译者注

拍卖工具"（TAF）（Anderson and Rieder，2008）。美联储又借此放出了 4 214 笔新的贷款，总计超过 3 万亿美元（Berger et al.，2015）。然而，尽管这些措施确实增加了银行的借贷（Berger et al.，2015），却并没有解冻信贷市场。事实上，大型银行更喜欢通过吸收有保险保障的存款以及通过向联邦住房贷款银行（Federal Home Loan Banks）借款（因为它们提供紧急贷款的权力明显不受监控）来增加流动性（Ashcraft，Bech & Frame，2010）。这些贷款虽然都是合法的，但是数量依然不够。[11]

降低利率同样没有结束危机。从理论上讲，美联储可以通过降低利率来减轻银行的资金成本，提高它们对外放贷的意愿。借助较低的利率，购房者可以获得负担得起的抵押贷款；已经有了房子的人也可以对他们的抵押贷款进行再融资，用融到的钱购买商品或者服务。然而，用低利率来刺激借贷的机制已经失灵了。银行和其他金融机构停止对外放贷，是由于无法确定担保物的价值以及拥有大量抵押贷款相关资产的借款人的信用风险。降低利率所带来的放贷意愿的小幅增长（如果有的话）无法抵消如此巨大的风险。此外，随着贷款机构意识到自己可能会在融资上遇到困难，为了能在将来无法继续获得信贷的情况下继续偿付自己的债权人或者负担各种花费，它们会囤积现金，而不是把钱借出去。由于贷款机构停止了对外借贷，所以购房者和有房族并不能享受到低利率带来的实惠（Gorton，2012：186—194）。

更深层次的问题在于，这场金融危机的源头是影子银行体系，而不是传统的银行业务。大多数银行都没有遭遇挤兑；存款保险，也许还有美联储的贴现窗口和其他相关渠道的支持，让储户吃了定心丸（Bair，2012：292—293）。回购协议市场发生的挤兑，影响的是投资银行、养老基金、保险公司、对冲基金以及其他非银行金融机构，继而

　　　　　　　　最后防线：金融危机与紧急救市的未来

波及了向客户提供各类信用相关服务的主经纪商（通常来说就是投资银行）。为了解决影子银行体系所存在的问题，美联储被迫动用了它在《联邦储备法》第 13（3）节下的权力。[12]2008 年 3 月 11 日，美联储创设了"定期证券借贷工具"，通过该工具，美联储可以把国库券贷给提供了担保物的一级交易商（大型投资银行），担保物中也包括了抵押贷款衍生证券（Federal Reserve，2010b）。在这个时候，"非同寻常的紧急情况"——信贷市场的严重崩塌——明显已经发生了。这些贷款所要求提供的担保物是那些本就在回购协议市场上使用的担保物，包括投资级（investment-grade）公司债券和抵押贷款支持证券。在定期证券借贷工具推出之初，担保物的评级都比较高，几乎都当然地符合好的担保物的标准。[13]3 月 17 日，美联储在定期证券借贷工具的基础上又推出了"一级交易商信贷工具"作为补充，一级交易商可以借此获得短期现金贷款，只要它们提供同样类型的担保物（Federal Reserve，2016e）。一级交易商信贷工具在法律层面同样比较简单——虽然，正如我们将要在下一部分讨论的，围绕美联储可以接受的担保物的质量也会产生一些争议。然而，尽管市场主体通过定期证券借贷工具和一级交易商信贷工具借到了海量资金，这些措施却并没有化解危机。[14]

扩张权力边界以及违反法律

3 月 13 日，贝尔斯登向美联储官员发出警告，威胁说如果美联储再不给它发放贷款，第二天就要去申请破产。[15]由于担心发生系统性危机，美联储给摩根大通批准了一笔 129 亿美元的过桥贷款，要摩根大通再把这笔钱借给贝尔斯登，贝尔斯登则以自己拥有的价值 138 亿美元的证券作为担保。[16]之所以要将贷款批给摩根大通，是为了规避第 13（3）节的规定。然而，纽约联邦储备银行的总法律顾问想出来的这个法律花招，却被联邦储备委员会的总法律顾问否决了（Bernanke，2015：214）。美联储最终还是援引了第 13（3）节。但是这项贷款赢得了时间，贝尔斯登借机找到了买家。摩根大通和贝尔斯登开始就合并事宜展开谈判。在 3 月 24 日达成的最终交易中，美联储创设了一个名为"仕女巷"①的特殊目的载体（special-purpose vehicle，SPV），它从美联储那里获得了 288.2 亿美元的贷款注资，并从摩根大通那里获得了 11.5 亿美元的后偿贷款（subordinated loan）注资。美联储还享有资产的"留剩权益"（residual interest），也就是资产净值。仕女巷从贝尔斯登手中购买了有毒资产，包括机构抵押贷款支持证券、商业和住房贷款、非机构住房抵押贷款支持证券以及其他的金融衍生品。

根据协议约定，摩根大通和美联储需要共同承担资产贬值的风险。如果上述资产的贬值幅度在 11.5 亿美元以内，摩根大通将独自承受损失；如果资产进一步贬值，美联储将承担多出来的这部分损失，但是最多不超过 288.2 亿美元。只有美联储才可以从资产升值中获利。假设资产的实际售价超过 300 亿美元，那么，摩根大通和美联储都能就贷款足额受偿，而且美联储还能拥有剩余部分的收益。从最终结果来看，这些资产确实升值了，美联储也确实赚到了钱。

针对这项交易，美联储虽然援引了第 13（3）节的规定，但是并

① 仕女巷（Maiden Lane）是一家有限责任公司（LLC），有时又被称为"仕女巷 1 号"（Maiden Lane I）。除该公司外，危机期间还设立了仕女巷 2 号和仕女巷 3 号两家有限责任公司。这三个 SPV，有时又被统称为"仕女巷系列交易"（Maiden Lane Transactions）。之所以取名为"仕女巷"，主要与纽约联邦储备银行有关。纽约联邦储备银行在曼哈顿的总部大楼有两个出入口：一个在自由大街 33 号（33 Liberty Street），这是银行的官方通信地址；另一个在仕女巷，和总部大楼隔巷而望的，是银行位于仕女巷 33 号的金融监管部门的新办公楼。——译者注

未作过多解释。显然，其理由在于美联储已经从该交易中获得了满意的担保，而且贷款指向的是处于"非同寻常的紧急情况"下的非银行金融机构，这些都是第 13（3）节所允许的。假定贝尔斯登提供的担保物确实是充分的，同时也不存在其他相左的证据，那么原先的过桥贷款无疑具有正当性。[17]不过，仕女巷的这项交易就不见得那么合法了。

除了国库券和少数在公开市场操作中会用到的其他类型的资产，美联储缺少购买资产的权力。[18]假如美联储直接购买了 300 亿美元的抵押贷款支持证券和其他有毒资产，它就违反了法律。为了避免这种赤裸裸的违法行为，交易经过了精心的结构化处理。美联储没有直接购买资产，而是向仕女巷提供了担保贷款，后者到期后会把钱再还给美联储。这样的担保贷款更符合第 13（3）节对美联储的授权。[19]

问题在于，这项交易约定了美联储的利益和基础资产的价值紧密相关。资产价值哪怕仅小幅下降四个百分点，美联储也会遭受亏损，虽然资产价值上升，美联储将享有全部收益。与之相对的是，在担保贷款中，尤其是在那些获得了白芝浩心目中的好的担保物——也就是高质量担保物的贷款中，贷款方就资产价值的波动几乎不用承担风险或者完全不用承担风险。从功能上来看，仕女巷的这项交易，其实是资产交易，并非担保贷款。[20]

至于一级交易商信贷工具，本身就在合法性上存在问题。第 13（3）节允许美联储提供担保贷款，但是贷款必须"获得足以令其满意的担保"。而一级交易商信贷工具却接受 CCC 级的担保物和其他低评级的，甚至是根本没有评级的担保物，包括未经交易而且非常难以定价的股权。

美联储可能会主张，"获得足以令其满意的担保"意味着美联储拥有完全的自由裁量权。如果这种解释是正确的，那么美联储就能以完全没有价值的担保物为基础发放无担保贷款。然而，法律规定美联储只能发放担保贷款，而且美联储必须先善意地判定借款人已经提供了充分的担保物。比如，美联储可以理直气壮地主张市场交易价格较低的担保物仍然能够为其提供足够的担保，因为其价格受到了金融危机的压制。不过，美联储并没有正当理由去接受基础价值非常低的资产作为担保物。由于美联储没有披露它对担保物的评估分析，所以我们不知道它的行为是否合法。但是我们并没有义务接受美联储的观点，鉴于有如此多的无评级和低评级资产被用作一级交易商信贷工具的担保物，我们有理由提出怀疑。

2008 年 9 月，美联储在救助美国国际集团时遇到了类似的障碍，以致不得不再次规避法律。美联储为此创设了两个新的特殊目的载体——一个叫仕女巷 2 号（Maiden Lane II），用来从美国国际集团旗下的保险子公司那里购买抵押贷款支持证券和相关资产；另一个叫仕女巷 3 号（Maiden Lane III），用来从美国国际集团的交易对手方那里购买担保债务凭证。在这两种情况下，美联储都要和美国国际集团一起承担资产贬值的风险，但是有权享有大部分的收益，也就是资产净值。这两项交易在法律上存在和仕女巷 1 号（Maiden Lane I）同样的疑点：不管从哪个方面来看，它们都不是贷款，而是资产收购。

对美国国际集团的救助，也存在其他方面的法律争议。在最初的交易中，美联储向美国国际集团提供了 850 亿美元的贷款，后者以几乎所有的资产作为担保；除了收取利息和费用以外，美联储还拿走了美国国际集团将近 80% 的股份。这些股份被注入了一家信托，信托的受益人是美国财政部。后来，有一家法院判定这项交易构成违法，因为第 13（3）节并没有授权美联储以获得股份为条件发放贷款。[21]

之后，在 2008 年秋天，美联储又创设了新的信贷工具。为了遏止对货币市场共同基金的挤兑，美联储推出了"资产支持商业票据货币市场共同基金流动性工具"（Asset-Backed Commercial Paper Money Market Mutual Fund Liquidity Facility，AMLF）和"货币市场投资者融资工具"（Money Market Investor Funding Facility，MMIFF）（Federal Reserve，2010a；2016a）。此外，它还推出了"商业票据融资工具"（Commercial Paper Funding Facility，CPFF）和"定期资产支持证券贷款工具"（Term Asset-Backed Securities Loan Facility，TALF）（Federal Reserve，2016c；GAO，2011：app.XII）。所有这些工具，在形式上均属于贷款，符合第 13（3）节的规定以及法律对美联储的其他授权。然而，除"定期资产支持证券贷款工具"以外[22]，它们在合法性上都存在一些争议。

通过资产支持商业票据货币市场共同基金流动性工具，美联储先向银行提供无追索权的贷款①，而银行会反过来用这笔钱向货币市场共同基金购买有资产支持的商业票据（GAO，2011：28—29，app.II）。然后，银行再将这些票据用作对美联储贷款的担保物。因此，尽管美联储或许知道最终的受益人其实是非银行金融机构，但是从形式上来看，美联储发放担保贷款的对象是银行，而且它行使的正是第13（3）节赋予它的权力。从功能上来看，银行相当于是一种通道，美联储正是通过银行来购买有资产支持的商业票据。如果商业票据的价值下跌，美联储只能持有这些担保物，但是不能向银行进行追索。所以，就像收购一样，美联储要承担资产价值下跌的风险。不过和收购有所

① "无追索权"（nonrecourse）指的是除了担保物外，债权人对债务人的其他财产没有追索权。——译者注

不同的是，美联储并不能从资产价值的上涨中受益，如果银行偿还了贷款，那么美联储就只能把担保物还给银行。对资产支持商业票据货币市场共同基金流动性工具而言，货币市场投资者融资工具是一种补充，因为后者允许货币市场共同基金出售其他类型的短期债务票据，包括没有担保的商业票据（GAO，2011：app.X）。此外，还有其他更加复杂的、涉及特殊目的载体的交易结构，可以在资产价值下跌时为美联储提供更多保护，但是依然没有解决合法性不足的问题。

在商业票据融资工具的例子中，面纱被彻底揭开了。美联储设立了一个特殊目的载体——CPFF 有限责任公司（CPFF LLC），由该载体直接从发行人处购买商业票据，不论票据有无担保（GAO，2011：app.VII）。而美联储向 CPFF 有限责任公司提供的贷款，其担保物就是 CPFF 有限责任公司从发行人处买来的商业票据。如果这些商业票据本身没有获得担保，那么美联储贷款的担保物就不能确保美联储免受信贷风险。不管是涨是跌，资产价值变动的风险都将由美联储来承担。因此，这项交易实际上也可以被看作资产（商业票据）收购，或者是间接地向发行人提供无担保贷款。鉴于法律并未授权美联储进行资产收购，而且法律要求美联储的所有贷款都必须获得担保，所以，无论如何分析，这项交易都属于违法（Mehra，2010：244—245；Wallach，2015：94—96）。

美联储的法务部曾经就商业票据融资工具的合法性提出过两点辩护意见（Federal Reserve，2009）。其一，法务部辩称，接受贷款的是 CPFF 有限责任公司，且该贷款由 CPFF 有限责任公司拥有的票据作为担保物，因此这项交易中的贷款已经获得足以令美联储满意的担保。然而，这种论调有些似是而非，因为它将使美联储仅仅通过创设一个特殊目的载体就能够向任何人提供无担保贷款。举例来说，假设美联储要向名下没有任何资产的 Joe Shmo 提供无担保贷款。那么按照法务部的建议，美联储可以成立一家叫 Shmo 有限公司的特殊目的载体。然后，Shmo 有限公司把钱借给 Joe Shmo，相应地从他那里取得一份无担保票据，其实就是一张借条（IOU）。Shmo 有限公司则会从美联储那里借钱。美联储将根据第 13（3）节的规定，以 Joe Shmo 的票据为担保向 Shmo 有限公司发放贷款。从功能上来看，这其实就是对 Joe Shmo 的无担保贷款。如果他对 Shmo 有限公司的借贷违约，Shmo 有限公司也就不会有钱还给美联储。而所谓的担保物，也就是 Joe Shmo 的票据，这时候也将一文不值。

有人可能会认为，第 13（3）节的有关文字表述，即"获得足以令联邦储备银行满意的担保"，意思其实是美联储只要完成与担保物权登记有关的种种法律手续，就可以接受任何形式的担保，比如它预支给借款方的现金以及借款方利用这笔现金所得的孳息（如果有的话）。就我目前所知而言，美联储从来没有表达过这样的意思。最有可能的原因，是美联储、国会以及其他所有相关的行动方始终都认为第 13（3）节贯彻了白芝浩原则，要求必须有真实的担保——就担保物的意义而言，基于对危机过后担保物价值的（善意的）预判，担保物必须能让贷款变得没有风险或者接近没有风险。需要注意的是，如果美联储真的认为自己可以发放无担保贷款，那么，它之前关于救助雷曼兄弟不合法的主张就站不住脚了。

为了对商业票据融资工具进行辩护，美联储的法务部又提出了第二点意见。它宣称，在此例中，鉴于发行人被收取了 100 个基点的"保险费用"（insurance fee），美联储可以认为这些贷款已经"获得足以令其满意的担保"（Federal Reserve, 2009：7）。这项保险费用，本质上就是一笔保费，由于借款方的数量众多，它们的保费就构成了一个"保险基金"（insurance fund）。如果有借款方违约，就可以用它来向美联储进行赔付。

这种观点同样站不住脚。法务部不过是换了个表述，就把无担保贷款说成了担保贷款。为什么呢？请注意，在其他方面都一样的情况下，所有的无担保贷款（不管是私人市场上的还是美联储提供的）的利率都比担保贷款的利率要高。只要你愿意，你就可以把这部分"附加费"（premium）称作保险费用：其核心在于对贷款方因为没有获得担保物而承担的额外风险进行补偿。如果美联储的这种观点是正确的，那么一家发放了上千笔无担保贷款的私营银行当然可以主张，较高的利率就是一笔"保费"，组成了一个"保险基金"，在借款方违约时可以被用来向银行进行赔付。如果我们接受这样的逻辑，那么所有的无担保贷款其实都可以算作担保贷款。你们不妨试着跟银行监管方（很可能就是美联储自己）讲讲这种观点！大卫·韦塞尔[1]曾经提到，当被要求批准商业票据融资工具的时候，"美联储的律师们一时语塞"（Wessel，2009：228）。

美联储有没有获得足以令其满意的担保？

第 13（3）节规定，美联储，包括其下属的联邦储备银行，只有在已经"获得足以令其满意的担保"的情况下，才可以发放紧急贷款。美联储曾反复遇到由此引发的质疑。但是这一规定到底是什么意思呢？

---

[1] 大卫·韦塞尔（David Wessel），美国布鲁金斯学会哈钦斯财政和货币政策中心主任。曾任《华尔街日报》资深编辑、华盛顿分社副社长，曾两获普利策奖；1984年，因波士顿地区种族歧视的系列报道获得了普利策国内报道奖；2003年，因揭露公司丑闻的系列报道而再度获得普利策奖。他著有 *In Fed We Trust：Ben Bernanke's War on the Great Panic*（2009）等书。——译者注

有一种观点认为，美联储只要愿意，就可以发放任何类型的贷款。正如我们在前文中讲到的，美联储的律师曾宣称，即使是无担保贷款也可能满足"获得足以令其满意的担保"这一条件。这些律师认为，就这些贷款所收取的费用已经形成了一个保险基金，进而构成了必要的担保。对此我们不妨再进一步假设，是不是即便雷曼兄弟的老总小理查德·福尔德（Richard Fuld Jr.）给了美联储一个甜甜圈作为贷款的担保，美联储也会满意呢？

在法律层面，某些规定即使看上去给了一个人或者一个机构无限的自由裁量权，在现实中也很少被这样解释。对"获得足以令其满意的担保"必须作更为限缩的解释。有两种解释值得认真考虑。

第一种解释认为，美联储必须获得充分的担保。也就是说美联储必须真诚而且善意地相信担保物的价值大于贷款的金额。然而，和私营金融机构一样，美联储在对担保物进行评估时也不可能总是依靠市场价格，作为替代，这时可以使用以历史数据为基础并按照一系列假设构建的模型来预测未来的交易价格。事实上，美联储确实借助了这样的模型——在很多情况下，这项工作被外包给了运营各种不同测算模型的私营金融咨询机构。金融危机期间，美联储有理由认为抵押贷款相关资产在当时的交易价格低于其真实价值，因此，以反映其真实价值的评估价格为依据发放贷款也是有正当理由的。这是对第 13（3）节所作的一种合理的、保守的解释。它遵循了公允价值会计准则，允许企业在市场价格不可靠时借助模型。

第二种解释认为，美联储并不需要像上文所说的那样获得充分的担保。相反，只要美联储相信它能获得偿付的概率较高，高到其所确定的利率足以弥补信贷风险就行了。在阅读伯南克的回忆录时，我们常常会觉得，这就是他对第 13（3）节规定的担保条件的理解。另外，正如我将要在第八章讨论的，我们或许有很好的理由认为，美联储应当被允许在其认为信贷风险不是太高的情况下发放无担保贷款。但是，这却并不是一个好的解释。其中的问题在于，"获得担保"（secured）一词在金融交易中的含义是清晰而明确的——它的意思是，如果借款方对贷款违约，贷款方就有权取得担保物的所有权。据我所知，直到金融危机发生之前，不管是在正常情况下还是在紧急情况下，美联储都只发放担保贷款。[23]而且，美联储的律师在此前也没有说过第 13（3）节允许美联储发放无担保贷款。

如果要对美联储紧急贷款的合法性进行分析，那么我们还是应该以第一种解释为标准。我们都知道，美联储确实曾经评估过那些作为贷款担保物的资产的"基础"价值，或者说至少评估过其中一部分资产的基础价值。而且，金融经济学家在危机过后所作的分析也证实了美联储的判断，这些资产的价值确实被市场大大低估了[24]——我们也知道这些资产的价值后来都有了足够的回升，所以在总体上美联储的贷款才没有亏钱。不过，据我所知，至今还没有人尝试过对这些贷款作个案研究，看看是否美联储的每笔贷款都获得了充分的担保。2008 年 9 月 15 日，美联储通过一级交易商信贷工具向雷曼兄弟发放了 280 亿美元的贷款，担保物的价值是 329 亿美元。[25]其中，至少有120 亿美元的担保物是 BBB 级的或者更低评级的（包括 13 亿美元的CCC 级或者更低评级的担保物），甚至根本没有评级的证券或者股份。在这个例子中，美联储可以辩称自己已经获得了充分的担保，但是，我们也完全有理由表示怀疑。

无法采取必要行动

尽管政府官员对法律的解释很有弹性，但是，包括伯南克、保尔森和盖特纳在内的官员们都宣称，法律的限制性规定禁止美联储救助雷曼兄弟（Bernanke，2015：252；Paulson，2010：183；Geithner，2014：180）。他们认为，与贝尔斯登和其他机构不同，雷曼兄弟在当时已经资不抵债，所以不能根据第 13（3）节获得救助。

这种观点引发了巨大的争议。

第一，第 13（3）节并不要求借款方具有偿债能力，它只要求贷款获得充分的担保。在雷曼兄弟破产之前，美联储曾通过一级交易商信贷工具向雷曼兄弟发放了多笔贷款，包括 9 月 15 日的那笔 280 亿美元的贷款。[26]如果雷曼兄弟提供了足够的担保物，那么这些贷款就是合法的。美联储显然认为，即使是非常不可靠的担保物（比如 C 级和没有评级的证券）也可以作为一级交易商信贷工具项下贷款的充分担保。[27]如果美联储是正确的，那么它就可以继续合法地向雷曼兄弟放贷，帮助这家投资银行对外还债。而且，美联储还可以利用在救助贝尔斯登过程中创设的特殊目的载体机制来购买证券。

此外，《纽约时报》曾报道称，纽约联邦储备银行的低级别官员们认为当时雷曼兄弟具有偿债能力（Stewart & Eavis，2014）。不久之后的一份联邦存款保险公司的报告则认为，雷曼兄弟当时虽已出现资不抵债，但也只是刚刚出现（FDIC，2011）。另外，还有一项严谨的学术性研究认为，直到 2008 年 9 月的第一周为止，雷曼兄弟在经济上都是具有偿债能力的，当时，雷曼兄弟刚开始以危机驱动下的价格甩卖资产（Kapur，2015）。[28]尽管纽约联邦储备银行可能认为在 9 月的时候向雷曼兄弟提供贷款会导致自身亏损，然而在 2008 年的早些时候（即雷曼兄弟的资产贬值之前）放贷给它，却很有可能获得充分的担保，贷款的金额也可以更高一些。这是因为，如果救助开始得更早一些，雷曼兄弟就没有必要低价甩卖资产了，也就不会因此而陷入（或者临近陷入）资不抵债的境地了。

第二，当时的证据表明，放任雷曼兄弟倒闭的主要原因在政治层面和操作层面，而非法律层面。保尔森不想被人贴上"救市先生"（Mr. Bailout）的标签——出于政治上的，可能还有意识形态上的顾虑，他不想再来一次贝尔斯登式的紧急救助。保尔森和其他人还担心，救助雷曼兄弟会引发道德风险（Paulson，2010：109—110；Wessel，2009：174—175）。与此同时，正如大家所期望的那样，美联储已经准备好在巴克莱银行同意收购雷曼兄弟的时候提供金融支持（Wessel，2009：21）。很难相信，如果当时伯南克等人认为雷曼兄弟已经严重资不抵债，他们还会为这样的收购提供便利，因为这样的收购会对巴克莱银行造成损害。而巴克莱银行是世界上最大的银行之一，是比雷曼兄弟重要得多的金融机构。最后，看起来伯南克更关心的是美联储的救助会不会赔钱，而不是合不合法。正如我在下文中将要讨论的，有风险的贷款即使是合法的，也很可能会激怒国会，并对美联储的独立性造成威胁。

综上所述，对于经济、政治和行动上的决策判断都受到人们严格审视的政府官员们而言，合法性问题正好是一个拒绝救助雷曼兄弟的方便借口。此外，想必是出于某些法律和政治方面的考量，导致伯南克在 9 月时向保尔森提出建议：美联储的行动已经触界，此时必须诉诸国会（Bernanke，2015：299）。伯南克可能认为，要应对金融危机，政府必须购买有毒资产、对银行进行股权投资、发放无担保贷款，并参与美联储无权参与或者只能有限参与的其他交易。其背后的考虑是多方面的。有可能打擦边球式的违法是可被容忍的，但是大规模的违法就不被允许。也有可能是美联储缺乏救助整个金融系统的组织能力——它的确不具备足够的人员、资金和资源。还有可能是美联储想迫使国会就那些不得人心的救市措施一同分担政治上的非议。

2008 年 10 月 3 日，国会通过了《紧急经济稳定法》。然而，立法过程却并非一帆风顺。在第一次提交审议时，众议院投票否决了立法提案，这给金融系统带来了近乎灾难性的后果。道琼斯指数大跌了7%。之后，负载了太多政治分赃色彩的新提案最终获得了通过。几乎没有证据证明，参众两院的议员们明白这其中的利害；他们依仗的是各机构负责人的专业知识。听证会的进程被人为加快了，那些对提案持不同意见的证人没有被允许作证（Samples，2010：4—9；Calomiris & Khan，2015：55，n.2）。国会不仅没有解决任何政策上的分歧，还给了财政部巨大的自由裁量权，允许它以自认为合适的方式支配数千亿美元，却只需要接受非常宽松的监管。

那么，我们应该如何概括法律规定与美联储行为之间的关系呢？总的来说，这是很复杂的。在一些事情上，美联储可以说是突破了法律。在少数事情上，美联储甚至公然违反了法律。但是，在那些它本来可以做的事情上，美联储却表现得好像法律对此有所限制一样。特别是在某些（但不是所有）事情上，美联储认为自己受到了资产收购、股权投资、发放无担保贷款等方面的法律禁止性规定的约束。

财政部的违法行为

在这场金融危机期间，美联储并不是唯一一个违法的政府机构。财政部和联邦存款保险公司同样也有违法之处。

2008 年 9 月，当货币市场共同基金发生挤兑时，财政部为货币市场共同基金创设了一个保险项目，以协助美联储救市。基金只要缴纳一定的费用，就会收到财政部为其投资者所作的保证（US Treasury，

2008）。该项目旨在恢复投资者对货币市场共同基金的信心。为此，财政部从外汇平准基金（Exchange Stabilization Fund，ESF）调拨了500亿美元。

外汇平准基金是美国国会于1934年创设的。顾名思义，其目的是稳定外汇汇率。[29]法律授权财政部执行这项职能，并因此赋予其购买国库券、黄金、外汇以及"部长认为有必要购买的其他信用票据和证券"的权力。[30]尽管措辞比较含糊，但是结合语境，明显可以看出它的意思是，如果财政部部长认为财政部必须购买或者出售其他证券以维持美元相对于黄金或者外币的价值，那么它就可以这样做。

据我所知，到目前为止，不管是财政部还是其他人，都没有对使用外汇平准基金为货币市场共同基金提供保证的合法性作过法律上的解释。但是为这些基金提供保证的初衷，并非是要影响美元的价值。[31]而且，为基金提供保证和买卖证券也不是同一回事；法律规定中也没有任何文字表明财政部有权为货币市场共同基金或者其他机构提供保证。法律从来没有授权财政部以收取保险费为条件提供保证。

财政部缺少应对金融危机所必需的法律授权，这就催生了《紧急经济稳定法》。该法给了财政部巨大的资源供其支配，但其所受到的限制却特别空泛。《紧急经济稳定法》授权财政部"购买……任何金融机构的问题资产"[32]。其中，"问题资产"指的是抵押贷款、抵押贷款相关证券以及财政部"部长认定为了促进金融市场稳定而有必要购买的其他任何金融票据"[33]。"金融机构"则"指的是任何机构，包括但不限于任何银行、储蓄协会"，等等，其后还附有符合标准的其他金融机构的清单。[34]

财政部在以下两个项目中违反了这些限制。第一，在"房贷可负担调整计划"（Home Affordable Modification Program，HAMP）中，

　　　　　　　　　最后防线：金融危机与紧急救市的未来

为了重新协商住房抵押贷款，财政部试图向贷款服务机构、投资者和房屋业主提供资金。然而，为了重新协商贷款条件而付钱给贷款服务机构，和购买金融票据并不是同一回事。尽管《紧急经济稳定法》没有对何为"票据"进行定义，但其他领域的法律中却为其下了定义。比如，《统一商法典》（Uniform Commercial Code）规定：

> "票据"指的是可流通票据（negotiable instrument）或者其他任何证明存在付款请求权（payment of a monetary obligation）的书面文件，其本身不是担保协议或者租约，且属于在正常商业交易中经过任何必要的背书或者让与程序（indorsement or assignment）后即可以通过交付而转让（transferred by delivery）的类型。该术语不包括：（1）投资财产；（2）信用证；（3）证明存在由于使用信用卡或者签账卡，或者两者所含信息或者所需信息而产生的付款请求权的书面文件。[35]

法院从上述定义中提炼出两个要点：（1）证明存在付款请求权的书面文件；（2）属于在正常商业交易中经过任何必要的背书或者让与程序后即可以通过交付而转让的类型。[36]

财政部通过其制定的名为《承诺购买金融票据和服务参与协议》（Commitment to Purchase Financial Instrument and Service Participation Agreement）的示范合同，设立了"房贷可负担调整计划"（US Treasury，2009a）。毫无疑问，示范合同参考了《紧急经济稳定法》的有关表述。作为美国政府的金融代理人，房利美可以与有资格参与该计划的任何贷款服务机构签订这类合同。根据合同，房利美可以使用《紧急经济稳定法》授权财政部支配的资金向贷款服务机构进行支付，以期朝着对房屋业主有利的方向修改抵押贷款合同。此外，房利美还会通过贷款服务机构，把钱转给继续偿还经该计划所调整的贷款的房屋业主以及合同权利已被调整的投资者。

合同的修改体现在书面文件里，但是这种书面文件并不是付款请求权的证明。相反，它是修改他人抵押贷款合同权利的证明。不管是房利美还是受让人，持有这种金融票据的人都无权从任何人那里取得金钱。此外，这种修改贷款的权利的书面证明文件，也不可以在正常商业交易中通过交付而转让。此类权利可以作为合同的一部分进行转让，但是，和支票、证券以及其他常规的金融票据不同，这些权利的价值通常并不随书面文件的占有转移而转移。

另一项违法行为发生在对汽车制造业的救助中。2008 年秋天和 2009 年上半年，财政部用来自问题资产救助计划的资金，向通用汽车和克莱斯勒发放了贷款。这两家企业最终进入了破产程序，在经过资产剥离、资本结构重整后获得了新生。通用汽车和克莱斯勒只是普通的工商企业，并不是金融机构，因此，不管从什么方面来看，它们都不在《紧急经济稳定法》对财政部的授权范围之内。财政部曾宣称，因为通用汽车和克莱斯勒旗下有向购车者预借资金的金融子公司，所以它们也是金融机构。但是，财政部原本可以直接向这些子公司提供贷款，不必给这两家控股公司也发放贷款。财政部还表示，汽车制造商和金融机构之间休戚相关。如果克莱斯勒倒闭，那么它旗下的克莱斯勒金融（Chrysler Financial）在失去了克莱斯勒的客户作为贷款对象之后也会倒闭，克莱斯勒金融的倒闭会在整个金融系统中不断回荡放大，从而加剧流动性危机。[37]

据我目前所知，政府从来没有试图证明克莱斯勒金融或者通用金融（GM Financial）的倒闭会导致系统性危机。等到 2009 年春末这两家企业破产的时候，金融系统所面临的直接风险已经被解除了。正如某法院所认定的，如果财政部部长的说法有道理[38]，那么法律对金融机构资质的限制性规定将变得毫无意义，因为所有的企业都和金融系统有关联[39]。在破产程序中，政府动用了它作为债务人持有资产①融资人的权力，操纵了清算结果，从而确保汽车工人等顺位较低但在政治上影响较大的群体得到了比担保债权人和同等顺位的无担保债权人更多的清偿。尽管很多法院最终认可了破产清算的结果（还有一些诉讼未决[40]），但是学者们也就破产程序中发生的财富转移违反破产法作了令人信服的论证（Roe & Skeel，2010；Baird，2012）。关于这个问题，我们将在第六章再行讨论。

联邦存款保险公司的违法行为

在危机期间，联邦存款保险公司的所作所为，完全超出了为银行储户提供保险的常规职能。2008 年 10 月，联邦存款保险公司推出了"临时流动性保证计划"（Temporary Liquidity Guarantee Program，TLGP）（GAO，2010）。"临时流动性保证计划"包含两部分内容："债务保证计划"（Debt Guarantee Program，DGP）和"交易账户保证"（Transaction Account Guarantee，TAG）。在债务保证计划项下，银行向联邦存款保险公司基金付费，换取后者为新增的无担保债务提供保

---

① 债务人持有资产（debtor-in-possession）是一种通行的破产保护制度，其具体名称和含义在各国不尽相同，但基本内容都是指，债务人在申请破产保护并获得批准后，可以暂时依法继续占有和支配原有资产，直至提出债权人同意且法庭批准的重组方案为止。债务人持有资产期间，债权人不能强制其进行清算或者要求偿债，只能向法庭请求债务人就偿债及相关利益保护等问题提出解决方案；与此同时，债务人的重大决策或资产处置也必须经过法庭和监管部门批准。——译者注

障。在交易账户保证下，银行可以通过付费，把存款保险的保障范围扩展到额度超过 25 万美元的无息账户，这一金额超过了当时的存款保险上限（2008 年 10 月 3 日出台的《紧急经济稳定法》已经将存款保险的上限从 10 万美元提高到了 25 万美元）。交易账户保证的目的是避免企业等大额储户从活期存款账户中提取资金，而债务保证计划则使银行能够在提款无可避免地发生后筹集到更多资金。[41]这两个项目面向的对象，不仅包括投保的银行，还包括无法享受联邦存款保险公司的普通存款保险的银行控股公司和银行关联企业。

联邦存款保险公司主张，它推出临时流动性保证计划的权力来自《联邦存款保险法》（Federal Deposit Insurance Act）第 13（C）节的规定（GAO，2010：app.II）。法律授权联邦存款保险公司"向任何投保的储蓄机构发放贷款、开立存款、购买资产或证券、承担责任或者注资"，以防止其违约；使其恢复正常营业；或者"在出现严峻的金融状况时"，防止其拖垮其他银行（如果其他银行倒闭会危及联邦存款保险公司的基金）。[42]其他条款还规定，联邦存款保险公司必须满足"最低成本"（least-cost）要求，即它必须采用成本最低的方法来帮助银行，而且不能让问题银行的未投保债权人、股东和关联企业从帮助中受益。[43]

这些规定本身并没有对临时流动性保证计划作出授权。根据前文所引条款，联邦存款保险公司的确可以对购买它保险的银行（储蓄机构）提供上述服务。但是，如前文所述，联邦存款保险公司还把这一计划适用于包括银行控股公司和关联企业在内的其他金融机构。另外，虽然法律允许联邦存款保险公司向遇到困难的银行提供帮助，但是，临时流动性保证计划的对象包括了没有立即违约风险和立即资本不足风险的金融机构。可见，临时流动性保证计划面向的其实是整个金融系统，而非个别遇到问题的银行。

联邦存款保险公司的主张，依据的是第 13 (C) 节的一个关键条款。该条款针对发生系统性风险的情况创设了新的权力。只要满足了程序上的若干要求，且财政部（在征求了总统的意见之后）断定执行最低成本要求"可能会对经济状况或者金融稳定造成严重的负面影响"，那么，联邦存款保险公司就"可以依照本节提供援助或者采取其他行动"，只要该援助或者行动"为避免或者减轻此等影响所必需"[44]。文中的下划线部分是关键之所在。最自然的解读，就是联邦存款保险公司可以提供本节规定的援助，或者采取本节规定的其他行动。也就是说，一般而言联邦存款保险公司只能行使其在本节下（依照本节）所规定的权力——出借资金、购买资产、监督检查，等等。但是当发生系统性风险时，它还可以行使更多权力，以帮助那些没有受联邦存款保险公司保障而在平时无法获得帮助的银行及其交易对手方。

根据美国政府问责局①的归纳总结，联邦存款保险公司的主张是，当"系统性风险例外机制"被启动时，联邦存款保险公司享有的"依照本节提供为避免或者减轻此等影响所必需的援助，或者采取其他为避免或者减轻此等影响所必需的行动"的权力，允许它采取任何行动——不管该行动在该法中有无明文规定——只要能够减轻系统性风险。联邦存款保险公司认为，前述条文创设了两项权力："采取（任何类型的）其他行动"的权力和"提供本节规定的援助"的权力。如果发生系统性风险，联邦存款保险公司可以行使其法定权力（"依照本节提供援助"），或者做任何事情（GAO，2010：50）。

这是一种曲解。这种解读会让条文中的"依照本节提供援助"的

---

① 政府问责局（Government Accountability Office，GAO）是美国国会下属的一个独立机构，只对国会负责，以中立精神开展工作，主要负责调查、监督联邦政府的规划和支出。其前身是美国总审计局（General Accounting Office）。——译者注

规定变得毫无意义，因为这项权力完全可以被"其他行动"所涵盖。其实，"依照本节"这一前提，约束的不仅仅是"提供援助"，也包括"其他行动"，从而将这种行动/援助的权力限定在联邦存款保险公司根据该法本就享有的那些权力或者与之密切相关的权力的范围之内。规定本节的唯一目的，是在整个银行体系发生风险时解除最低成本要求。正如政府问责局所指出的，"按照该机构的解读，认定存在系统性风险的实际效果就会变成允许其对任何类型的实体提供任何类型的援助，只要此等援助为避免或者减轻系统性风险所必需"（GAO，2010：53）。联邦存款保险公司的这种解读，把它自己变成了一个普遍意义上的最终贷款人，不光是可以救助银行，还可以救助任何企业——这就相当于克隆了美联储的权力。

这样的解读显然是错误的。最初，国会只是把联邦存款保险公司当做存款保险基金的保管人和银行的监管人。1991年，国会又在对联邦存款保险公司进行授权的法律中增加了鼓励它花最少的钱救助银行的规定（GAO，2010）。如果发生了系统性危机，联邦存款保险公司还可以突破用最低成本救助银行的限制。比如，在不付钱给债权人，或者银行倒闭会威胁到整个系统的情况下，对没有存款保险保障的债权人进行清偿或者帮助资不抵债的银行暂时再存续一段时间。与之相反，在临时流动性保证计划项下，联邦存款保险公司会在它常规的保险项目之外，向并未受到倒闭的威胁，也不被认为是具有系统重要性的银行提供保险，甚至向非银行机构提供保险。[45]

联邦存款保险公司参与公私合营投资计划同样违反了法律。该计划是由财政部动议发起的，可以让私营实体和财政部一道，从银行手中购买有毒贷款和有毒证券（US Treasury，2009b；2009c）。"公私合营投资基金"（Public-Private Investment Funds，PPIFs）的股本由财政部和私人投资者提供，联邦存款保险公司则为该基金发行的债券提供保险。公私合营投资基金向银行购买价值被低估的抵押贷款和抵押贷款证券，然后一直持有直至到期日或者在其价格恢复之后卖出。作为常规操作，用抵押贷款或者证券做过担保的债务将被首先清偿，余额则留给投资者。这里，联邦存款保险公司援引的是法律中规定的"系统性风险例外机制"，按照联邦存款保险公司的解读，为公私合营投资基金所作的担保当然可以算作"其他行动"，而且是很可能会减轻系统性风险的其他行动。但是这些担保是提供给基金或者信托的（实际上是对冲基金），并非储蓄机构。鉴于担保的对象不是银行，依据对该法案的更合理解释，联邦存款保险公司为公私合营投资基金所作的担保，其实是不合法的。[46]

救助机构的权力空白

政府权力的空白妨碍了危机应对。尽管《紧急经济稳定法》弥补了其中的一些疏漏，但是国会介入危机本身又造成了新的问题。国会议员们没有足够的时间了解危机并深思熟虑。选举年的政治考量也影响到了决策。以前，政府外的专家常常被找来作证，这次危机中，却被民主党拒之门外。根据两位学者的研究，民主党是想让公众把危机应对措施和小布什当局联系在一起（Calomiris & Khan，2015）。所以国会只不过是个橡皮图章。

总而言之，政府机构受到制约，是因为缺少以下方面的授权：

（1）购买资产，包括股份；

（2）向非银行金融机构发放无担保贷款；

（3）控制接受美联储贷款的非银行金融机构，强迫它们清偿债务、对外放贷等；

（4）对资不抵债的非银行金融机构进行清算，包括向它们以及它们的交易对手方发放贷款以确保有序清算；

（5）强迫非银行金融机构募集资本；

（6）决定交易条件，控制企业行为（比如强迫它们对外放贷）或者在必要时征收企业。

事实证明，金融系统需要的不仅仅是最终贷款人，还需要"终极交易商"（dealer of last resort）（Mehrling，2011）或者说"终极做市商"（market-maker of last resort）（Tucker，2014）。[47]之所以国会从未授予美联储行使这项职能所必需的权力，是因为在金融系统历经嬗变之前，没有人知道美联储需要这些权力。

面对上述这些权力的缺失，政府机构只好随机应变。在某些情况下，这些机构干脆选择违法。在其他情况下，为了迫使金融机构按照政府认可的方法行事以恢复金融稳定，甚至既搞"变相威逼"（veiled threats），又用"交易利诱"（regulated by deal）——实际上就是通过贿赂金融机构让它们照办（Davidoff & Zaring，2009）。"资本收购计划"（capital purchase program，CPP）就是一个同时存在这两种情况的实例。为了劝说银行参加该计划，财政部既开出了优惠条件，又发出了变相威胁（"监管后果"），称银行如果不参加就将前景堪忧（Geithner，2014：238；Wessel，2009：24）。从公共政策的角度来看，这些策略一点都不高明。韦罗内西和津加莱斯①指出，为了诱使银行参与资本收购

---

① 彼得罗·韦罗内西（Pietro Veronesi），美国芝加哥大学布斯商学院金融学教授，国民经济研究局研究员，经济政策研究中心研究员。

　　路易吉·津加莱斯（Luigi Zingales），美国芝加哥大学布斯商学院罗伯特·麦科马克企业家精神与金融学教授，乔治·斯蒂格勒中心主任，国民经济研究局研究员，经济政策研究中心研究员，欧洲公司治理研究所研究员，美国金融信心指数（Financial Trust Index）的首创者。——译者注

计划，政府开出的条件最后导致了用纳税人的钱为银行提供价值210亿美元到440亿美元的补贴（Veronesi & Zingales，2010）。从理论上来讲，政府不必提供如此优惠的条件，但是政府官员都不想承担被银行拒绝的风险。同时，威胁这一手段本身——不管是变相的还是以其他方式——也附带相应的问题。为了威胁银行，监管者必须令人信服地表明它能增加其成本或者剥夺其利益，然而监管者仅在银行违法时才能增加其成本，否则法院就不会同意对其进行制裁。所以，只有剥夺利益——比如否决今后的合并申请——才是可信的威胁。但是即便如此，如果合并能够让银行得益，进而让其客户获利，监管者就很难拒不批准。司法审查，还有监管者本身的立场，都将使威胁的可信度进一步下降。正如我们在第四章里将要看到的，财政部的官员后来就曾经表示在仕女巷3号交易中，他们无法通过威胁来迫使美国国际集团的对手方接受垫头。

在接下来的三章里，我将通过更多细节进一步分析最终贷款人的违法后果及影响。

注释

［1］参阅 Wallach（2015）。

［2］Pub. L. No.111—203，124 Stat. 1376（2010）.

［3］Pub. L. No.110—343，122 Stat. 3765（2008）.

［4］12 U.S.C. § 347（b）.

［5］Id. § 343（3）（A）.

［6］Id. § 1821（f）.

［7］Id. § 1823（c）（4）（G）（I）.

［8］12 U.S.C. § 347b（a）.

［9］Id. § 353.

［10］美联储的贴现窗口贷款似乎也已经满足了其他的法律要求，包括对担保物

的要求。参阅 Gilbert et al.（2012）。

［11］对于这类贷款，有一项重要的法律要求是，禁止向资本不足的银行贷款超过若干天数，其依据是美国 1991 年《联邦存款保险公司改善法》（Federal Deposit Insurance Corporation Improvement Act of 1991），Pub. L. No.102—242, 105 Stat. 2236（codified at 12 U.S.C. § 1831t）。美联储似乎在很大程度上遵守了这一要求。参阅 Gilbert et al.（2012）。

［12］12 U.S.C. § 343.

［13］随着时间的推移，定期证券借贷工具（TSLF）中使用的担保物的质量逐渐下降，这引发了关于"好的担保物"的要求是否始终得到满足的问题。但是，与一级交易商信贷工具（PDCF）的担保物不同，TSLF 的担保物从未低于投资级。参阅 Federal Reserve（2016f）。

［14］这些数据可在 Federal Reserve（2016f）中的"数据"（Data）项下查到。

［15］我的叙述参考了 GAO（2011：22—26，178—184）。

［16］这笔贷款是通过摩根大通发放的，但美联储承认这笔贷款实际上是给贝尔斯登的。

［17］美联储公布的数据表披露了担保物的类型，但不同寻常的是，它没有按评级对其进行细分。参阅 Federal Reserve（2016b）。有些奇怪的是，数据表显示的是截至 2010 年的担保物，而不是 2008 年 3 月贷款发放时的情况。

［18］12 U.S.C. § 353.

［19］关于类似观点，参阅 Porter（2009）；Mehra（2010：236）。对于来自法律评论界的（负面）反应的概述，参阅 Wallach（2015：53—54）。

［20］参阅 Federal Reserve（2016e）。

［21］Starr Int'l Co. v. United States, 121 Fed. Cl. 428, 466（2015），rev'd, 856 F. 3d（Fed. Cir. 2017）. 原告宣称他们将申请美国联邦最高法院复审此案。

［22］通过定期资产支持证券贷款工具（TALF），美联储向企业有效地发放了贷款，这些贷款由各种证券担保，符合第 13（3）节的规定。对于该项目的论述，参阅 GAO（2011：app. XII）。

［23］大多数是在大萧条时期发放的，不过，自那时以来，美联储曾经在若干情况下对（担保）贷款提供展期。

［24］参阅斯坦顿与华莱士（Stanton and Wallace，2011）的细致分析。尽管他们的观点受到了批评，但他们的基本结论似乎经得起进一步的检验。参阅 Flavin and Sheenan（2015）；Longstaff and Myers（2014）；Wojtowicz（2014）；Vyas（2011）；Fender and Scheicher（2009）。关于这场争论的综述，参阅 Augustin et al.（2014）。

［25］这些数据可在 Federal Reserve（2016e）的"数据"（Data）项下查到。

［26］参阅 Federal Reserve（2016e）的"数据"（Data）项。

［27］担保物的记录可以在美联储的官网上找到，Federal Reserve（2016e）。盖特纳（Geithner，2014：186）认为美联储不贷款给雷曼兄弟是因为它不相信雷曼兄弟可以偿还贷款，但是书中随后却有一页指出，一级交易商信贷便利（PDCF）当时在用国库券换取评级在 BBB 级以下的证券。

［28］在本书付梓之际发布的一项最新研究也认为，雷曼兄弟当时并没有资不抵债，拥有足够的资产来为美联储的贷款提供担保。参阅 Ball（2016）。

［29］31 U.S.C. § 5302.

［30］Id.

［31］可以说，美国财政部通过救助货币市场基金，间接地拯救了那些依赖货币市场共同基金的资金的欧洲银行，从而防止了欧元崩溃，进而避免了美元对欧元升值。不过财政部并没有提出这一论点，毫无疑问，因为没有人会相信这一点。

［32］《紧急经济稳定法》（Emergency Economic Stabilization Actof 2008），Pub. L. No.110—343，§ 101（a）（1）。

［33］Id. § 101（a）（9）.

［34］Id. § 101（a）（5）.

［35］U.C.C. § 9—102（a）（47）. 在美国联邦法律中也可以找到类似的定义。参阅 26 U.S.C. § 731（c）（2）（C）；18 U.S.C. § 514（a）（2）等；另可参阅 United States v. Sargent，504 F.3d 767（9th Cir. 2007）（邮资结算单据不属于金融票据）；United States v. Howick，263 F.3d 1056（9th Cir. 2001）（伪造的美联储票据是假的票据）。

［36］参阅 Omega Envtl.，Inc. v. Valley Bank NA，219 F.3d 984，986（9th Cir. 2000）（法官判定存单是一种票据）等；另可参阅 In re Newman，993 F.2d 90（5th Cir. 1993）（法官判定年金合同不是一种票据，因为它不能在正常商业交易中转让）；FDIC v. Kipperman，392 B.R. 814，833—34（B.A.P. 9th Cir. 2008）（法官判定履约担保不属于票据，因为它们在正常商业交易中不可通过交付而转让，而且没有规定支付任何确定金额）。

［37］Ind. State Police Pension Tr. v. Chrysler LLC，576 F.3d 108，122 n.13（2d Cir. 2009）.（Chrysler II）.

［38］Parker v. Motors Liquidation Co.，430 B.R. 65，94（S.D.N.Y. 2010）（In re Motors II）.

［39］在 In re Motors II 案和 Chrysler II 案中，因为诉讼资格问题，对财政部授权

的起诉被驳回。

[40] A & D Auto Sales, Inc. v. United States, 748 F.3d 1142 (Fed. Cir. 2014).

[41] 关于该项目的情况, 参阅 GAO (2010)。

[42] 12 U.S.C. § 1823 (c) (1) (A)—(C) (着重符号是作者加的)。

[43] Id. § 1823 (c) (4).

[44] Id. § 1823 (c) (4) (G) (着重符号是作者加的)。

[45] 相关分析, 参阅 GAO (2010)。

[46] 关于这项法律争议的分析, 参阅 Wallach (2015: 152—153)。

[47] 关于这项争议的概况, 参阅 Baker (2012)。

FOUR

THE TRIAL
OF AIG

第四章

美国国际集团
相关诉讼

我们成功迫使股东为公司的过错买单。

——蒂莫西·盖特纳[1]

美国国际集团是一家拥有众多保险公司的综合性巨无霸企业。它可以提供人身保险、房屋保险和其他各种类型的保险，绝大部分业务和传统金融无关。该集团曾是一家评级很高、管理良好的企业，2005年之前的评级一直都是 AAA 级。2005 年该集团的会计丑闻曝光后，评级才被降到了 AA＋级（仍然很高）。美国国际集团下属的所有保险子公司均受美国及外国的保险委员会的严格监管，财务状况也都很健康。

金融危机期间，美国国际集团旗下一家叫做 AIG 金融商品公司（AIG Financial Products，AIG FP）的子公司成了集团陷入困境的最主要原因。AIG 金融商品公司就担保债务凭证签发了大量信用违约互换合约。危机期间，这些担保债务凭证要么失去了价值，要么根本无法交易。该集团旗下还有很多保险子公司投资了抵押贷款支持证券。2005 年，AIG 金融商品公司的管理人员发现该公司已经过度介入房地产市场，而且随着担保债务凭证的发行人把越来越多存在疑点的抵押贷款打包纳入该工具，担保债务凭证的质量也在下降，AIG 金融商品公司停止了信用违约互换合约的发行。然而或者是不能，或者是不愿，美国国际集团没有从其现有的信用违约互换交易中脱身，也没有进行风险对冲。旗下的保险子公司仍然在继续投资抵押贷款支持证券。金融危机来袭时，美国国际集团不得不为其信用违约互换合约交易提供担保。与此同时，证券借贷（securities lending）的对手方们却要求取回他们的担保物。当债权人停止向美国国际集团提供贷款的时候，它就走到了破产的边缘。

美联储曾向美国国际集团提供了一笔紧急贷款，使它有能力提供担保，处理好信用违约互换交易。作为回报，美国国际集团必须将79.9%的股份转让给美国政府。此外，问题资产救助计划提供资金帮助美国国际集团挺过了金融危机，使其得以进入私人金融市场。在对美国国际集团的投资中，政府获得了227亿美元的利润。

2011年救助发生时，美国国际集团的第一大股东史带国际（Starr International）对纽约联邦储备银行和美国政府提起了诉讼。史带国际声称，纽约联邦储备银行迫使美国国际集团向对手方转移资金，这违反了其对中小股东的忠诚义务；美国政府受让79.9%的股份使得其他股东的权益只剩下20%，属于违反美国宪法的征收。美国政府回应称"剩下20%总比失去100%好"[2]。如果没有政府的介入，股东什么都不可能得到。本章将对史带国际的主张和美国政府的回应进行分析。

危机前的美国国际集团

美国国际集团曾经是（现在仍然是）世界上最大的大型保险公司之一，本书写作时，市值大约是600亿美元，资产价值超过5 000亿美元。美国国际集团的大部分增长发生在莫里斯·格林伯格（Maurice

Greenberg）治下。他于 1968 年成为美国国际集团的首席执行官，随后开始在全世界购买保险公司，扩张经营版图。

美国国际集团在金融市场中的角色

美国国际集团在 2008 年遇到的问题主要源于两方面。第一，它参与了信用违约互换。AIG 金融商品公司为担保债务凭证和其他债券提供保险，发生违约时按票面价值偿付，却只收取很少的保费。和其他市场参与者一样，AIG 金融商品公司认为高评级担保债务凭证违约风险微乎其微。这些担保债务凭证的持有者对各个抵押贷款产生的现金流享有优先受偿权。因为持有人会从没有违约的购房者处得到偿付，所以不管是一个购房者不付钱，还是很多购房者没有按时付钱，他们的收益都不会受到影响，那些低评级担保债务凭证的持有者会承担损失。而且，由于抵押贷款是多元化的（来自不同地区，不同的人），很多或者大部分购房者同时违约的可能性很小。即使真的发生了这种情况，AAA 级担保债务凭证持有者也可以就收回房屋后出卖的款项受偿。这就意味着违约只会发生在全国房价崩溃的情况，这在大萧条之后就从未出现过。所以，AIG 金融商品公司和其他信用违约互换合约的发行人对 AAA 级的担保债务凭证只收取了很低的保费。

AIG 金融商品公司虽曾为这样的担保债务凭证大量提供保险，但是在 2005 年就离开了这个市场。那时，公司高管意识到公司已经过度参与了担保债务凭证交易，担保债务凭证的质量却随着银行不断使用次级（而非一级）抵押贷款而降低。而且根据合同条款，担保债务凭证的管理机构有权使用新的次级抵押贷款更换过期的抵押贷款，这就进一步降低了担保债务凭证的质量。虽然美国国际集团退出了信用违约互换合约市场，但是其他公司留了下来。这些公司为美国国际集团不愿意涉足的，以新的次级抵押贷款为基础的担保债务凭证提供保险。而美国国际集团并没有解除或对冲它持有的信用违约互换合约。到 2007 年底，美国国际集团担保的担保债务凭证总金额达到了 780 亿美元（McDonald & Paulson，2015）。

根据与对手的合同，美国国际集团要为信用违约互换合约提供现金担保。在危机发生前，担保数额很小。事实上，美国国际集团的高级官员明显不知道还有这项要求（Boyd，2011）。但是合同确实约定如果美国国际集团的信用评级下降或者担保债务凭证的市场价值或者信用评级下降，美国国际集团就要提供额外的担保。2008 年，信用评级机构开始降低对债券的评级，债券价格下跌。因为美国国际集团有义务提供现金担保，而现金又是有限的，随着美国国际集团不断提供担保，它的财务状况变得愈发不稳定。在最危急的时刻，美国国际集团已经提供了 150 亿美元的现金担保，现金储备正在快速耗尽。当时，美国国际集团正面临评级下调，这会将其担保义务提升到无法负担的水平。

第二，美国国际集团下属的保险公司使用证券借贷交易所得的收益购买了很多与住房相关的抵押贷款支持证券。保险法律法规要求保险公司要把资产投入到公司债等安全的证券中。在证券借贷中，美国国际集团把这些证券借给对冲基金和其他金融机构，收取利息。对手方向美国国际集团提供现金担保，美国国际集团再用这些现金投资抵押贷款支持证券及其他证券。2007 年，美国国际集团旗下的人寿保险公司总共借出价值 3 645 亿美元的证券，占其资产总值的 19%（McDonald & Paulson，2015：90）。因为抵押贷款支持证券评级高，流动性也高，所以美国国际集团相信这些交易是安全的。如果对手把证券还回来，要求美国国际集团返还担保的现金，美国国际集团可以卖掉抵押贷款支持证券，筹集资金。但当金融危机来袭时，抵押贷款支持证券市场停了下来。美国国际集团无法按照票面价值卖出抵押贷款支持证券。如果对手方想把现金要回去，美国国际集团只能亏本甩卖资产。

这两种行为让美国国际集团在相当程度上受制于房价的波动。麦克唐纳和安娜·保尔森①计算后认为，在 2007 年，美国国际集团与房地产相关的资产价值 3 800 亿美元，而其市值只有 958 亿美元，公开的总资产只有 1.06 万亿美元（McDonald & Paulson，2015：101，online app）。这让美国国际集团和花旗集团、大都会人寿保险公司（MetLife）等其他高度参与房地产市场的金融机构成了同类。2008 年，美国国际集团在信用违约互换交易中损失了 286 亿美元，在证券借贷交易中损失了大约 210 亿美元。

美国国际集团在房地产市场的投入让政府吃惊。它是一家保险公司，本应保守经营。公众对 2008 年秋天救市的种种争论都认为美国国际集团和其他公司经营"不负责任"，政府却救助了它们。伯南克也曾告诉国会，危机期间美国国际集团的倒闭比其他任何事件都更让他生气。但是无论是从性质上看还是从程度上看，美国国际集团的过错都比看起来复杂。

危机发生前，很多公司的经营都有问题。排在首位的是银行和其他违反标准发行次级抵押贷款的放贷人，以及把这些抵押贷款打包成担保债务凭证的商业银行、投资银行。美国证券交易委员会曾对应该为金融危机负责的 198 个单位或个人展开执法行动——包括几乎所有

---

① 罗伯特·麦克唐纳（Robert McDonald），美国西北大学凯洛格商学院盖洛德·弗里曼（Gaylord Freeman）银行和金融学杰出教授，国民经济研究局研究员。安娜·保尔森（Anna Paulson），美国芝加哥联邦储备银行高级副总裁。——译者注

大型银行和非银行金融机构（SEC，2016）。[3]很多公司的行为不仅不负责任，还违反了法律，应该受到惩罚。美国银行仅在和司法部的一项和解中就吐出了 160 亿美元。总的来讲，为了和解针对抵押贷款交易的联邦调查，大型银行花费了超过 1 000 亿美元。这还不包括在民事诉讼中付出去的数十亿美元（Rexrode & Grossman，2014）。评级机构基于错误的模型给担保债务凭证评定了高评级，也应该受到责难，并为此向政府支付了罚款。但是，美国国际集团并不在其中。它既没有发行，也没有打包抵押贷款，自然也没有被政府追责、提起公诉或者被提起民事诉讼。美国国际集团的主要错误是相信了评级机构的 AAA 评级，接受了发行人和打包人的陈述，以及过度参与了房地产市场。

问题到底出在哪里？以前（现在仍然是），美国的监管系统是东拼西凑出来的，美国国际集团从巨大的缝隙中掉了下去。美国国际集团下属的公司接受各州保险委员会的监管，后者确保集团下属的各公司资本充足，保守经营。各州的监管者其实知道存在证券借贷交易。但是因为这些交易都得到了担保，而且这种交易又有很长的历史，一直以来都被认为是安全的，所以监管者对此关注不够。监管者不知道 AIG 金融商品公司正在为抵押贷款提供保险，所以也不可能知道在证券借贷交易枯竭时总公司会倒闭。即使他们知道 AIG 金融商品公司的所作所为，他们也无能为力：美国国际集团下属各公司接受的是相互独立的监管，对资本的要求都很高，相关机构可能会认为 AIG 金融商品公司的行为具有独立性。[4]此时，不幸的储蓄机构监管办公室①已经发现了作为控股公司的美国国际集团名下拥有一家储蓄贷款协会，

---

① 储蓄机构监管办公室（Office of Thrift Supervision，OTS）已于 2010 年并入货币监理署（Office of Comptroller of Currency，OCC）。——译者注

如果 AIG 金融商品公司的投资对美国国际集团构成了风险，本应该命令美国国际集团节制 AIG 金融商品公司的投资。但是储蓄机构监管办公室忽视了这种风险。[5]

美国国际集团的麻烦始于 2007 年秋天。高盛集团第一个要求追加担保，最终耗尽了美国国际集团的流动性。7 月，高盛集团要求追加 18 亿美元的担保。在为自己辩护时，高盛集团说相关担保债务凭证的交易价格已经低于票面价值。事实上，当时担保债务凭证已经鲜有交易。其他公司为了避免担保债务凭证下跌，干脆拒绝交易。正是这种拒绝在票面价值附近交易的行为确认了高盛集团计算结果的正确性。但是，缺少交易也让美国国际集团能够就追加担保提出异议。交易这么少，没人知道担保债务凭证到底值多少钱。如果担保债务凭证无法估值，那么要求追加担保的金额（担保债务凭证票面价值与市场价值之间的差额）就无法计算。为此，美国国际集团拒绝按照高盛集团的要求提供足额抵押，最终提供担保的金额要小得多。接下来的几个月里，高盛集团不断要求追加担保，美国国际集团不断提出异议。2008年夏天，其他公司加入了高盛集团的行列。入秋时，担保债务凭证市场价格崩溃已经不可避免，美国国际集团被迫提供全额担保，最终引发了政府救助。

正如博伊德①所述，高盛集团一直对自己奉行的严格的资产估值方法引以为豪（Boyd，2011）。只要高盛集团使用客观市场价值，交易员就不能为所欲为。但是根据市场估值只有在正常的金融环境中才能成立。危机中，资产的基础价值与市场价值产生了背离。这就是为什

---

① 罗迪·博伊德（Roddy Boyd），美国调查记者，著有《致命的风险：美国国际集团自毁警示录》。——译者注

么公允市场价值会计准则允许公司在金融危机期间背离市场价值。[6]
直到失败前，美国国际集团都还相信抵押贷款的按揭还款和抵押权实
现后的收入会产生足够的现金流，足以覆盖美国国际集团承保的 AAA
级担保债务凭证，至少不需要出卖股权，所以一直都对自己的资产很
有信心。问题在于流动性危机引起担保债务凭证市场价值崩溃，导致
了追加担保的要求。

　　图 4.1 显示了 2006 年（美国国际集团已经在此之前离开市场）流
动性危机对部分 AAA 级次级抵押贷款的市场价格的影响。金融危机
期间，担保债务凭证的价格一度下跌到票面价值的 60%—80%，但之
后上涨到超过 90%。虽然这些担保债务凭证不太应该被评为 AAA 级，
但是它们在流动性危机期间的表现也不像看起来那么差。

价格指数

资料来源：基于 Markit 公司发布的 ABX.HE.AAA.06-1 指数。

图 4.1　次级住房抵押贷款支持证券价格走势

　　这就是美国国际集团在信用违约互换市场投入了这么多资金，收

取这么少的保费，而且没有及时发现自己抵抗房价下跌的能力是如此之弱的原因。如果美国国际集团生活在一个不需要提供额外担保的世界里，它能够度过危机。尽管投资损失了一大笔钱，但是其资产"内在价值"（inherent value，即被美国国际集团持有到到期时的价值）的损失从未达到足以威胁其资产净值缓冲（equity cushion）的程度。[7]

随着问题在2008年夏天进一步恶化，美国国际集团试图向美联储求助，遭到拒绝。2008年9月，美联储拒绝救助雷曼兄弟，信贷市场崩溃，美国国际集团再也找不到愿意借钱给它的人，计划申请破产。

救助

美联储担心美国国际集团倒下后金融危机会进一步恶化，便对其进行了救助。[8]就在几天之前，雷曼兄弟倒下了，信贷市场正处于一片混乱之中。美国国际集团的短期债务超过了700亿美元，比雷曼兄弟要多得多。其信用违约互换业务的对手方包括了很多大型金融机构。美国国际集团还在很多不同的行业开展保险业务。它的倒闭很可能会导致进一步混乱。此外，没人知道美国国际集团下属的保险公司会在破产中走向何方。但是美联储告诉美国国际集团，除非它一字不改地接受美联储的不可变更要约（take-it-or-leave-it offer），否则美联储不会进行救助。这些条件源于之前曾考虑给美国国际集团提供贷款的私人银行提出但未被采纳的方案。因为银行自己也要保持流动性，所以这些方案对美国国际集团是非常不利的（Geithner，2014：192）。但是政府无需保持自己的流动性，所以政府以它们为基础提条件是不合适的。史带国际还指责政府在美国国际集团接受要约后，单方面修改其内容。一开始，政府只要求美国国际集团提供权证，行权时只要付出几十亿美元，最后权证没了，政府却得到了股份。

根据信贷协议，美联储向美国国际集团提供850亿美元的信贷便利，美国国际集团以自己的资产，包括保险公司，作为担保。作为回报，美国国际集团还同意按照14.5%支付利息（之后有所降低），并给予政府当时价值230亿美元的优先股（被称作"C系列股票"），可以转化成美国国际集团79.9%的普通股。C系列股票被交给一个信托，唯一的受益人是美国政府。美国国际集团的首席执行官罗伯特·维伦斯坦德（Robert Willumstad）离职，爱德华·李迪（Ed Liddy）接手。一个月后，美国政府又为美国国际集团提供了378亿美元的贷款，仍用美国国际集团的资产作为担保。[9]

信贷的增长并未让信用违约互换交易的对手方满意，它们又以担保债务凭证市场价值低为由要求美国国际集团提供担保。为了解决这个问题，美联储创设了一个叫仕女巷3号的特殊目的载体，美国国际集团提供50亿美元的股权投资，美联储提供243亿美元贷款。仕女巷3号用这笔钱和美国国际集团已经提供的担保一起购买美国国际集团承保的担保债务凭证。这让对手方获得了620亿美元现金。这笔交易着实令人吃惊，因为从法律上讲美国国际集团无需购买担保债务凭证，更无需按照票面价值购买担保债务凭证。它本可以继续提供担保，在违约发生后付款即可。因为对手方急需现金，美国国际集团还可以通过谈判获得一些垫头。批评者因为政府未帮助美国国际集团主张垫头而将救助称作"关系救助"（backdoor bailout），指责政府操纵美国国际集团，把政治上反对声音较强的，对其他金融机构的救助从公众视野中藏了起来。

美联储还创设了另一个叫做仕女巷2号的特殊目的载体，向美国国际集团下属的保险公司提供了210亿美元，以购买票面价值达393

亿美元的抵押贷款支持证券。为了给这些交易融资，美联储向仕女巷2号提供了接近200亿美元贷款，美国国际集团提供了10亿美元。之后，财政部又通过问题资产救助计划向美国国际集团进行投资。后面还有其他交易和重组，但是和本书无关。总结下来，政府一共为美国国际集团提供了大约1 260亿美元资金（Sjostrom，2015：797）。

救助的后果

2009年3月，C系列优先股被转移给信托。三个受托人都和美联储有关系——一个是曾在纽约联邦储备银行工作超过30年的老员工，一个是纽约联邦储备银行的董事，一个是达拉斯联邦储备银行某分支机构的董事会主席。信托协议要求受托人"用不会干扰金融市场环境"的方式确保美国国际集团偿还贷款。C系列股票给了信托在美国国际集团中79.9%的投票权。

美国国际集团的章程限制了其向政府发行多达79.9%的普通股的权利。为了让信托能把C系列股票转化为普通股，美国国际集团需要修改章程，增加可发行的股票的数量。根据特拉华州的法律，这样的修改需要大多数普通股股东同意。美国国际集团（当时在受托人控制下）很尽责地要求普通股股东批准发行新股，但后者否决了这一提议。美国国际集团还同时提议对美国国际集团已发行的普通股进行20：1的反向股票分割（reverse stock split）。这会让普通股的数量从30亿股减少到1.5亿股。一般而言，这不会影响普通股债权人的利益，因为他们持有的普通股的价值也会上涨19倍。但是此次反向股票分割并不涉及20亿已经得到授权，但并未实际发行的股份。换句话说，已经发行的，由股东持有的股票将从30亿股减少到1.5亿股，但是美国国际集团控制下未发行的股份仍然是 20 亿股。

反向股票分割方案获得了通过，却不是经由普通股股东同意，而是经由信托掌控的 79.9% 的投票权，这足以影响结果。最终，美国国际集团得以凭借未发行的 20 亿普通股让信托持有普通股的占比达到 79.9%。史带国际争辩说所谓反向股票分割就是在规避特拉华州法关于保护股东规定的花招。美联储却说它要避免美国国际集团从纽约证券交易所退市。[10]

2011 年，美国国际集团还清了贷款，向信托转让了 562 868 096 股普通股，换回了 C 系列股票。信托把普通股转让给了美国财政部，后者最终把这些股票卖掉了。美联储也通过仕女巷 2 号和仕女巷 3 号得到了付款。美联储和财政部在救助交易中一共获得了 227 亿美元利润（Sjostrom，2015：796）。根据麦克唐纳和安娜·保尔森的计算，上述机构从仕女巷 2 号获利 13%，从仕女巷 3 号获利 35%，总收益接近 17%（这些数据还不包括最初贷款的收益，包括 79.9% 的股票）（McDonald & Paulson，2015：97—100）。正如他们所指出的，这些结果显示美国国际集团的高管关于这些资产"很值钱"，没有任何信贷风险的说法是错的（McDonald & Paulson，2015：82）。然而，这些数字也印证了原告提出的，从经济的角度讲，美国国际集团并未资不抵债的主张。美国国际集团确实做出过错误的投资，但是这些投资还没有错到能够摧毁美国国际集团资产净值的程度。在正常的市场中，美国国际集团可以通过抵押资产借钱渡过难关。但是在流动性危机中，它根本借不到钱。

纽约的诉讼

由于救助的责任主体不明确，史带国际分别以纽约联邦储备银行和美国政府为被告分别提起了诉讼。纽约联邦储备银行在 2008 年 9 月提供了贷款，但这是在美联储委员会的授意之下作出的决定，并且它还创设了信托，将受益人设定为财政部。因为纽约联邦储备银行在名义上是独立的实体，所以原告无法在华盛顿的联邦索赔法院起诉纽约联邦储备银行，只能在那里起诉政府，而针对纽约联邦储备银行的诉讼发生在纽约南区联邦地区法院。这些诉讼的理由各不相同。在纽约的诉讼中，史带国际称纽约联邦储备银行违反特拉华州法律，接管了美国国际集团，并以牺牲少数股东的利益为代价把美国国际集团的资金转让给财政部和高盛集团等其他金融机构。在华盛顿的诉讼中，史带国际称美国政府通过美联储和财政部征收美国国际集团 79.9% 的股权和其他资产的行为，违反了宪法中的征收和正当程序条款，伤害了股东的利益。

在纽约的诉讼中，史带国际关注的重点是 2008 年 11 月仕女巷 3 号的交易，2009 年 9 月的反向股票分割交易和 2011 年 1 月 C 系列优先股交换美国国际集团普通股的交易。仕女巷 3 号将数十亿美元从美国国际集团转移给了它的对手方，反向股票分割让普通股股东无法阻止美国国际集团的股权被转移给美国政府。如果史带国际是正确的，这些交易在商业上缺乏必要性，只是从美国国际集团的股东向对手和纳税人的单纯的转移利益，那么不管谁控制美国国际集团，都违反了对股东的忠诚义务。

法院否定了史带国际的意见。第一，法院不认为纽约联邦储备银行控制了美国国际集团，所以前者不应该为这些错误的交易承担责任。签订信贷协议时，纽约联邦储备银行只是和美国国际集团的首席执行官和董事会进行了谈判，并没有控制美国国际集团。纽约联邦储备银行在仕女巷交易中也没有控制美国国际集团，交易发生在信托获得 C 系列股票之前。即使是在股票转移之后，也是信托，而不是纽约联邦储备银行控制着美国国际集团。总之，史带国际未能说服法院纽约联邦储备银行控制着信托。

第二，法院认为因为纽约联邦储备银行是联邦机构，所以即使纽约联邦储备银行确实违反州法控制着美国国际集团，联邦法（正是联邦法授权纽约联邦储备银行在金融危机期间救助美国国际集团）也优先于州法。[11] 一般情况下，因为美国国际集团是一家特拉华州的公司，特拉华州的法律决定了其股东或实际控制人如何运营公司。纽约联邦储备银行虽然一家银行，却拥有很大的联邦权力，包括对银行进行监管的权力和在金融危机期间提供贷款的权力。让特拉华州法律来规制纽约联邦储备银行毫无道理。

即便如此，联邦法院仍然认为联邦机构必须承担一定的义务，所以经常把州法律引入联邦普通法，相当于最后还是适用了州法律。在州法和联邦法律不存在冲突的前提下，法院考虑了忠诚义务。问题最后就成了史带国际认为纽约联邦储备银行肩负的忠诚义务是否和《联邦储备法案》第13（3）节下的发放紧急贷款的权力相冲突。[12]

法院认为确实存在冲突。第13（3）节给了纽约联邦储备银行在征得美联储委员会同意后，在危机状况下向美国国际集团等非银行金融机构发放紧急贷款的权力。第13（3）节还给了纽约联邦储备银行不特定的"附属权力"（incidental powers），条件是这些权力对行使紧急贷款权有必要或者有用。9月的信贷协议就是行使第13（3）节下紧急贷款权的例子。仕女巷3号的交易包括了新的紧急贷款和最初贷款剩下的信贷，反向股票分割对于确保双方遵守信贷协议是必要的，而最后把C系列股票换成普通股是协议的结局。

举个例子，史带国际曾表示纽约联邦储备银行强迫美国国际集团通过仕女巷3号按照票面价值购买对手方的担保债务凭证违反了忠诚义务，它认为故意付给对手过高的价格是不对的。法院则回答称：

> 尽管和对手仔细谈判会给美国国际集团和股东省钱，但是纽约联邦储备银行认为其稳定经济的职责要求把速战速决、避免争议当做第一要务也不无道理。纽约联邦储备银行完全有理由认为当时应该结束追加担保与提供巨额救助贷款之间的循环。要保持美国经济的稳定，就要当机立断，完成美国国际集团与对手方的交易。按照票面价值付款，而不是与对手展开充满不确定性，可能还很冗长的谈判，是一劳永逸的最好办法。[13]

但是法院没有按照这个逻辑继续下去，即认为纽约联邦储备银行可以做任何事，包括为了自己或者他人的利益征收美国国际集团的财产。辩论阶段，法院曾问纽约联邦储备银行的律师，如果纽约联邦储备银行打着稳定银行的名义为一台复印机付给犹他银行10亿美元，史带国际的诉请是否成立。纽约联邦储备银行的律师回答说："根据《塔克法》①，史带国际确实有起诉美国政府的诉因（cause of action）。"[14]如果是这样，美国国际集团唯一的问题是选择管辖法院不当，而不是其理由站不住脚——它可以期望在联邦索赔法院胜诉。法院却说仕女巷3号交易和想象的不一样，因为美国国际集团付出的票面价值和公允价值差别不是特别大，而且这项交易还让美国国际集团获益了。当然，如果美国国际集团确实"需要一台打印机"，那么上

---

① 《塔克法》（Tucker Act）是一部关于美国政府在特定案件中放弃主权豁免权利的法律。另外，诉讼标的额超过1万美元的案件，联邦上诉法院拥有专属管辖权；诉讼标的额低于1万美元的案件，联邦上诉法院与联邦地区法院具有共同管辖权。——译者注

述和犹他银行的交易也会让它获益。在担保债务凭证的基础价值低于票面价值的情况下（这是政府干预的基础），票面价值是无关紧要的。如果美国国际集团按照新复印机的价格买了一台远不值这个价的二手打印机，这项交易才算不上公平。

法院的态度还可以在对政府官员职务行为侵权责任的追责限制中找到一些端倪。史带国际并没有起诉蒂莫西·盖特纳侵权，但法院还是通过援引给予处突人员豁免或者部分豁免的案例（包括海岸警卫队队员损毁其所救助的船舶，警察未能平息暴乱等），否定了从财政部获得补偿的诉请。比如在对海岸警卫队案例的评述里，法院表示：

> 即使在海岸警卫队的救援行动中经常面对生死交关的危机所带来的压力，但是自保的本能也一定会发挥作用。如果要他们在危机中突然停下来，先考虑他们的错误会不会导致政府承担赔偿责任，会不会令自己受到纪律处分或者降级处分，再仔细衡量其他救援方法的可能性，那么带来的迟延对迫切需要救助的受困者而言经常是致命的。[15]

有人可能会认为纽约南区联邦地区法院表达了在紧急情况下尊重政府决定的观点。虽然法院不可能直接认定紧急情况下政府征收绝不可能违法，但是认为根据判决书上的表述，如果在紧急情况下真有一些出格行为，也是正当的。[16]

华盛顿特区的诉讼

史带国际在联邦索赔法院的诉讼中主张的是另一种理由。在该诉讼中，被告是美国政府（在联邦索赔法院只能起诉美国政府要求赔偿损失），而不是纽约联邦储备银行。史带国际认为美国政府通过财政部、美联储和纽约联邦储备银行征收了美国国际集团股东的财产，违反了美国宪法里的征收条款和正当程序条款。

征收条款禁止政府"在不支付正当赔偿的情况下，为了公共目的征收私人财产"。它要求政府在为了自己的目的，比如开辟道路，而征用私人房屋、土地及其他财产时，向私人付款。公司的股权也是财产，政府虽然没有直接占有史带国际的股权，却让美国国际集团向政府发行了数以亿计的股票，减少了史带国际所持股票的价值。公司作为一项资产，以分红的形式产生孳息。政府拿走一部分分红，就相当于从其他股东手里抢钱。而正当程序条款恰恰禁止政府"不经正当程序"征收财产，也就是说，禁止监管机构未经国会授权征收财产。

史带国际称政府的错误行为持续了数年。2008 年 9 月的信贷协议给了政府取得 79.9% 股权的权利，最初的形式是 C 系列优先股。[17] 2009 年 7 月的反向股票分割剥夺了股东们的投票权，使他们不能阻止 C 系列优先股最后在 2011 年 1 月转化为普通股。此外，2008 年 11 月的仕女巷 3 号交易是按照票面价值向对手付款，也属于征收美国国际集团的资产。

政府的抗辩主要是它给股东提供了利益，而且信贷协议是自愿签订的。大多数征收涉及"收"这个环节，即强行将某物从公民手中转移到政府手中，就像建设规划道路时政府占有房屋一样。如果政府提议购买某人的房屋，而对方同意了，这时不管交易内容对房主多么不利，都不存在征收。美国国际集团当时确实正面临困难，但是政府从来没有强迫美国国际集团接受贷款。

史带国际的诉请具体有几点。前两点涉及征收条款，第三点涉及正当程序条款。第一，史带国际称政府官员"强行"征收了美国国际集团的财产，通过威胁和谎言强迫美国国际集团董事同意信贷协议（政府否认）。政府控制了美国国际集团后（史带国际认为这发生在签署信贷协议时），它就立刻实施了仕女巷3号的交易，还违背（现在的）中小股东的意愿强迫进行反向股票分割。

第二，史带国际称政府将转让股权作为提供紧急流动性的条件违反了违宪附带条件原则（unconstitutional conditions doctrine）①。美联储有提供信贷的权力，而不是义务。史带国际也承认美联储在法律上并无义务向美国国际集团提供贷款。但是最高法院已经认为除非政府的利益和弃权之间有某种联系（nexus），否则政府不能要求人们放弃宪法权利以获取政府自由裁量权下的利益。[18]比如，市政府某个机构有权允许或不允许开发某块土地。如果认为开发会带来伤害，它可以拒绝颁发许可证，也可以在颁发许可证的同时要求所有权人采取措施减少开发带来的负面影响。但是它不能在颁证的同时要求所有权人把其他土地交给政府或者将土地用于公共用途。上述情况下，政府的利益（以符合公众利益的方式开发土地）与施加的条件（把其他土地交给政府或者将土地用于公共用途）之间没有联系。

违宪附带条件原则比较微妙：因为所有权人非常需要许可证或者其他利益，进而同意了政府提出的交易，所以交易本身是自愿的。比如，所有权人相信接受交易比不接受要好，所以同意了交易。但是放在更大的法律背景下，这些交易还是有一定的强迫性质。如果当地政

---

① 违宪附带条件原则是一项美国宪法原则，主要有两层含义：（1）在民事和行政活动中，政府不能要求人们以放弃宪法权利为附带条件来获取政府自由裁量权下的利益；（2）在刑事案件中，政府不能强迫被告在其拟予援引的两项宪法权利之间择一作为抗辩依据。——译者注

府可以无故禁止未取得许可的开发，同时还允许付费的人开发，这就和（上文讨论的）选择性的征收一样了，都是对征收条款的规避。违宪附带条件原则就是要阻止这样的规避行为。

史带国际称美联储的行为违反了这一宪法原则。美联储本可以像开发委员会拒绝颁发许可证一样，拒绝提供贷款。但是把同意大规模的股权转让当作发放贷款的条件就是在强迫美国国际集团（也包括美国国际集团的股东）放弃他们获得正当赔偿的权利。史带国际还说因为贷款已经有了足够的抵押，所以贷款和股权转让之间缺乏联系。这一观点最后聚焦于美联储能不能为其就已经有足额抵押的贷款在收取利息之外又要求获得股权的行为提出合理性辩解。

第三，史带国际称美联储无权以获得股权为对价发放贷款，所以股权转让交易违反了正当程序条款。《联邦储备法》第13（3）节授权美联储向美国国际集团等非银行金融机构提供紧急贷款。法律要求贷款必须"获得足以令联邦储备银行满意的担保"，又援引第14（d）节，授权美联储"从与贸易和商业相适应的角度出发"收取一定利息。[19]所以，《联邦储备法》允许美联储收取合理的利息，而不是最大化的利息。这部法律并没有明确授权美联储将取得股权作为发放贷款的条件。政府指出美联储享有概括的"附属权力"，在发放贷款时取得股份正是在这种"附属权力"的体现。然而，美联储之前从未为了贷款或者其他目的要求取得公司的股份。《全国银行法》中也有类似"附属权力"条款的规定。[20]但是除了在有限的一些与此无关的情况下，该法禁止将占有、取得股权作为获得贷款的对价。

如果美联储无权持有或拥有股权，那么股权转让就属于"非法勒索"（illegal exaction）。比较典型的例子是一个机构（比如美联储）达成了交易，给对方一些东西（比如执照），对方给其金钱、货物或者服务，但是该机构原本无权索取这些东西。在一系列二战后的案例中，法院都认定海事机构要求美国船东在获取向外国人出售船只的许可时向美国财政部支付一定钱款是违法的。[21]由于国会并未授权海事机构收费，所以船东即便自愿付费，他们仍有权要求恢复原状。

签订信贷协议时，美联储对其是否有权获得股权这一点有所疑虑。最后，美联储的做法是，自己并不直接取得股权，而是成立一家（名义上）独立于美联储和财政部的信托。如此，法律问题就成了信托是不是傀儡？如果不是，美联储有没有权力促成一项最终会导致股权转让的交易（即使最后获得股权的不是美联储）？

美国政府要求撤销起诉。联邦法院撤销了基于违宪附带条件的诉请，但是继续审理其他诉请。[22]法院之所以否定了基于违宪附带条件的诉请，是因为法院认为该原则只适用于土地使用相关案件。不过，虽然法院在实践中从未在土地使用类案件之外考虑过联系的问题，但违宪附带条件原则的适用范围却很广，适用于所有宪法权利，并不局限于不动产。法院还认为在土地使用案件中，所有权人不能在未取得政府许可的情况下使用自己的土地，但是美国国际集团的行动原本就不受任何限制。这方面的问题比较复杂，后面我们还会继续讨论。

争议点：先决问题

乍一看，大家可能认为这些诉请之间有区别，但其实很可能并没有。这三个诉请是同一个诉请的不同法律表现形式，即美联储将取得股权作为发放紧急贷款的条件，并使用仕女巷3号向对手转移资产是错误的。为了支持有关强迫的诉请，史带国际认为政府是唯一的信贷提供者（只有美联储可以给美国国际集团提供贷款），所以交易的背景本身就是带有强迫性质的。史带国际还认为，政府在已经决定向美国国际集团放贷后又向美国国际集团的董事会撒谎，声称政府可能不会对他们放贷，还威胁他们如果不同意政府的条件，就揭露后者的"恶行"，这是在逼迫美国国际集团的董事会批准交易。后来，政府又自行选择并任命了美国国际集团的首席执行官，控制他的行为。不管这些诉请是否抓住了事情的关键，"强迫"都是一个难以把握的概念。所以真正的问题是信贷协议是不是合理或者是不是公平。如果政府有理由获得股权，美国国际集团董事会就有理由接受政府的要求。

同理，就"非法勒索"的问题，如果股权转让对紧急贷款而言是有必要的或者合理的，美联储或者纽约联邦储备银行就可以用附属的或默示的权力为此次股权转让辩护。接下来的问题就是交易的内容是否合理。如果法院没有驳回违宪附带条件的诉请，双方就会争论股权转让和贷款之间是否有联系，或者会再次争论股权转让对发放贷款而言是否合理。

政府试图简化争议，称如果美联储没有提供紧急贷款（不管是否公平），史带国际只会变得更糟。"剩下 20% 总比失去 100% 好。"[23] 能让所有权人变得更好的征收看起来不像是征收。如果消防队救火时用的水对你的房子造成了损害，你无法从政府要到赔偿，因为这种情况下不存在征收。即使是征收，计算损失时也要用损失（被水损坏的房屋的价值）减去收益（免于火灾的房屋的价值）。

但是假设消防队提出你要把房屋 80% 份额上交市财政才灭火，因为剩下 20% 的房子总比剩下 100% 的灰烬好，你同意了，然后消防队把火扑灭。诚然，剩下 20% 的房子比什么都不剩强，但是消防队确实做错了，你可以寻求救济。

和消防队一样，金融危机期间，美联储垄断了流动性的供给。与政府—私人之间的关系不同，此时强迫不是特别重要的问题。和强迫相比，权力滥用才是更重要的政策性问题。我们需要给政府自由裁量权，但是必须防止政府通过设置垄断价格或者提出过分的要求而滥用自由裁量权。正如垄断的受害者即使因为有了某产品而变得更好，也有权从垄断者处获得赔偿，政府权力滥用的受害者即使有所得，也有权获得救济。这就是为什么原告为了改善现状而自愿参与交易，却仍然可以在违法勒索和违宪附带条件案件中获得赔偿。

争议点：股权转让是否正当？

就这一问题，法院在审理时主要考虑了交易背后的政策因素。双方一致认为回答这一问题的起点就是白芝浩的理论。包括伯南克和盖特纳在内的美联储官员都作证说他们遵循了白芝浩的理论。

白芝浩认为，在金融危机期间，央行应该在获得优质担保后按照比正常（非危机）时期更高的利率广泛发放贷款，"既贷给张三，也贷给李四"。《联邦储备法》没有提及白芝浩或他的理论，但是根据第13（3）节，美联储在危机期间可以向任何人放贷。贷款必须有担保物，美联储必须要求合理的利率。法律没有要求美联储向任何能够提供担保的人放贷——逻辑上讲这也不可能。法律也没有规定交易的具体内容。但是美联储的使命仍然是制止金融危机，所以它的自由裁量权也必须服务于这一目的。

史带国际称美联储可以决定向谁放贷，但是必须在白芝浩理论的指导下行使自由裁量权。其目的应是重启信贷市场，而不是利用对信贷市场的垄断牟利。股权转让条款就无助于其正当目的的实现，仅仅是让私人财富流向政府而已。[24]政府抗辩称股权转让确有必要，所以完全在美联储的自由裁量权范围内。

联邦法院支持了史带国际第三点诉请：美联储缺乏取得股权的授权，所以其行为构成非法勒索。法院认为《联邦储备法》并没有明文授权美联储拥有某个公司的股份。虽然这部法律也没有禁止以股权为对价放贷，但是一般而言银行是不允许拥有公司股权的，而（某种意义上）美联储就是银行。此外，还有一部法律规定政府机构在没有国会明文授权时不能拥有公司，而《联邦储备法》也没有做出这样的授权。[25]政府注意到货币监理署（Comptroller of the Currency）允许银行在发放贷款时获得"股权激励"。在相关贷款中，银行除了本金和利息外，还得到了一些股权。此外，在美国国际集团的交易中，政府仅仅是采纳了私人银行财团的计划而已。计划中银行要求将取得股权作为贷款的对价。但是股权激励通常只涉及少量的股权，而非多达79.9%，同时股权激励也不允许商业银行控制接受贷款的公司，这甚至是被严格禁止的。

法院的判决不难理解。所有参与制定《联邦储备法》及其修正案的国会议员都不会想授权美联储拥有某个公司。但是我对征收背后的政策争论更有兴趣，这也是法院没有解决的。这些争论可以分为以下几个部分。

道德风险

保尔森和盖特纳都认为美国国际集团的经营不负责任，应该得到惩罚（伯南克作证说他没这么想过）。美国国际集团应该是保险公司，而不是对冲基金，但是它却为劣质担保债务凭证提供信用违约互换，承担了大量信贷风险。股权转让可以惩罚美国国际集团不负责任的行为，进而震慑保险公司和其他金融公司，让它们以后不再有类似行为。

然而如前所述，没有理由单独将美国国际集团的股东拉出来接受惩罚。和其他公司相比，美国国际集团并不是最不负责任的。和发生危机的大多数大型金融机构（例如抵押贷款发行商、担保债务凭证发行商、单一险种保险商和评级机构）相比，美国国际集团的行为更加谨慎。单独把美国国际集团挑出来并不会产生普遍性阻却的效果。事实上，因为救助美国国际集团而获益的主要是它的对手方。它们在很多情况下表现得比美国国际集团更不负责任，却没有受到丝毫惩罚。2005 年，担保债务凭证中大部分的债务仍然是一级债。此时，美国国际集团已经退出了市场。没有证据证明美国国际集团认为担保债务凭证中的抵押贷款有风险。事实上美国国际集团就是因为认为这些贷款很安全，所以才只收取非常低廉的费用。这方面，美国国际集团的认识和市场是完全一致的。在金融危机发生前，美国国际集团下属的保险公司确实投资了抵押贷款支持证券，但是它们的行为和市场上的其他主体是一样的。相较之下，很多银行和抵押贷款发行公司都涉嫌欺诈发行，日后收到了巨额罚款或被迫斥巨资与政府达成和解。在美国国际集团离开市场、担保债务凭证被降级后的数年里，其他金融机构继续发行信用违约互换合约或者自我保险。政府行为中一个重要却很少引起注意的方面是，政府在达成信贷协议前，从未认定美国国际集团有不负责任的行为，所以政府不可能知道或者有合理的理由相信美国国际集团的行为比其他机构更不负责任。

麦克唐纳和安娜·保尔森认为，美国国际集团过度参与了房地产市场，分散经营不够，而且杠杆率过高。但是他们也指出美国国际集团的杠杆率和其他公司（包括美国银行和花旗银行）差不多（McDonald & Paulson，2015）。后者也受到了救助，条件却更加宽容。美国国际集团的经营有时比其他机构更安全（对短期债务的依赖性更小），有时更不安全（直到 2007 年才成立流动性风险委员会）。但是这些差异不足以解释救助方案之间的巨大差异。

人们都认为白芝浩笔下的"惩罚性利率"并不等同于征收——那会阻却其目的的实现。最终贷款人收取的利率必须要比流动性危机期间的市场利率低很多——没人愿意按照后者放贷，也无人愿意按照后者借款。通常的标准是等于危机前的利率水平，或者较其高 1 个百分点左右。事实上，央行收取的利率要低得多。危机期间，美联储对银行、投资银行和其他金融机构收取的利率远低于 4%，只有 0.5%，且并不要求它们交出股权。只有美国国际集团才被要求支付高利息——一开始是 12%（据一名纽约联邦储备银行律师所称这相当于高利贷的利率），之后被降低到 5.5%，还被要求交出 79.9% 的股权，价值数百亿美元。

补偿政府的信贷风险

政府辩称美国国际集团存在信贷风险，需要转让股权作为其承受信贷风险的补偿。但美联储和其他全国性的监管者都没有关于美国国际集团金融状况的信息（因为美国国际集团旗下拥有一家储蓄贷款协会，所以它的监管者是储蓄机构监管办公室，但是储蓄机构监管办公室缺乏评估美国国际集团衍生品状况的专业技能）。盖特纳作证说，相较于其他公司，美国国际集团提供的担保物更难估值。

问题是政府曾在危机期间表示过，而且明显相信，美国国际集团的资产足以确保贷款的安全。政府评估了美国国际集团资产的基础价值，还作了很大的垫头，以此当做贷款的担保。政府相信如法律所要求的，它面临的信贷风险很小。合理的利率足以抵消剩余的信贷风险。

政府也可能会主张它善意地相信美国国际集团的资产，包括旗下口碑较好的保险公司，完全足以保证贷款的安全，同时主张这些担保物很难估值。金融危机期间，什么事都有可能发生。也许人们会停止购买人寿、房产和车辆保险。面对这些风险，政府有权获得足够的补偿。因为美国国际集团无力支付高利率，补偿就采取了股权转让的形式。

然而没有证据显示在 2008 年 9 月，美联储认为担保不足已经出现，或者认为自身正在承受巨大的信贷风险。79.9%的股权转让方案明显是从私人银行的废弃方案中抄来的，而不是根据对担保物可能失去价值的可能性计算出来的。美联储官员意识到随着经济下行，保险公司可能倒闭。但是那些接受美联储的低利率贷款，而无需交出股权的公司面临的是一样的情况。危机导致很难对美国国际集团估价，也导致很难对美联储接受的其他担保物估价。事实上，信用违约互换在美联储总资产中的占比有多大，估价的难度就有多大。

信贷限额

名义上，央行不可能"既借给张三，又借给李四"。任何时候都会同时有数以百万计的人想借钱。理论上，只有在相信某银行会把钱再借给市场时，央行才能把钱借给这家银行。但是在金融危机期间，银行拒绝放贷。正是预见到这种可能性，第 13（3）节才授权美联储把钱借给非银行金融机构。美联储应该把钱借给最大、最重要的，在借贷市场扮演关键角色的金融机构。金融危机期间，美联储确实是这么做的。

政府辩称，美联储之所以提高借贷成本，是为了阻止与美国国际集团类似的保险公司向其申请贷款。伯南克作证说他担心将信贷的对象扩大到保险公司。但是这种辩解同样只是说辞。美联储完全可以拒绝那些本不需要贷款的公司提出的贷款申请。2008 年夏天，美联储就拒绝了美国国际集团第一次要求紧急贷款的请求。同年秋天，美联储就在尽可能地放贷。原因不是美联储无法拒绝贷款申请，而是它不想。

避免"不义之财"

伯南克还声称转让股权是为了避免美国国际集团得到"不义之财"。也许，他是暗示其他收到贷款的公司取得了不义之财，却无法要回来。

美国国际集团确实从政府那里取得了巨额贷款。没有这些贷款，美国国际集团很可能早就倒闭了，所以美国国际集团的股东确实从贷款中获益。但是"不义之财"暗示了存在不法利益，这就是伯南克没有解释清楚的意思。任何公司和政府签订合同都是为了挣钱。国防合同、高速公路建设施工合同、网络服务合同都是如此。向联邦存款保险公司购买保险，为紧急贷款支付利息的银行也是如此。如果无法从中营利，他们就不会签订合同。

伯南克的辩解可以理解为在政府与私人的交易中，政府都应该取得交易的全部收益或者尽可能多的收益。凑巧的是，政府从大多数金融机构处都无法攫取利益，因为如果利率过高或者要求转让股权，这些机构就不会找政府借款，等到这件事真的发生可能就晚了。然而在美国国际集团的例子里，破产迫在眉睫，所以美国国际集团除了接受美联储的条件没有其他选择。

政府也不是经常这么做。政府经常是唯一一个能够提供许可等利益的实体，享有垄断的权力。国会要求政府机构收取合理的费用，但是并没有要求政府机构在对方能够承担的范围里，收取尽可能多的费用。和私人一样，政府也不能主张垄断价格，否则会严重损害经济。许可某项目并不是为了筹集资金（这不是收税），而是为了增进公共利益。比如，开发房地产的许可是为了确保房地产开发不损害其他人的利益，而不是从所有权人处索取好处。如果索要的是最高价格，成了间接的"没收税"（confiscatory taxation），房地产开发就会停滞。同理，以紧急贷款为由征收最高对价的政策也会损害贷款的初衷——解决经济危机。

紧急状况

金融危机是大萧条以来美国政府遇到的最大的经济危局。纽约南区联邦地区法院认为，在紧急状况下，法院应该给予政府足够的尊重。法院认为对政府官员在危机期间的行为进行"马后炮"式的评价是不公平的，还担心法院的"后见之明"会让政府官员行动过于谨慎。

但是这种观点是个悖论。第 13（3）节是对危机的规定，同时也对美联储施加了很多限制。纽约联邦储备银行如果没有首先征得美联储委员会绝对多数同意，就不能发放紧急贷款，纽约联邦储备银行也不能发放无抵押贷款，贷款的条款必须合理。

也许就是因为这个原因，除了顺带提过外，美国政府从没有主张紧急状态下给美国国际集团的贷款或仕女巷 3 号项目是没有问题的。否则一定会引发如果政府行为有没有边界、边界在哪里的问题。如犹他银行的例子所示，这种问题很难回答。

政治因素

保尔森曾在法庭作证说美国国际集团"100%是华尔街和人们痛

恨的恶劣行为的替罪羊"（Sorkin，2014）。保尔森"认为为了消除可能的，反对问题资产救助计划和其他金融援助的声音，对美国国际集团的股东显示出强硬和惩罚性的一面是很重要的"[26]。为了给《紧急经济稳定法》[27]和问题资产救助计划专项资金铺平道路，政府需要表现出它正在惩罚那些应该对危机负责的人。

这种态度和保尔森当年早些时候对救助贝尔斯登的态度是一致的。摩根大通最初想以每股 8 美元到 12 美元的价格收购贝尔斯登，后来降低到每股 4 美元。随着美联储越来越深地参与这项交易，保尔森"给戴蒙①施加压力，要求保持低价，以免让大家觉得美联储正在给贝尔斯登的股东提供不义之财，所以要约又修改成了 2 美元一股"（Geithner，2014：155）。[28]贝尔斯通不得不接受这一报价，否则就得破产。然而省下来的数万亿美元并不归纳税人，而是流向了摩根大通的股东。这种的财富转移的目的只是操纵舆论。[29]

保尔森用一种非常尖锐的方式指出了紧急状况下的政策问题。他的意思既好理解，也不好理解。他认为公众和国会根本不了解金融危机，国会只有在政府平息了公众的怒火之后才愿意尊重政府的决定。在之后人们要求政府拒绝履行美国国际集团向其雇员支付奖金的承诺时，公众舆论的问题再次出现。这次政府顶住了压力。我们会在第七章再次讨论这一问题。

争议点：仕女巷 3 号

史带国际称仕女巷 3 号是政府用来把美国国际集团的资产转移给

---

① 杰米·戴蒙（Jamie Dimon），华尔街传奇人物之一，时任摩根大通的首席执行官。——译者注

其他金融机构的工具。值得注意的是，仕女巷 3 号是转让 79.9% 股份的信贷协议之外的另一项交易。史带国际认为即使美国国际集团原始股东的股权已经被稀释，作为中小股东，在政府将美国国际集团的资产分给他人的过程中，他们也遭受了损失。

如前所述，对美国国际集团流动性的主要威胁来自信用违约互换交易的对手方要求追加担保。这些公司在担保债务凭证的价值或评级下降时，有权要求美国国际集团追加担保。由于担保债务凭证下抵押贷款产生的现金流足以支付美国国际集团承保的 AAA 级担保债务凭证费用，所以尚没有出现因违约而要求美国国际集团赔付的情况。问题在于市场预计最终一定会发生违约，所以在交易时担保债务凭证的价格打了折——最多时打了对折。

纽约联邦储备银行向仕女巷 3 号提供了 244 亿美元贷款，美国国际集团提供了价值 50 亿美元的股权投资。这些钱大部分被用来解决美国国际集团的信用违约互换交易问题。值得特别注意的是，仕女巷 3 号付钱给信用违约互换交易的对手方，后者把担保债务凭证转让给仕女巷 3 号，解除了这些交易。对手方还保留了美国国际集团提供的担保——大概 370 亿美元现金。总的来说，对手方从美国国际集团和仕女巷 3 号收到了 700 亿美元现金，出让了票面价值相当，但是市场价值只有大概一半的担保债务凭证。[30] 因此，相较于美国国际集团在担保债务凭证上违约，对手方多挣了大概 300 亿美元。

到 2012 年，仕女巷 3 号出清了名下的资产。根据协议约定，纽约联邦储备银行收回了贷款和利息，余额的 67% 分给纽约联邦储备银行，33% 分给美国国际集团。考虑到纽约联邦储备银行报告称其赚了 60 亿美元，我们可以认定担保债务凭证的市场价值增长了大概 100 亿美元。

综上所述，纽约联邦储备银行和信用违约互换的交易对手都从仕女巷 3 号的交易中挣了数十亿美元。纽约联邦储备银行的收益引起了与转让 79.9%股权相似的问题。纽约联邦储备银行贷出去的 243 亿美元贷款都由担保债务凭证提供全额抵押，担保物价值还多出了 50 亿美元，所以贷款风险低，或至少不比纽约联邦储备银行在金融危机期间的其他贷款高。然而，纽约联邦储备银行仍然有权获得增值的 2/3，相当于仕女巷 3 号资产中 67%的股权收益。

但是至少纽约联邦储备银行的利润还是给了纳税人。点燃了公众怒火的是按照票面价值从对手方处购买信用违约互换交易的行为。在美国国际集团被政府接管前，它曾经就增加担保的要求进行过斗争，它曾否认高盛集团基于自己的模型和自认为适当的数据算出的报价。不过，其他要求追加担保的公司所依据的报价就不像高盛集团这么激进。美国国际集团和这些对手方其实可以去法院解决争议，在诉讼的背景下，和对手方进行了谈判，做出某些妥协。

即使美国国际集团接受了对手方的报价，只要它得到了政府的流动性支持，它就能继续提供担保，而不是按照票面价值购买担保债务凭证。这两者的区别是很重要的。如果美国国际集团继续提供担保，它会向对手方支付现金，但它所支付的金额比按担保债务凭证的票面价值赎买要少很多。如果美国国际集团能获得政府的保证，那么金额可能会低到 0。这意味着对手方收到的现金将远少于 600 亿—700 亿美元。而且美国国际集团也无需支付担保债务凭证未达到票面价值部分的金额。如果对手方需要现金（它们确实需要），它们会愿意以低于票面价值的价格把担保债务凭证卖给美国国际集团。

盖特纳作证说，美联储没有时间和资本就垫头和对手方谈判。他还担心垫头会在债权人需要安慰的时候吓坏他们。[31]根据美联储的观点，当时最重要的事便是向市场注入流动性，至于收益如何分配倒是次要的。按照这种观点，仕女巷 3 号的功能是把担保债务凭证从大量金融机构的资产中剔除，安全地塞给仕女巷 3 号——实际上就是"坏账银行"。后者如有必要，可以持有这些担保债务凭证直到到期，或者在市场恢复后全部卖出。事实上，仕女巷 3 号就是这么做的。同时，金融机构不再难以估价，从而导致所有人被金融健康状况难以评估的资产所困扰。如果私人债权人的信心由此恢复，政府就不需要再"续命"了。但是既便如此，这项交易也是以美国国际集团的损失为代价的。

教训

从政策的角度讲，股权转让和仕女巷 3 号这两项举措的合理性都很难说得过去。白芝浩理论中关于提供流动性支持的公认做法是在有担保的情况下，央行向主要金融机构自由放贷。虽然白芝浩支持惩罚性利率，但是考虑到金融机构为了避免"污名化"而推迟借贷，央行并没有采纳这一观点。即便支持惩罚性利率，在任何情况下，都不应该取得借款人的大部分股权。

反对没收性（confiscatory）罚款利率的主要原因是它会让金融机构迟迟不敢申请流动性援助，直到为时已晚。事实上，即使是很小的惩罚性利息都会形成"污名"，引发挤兑，毁掉金融机构。在救助美国国际集团时，政府不必有这方面的担心，因为开始谈判时美国国际集团已经发生了挤兑。但是如果对美国国际集团的救助创造了先例，即经过此次救助，金融机构认识到它们所需要的紧急贷款要以它们的股权为代价，那么这种做法只会增强金融机构的不良动机，让它们进一步向政府隐瞒金融方面存在的问题，直到再也瞒不住为止。

对美国国际集团和其他借款人的不同态度还引发了其他问题。如果允许政府在一群状况相似的公司中偏袒其中某些公司，这将必然导致"权力寻租"。比如，仕女巷 3 号的批评者就发现其中到处都能找到高盛集团的影子。他们还发现很多财政部官员（包括保尔森本人）都和高盛集团有联系。爱德华·李迪正是被保尔森保举出任美国国际集团首席执行官的。他在美国国际集团和保险行业没有任何经验，但曾是高盛集团的董事会成员。近期一份相似的学术论文还显示凡是和盖特纳有关系的公司，在他被提名为财政部部长时都得到了不正常的回报。[32]这就是为什么在政府与私人之间的交易中一直都有严格的禁止偏袒的要求。比如，政府采购规则就禁止政府偏袒某个承包商。同理，警察和消防队中也不允许存在偏袒。

最可行的辩护是美国国际集团不负责任。但是无论美国国际集团是否有错，它都无法防范流动性危机。任何公司都没有这个能力。这就是政府充当最终贷款人的原因。违反发行标准，对金融危机发生负有责任的公司后来虽然都受到了政府的处罚，但美国国际集团即便没有违法，却也受到了处罚，而且连为自己辩护的机会都没有。

那么美国国际集团的股东能否因为政府的过错而要求赔偿呢？关于征收的诉请暗含了一个基础，即流动性救助不力和保护财产权不力是一样的。两种行为都依赖政府的自由裁量权。但如果政府不想保护财产权，在征收时刻意贬低其市场价值，法院必然不会同意。法院会让政府按照财产的"基础价值"（政府应当保护的财产价值），而不是暂时降低的价格付款。这样的逻辑也适用于提供流动性救助的情况。上述争论的核心在于，我们不希望政府选择性地提供流动性救助或选择性地提供财产权保护，因为那本质上是政府为了降低征收成本而操纵市场的行为。我们会在第七章再讨论这一问题。

注释

[1] Starr Int'l Co., Inc. v. United States, 121 Fed. Cl. 428, 451（2015）.

[2] Id. at 436.

[3] 相关分析，参阅 Zaring（2014）。

[4] 在危机期间，监管机构担心，如果美国国际集团破产，这些子公司将受到不利影响。目前，尚不明确当时的这种担心是否有其道理。从理论上来说，子公司不会受到影响，因为它们的财务状况本应独立于控股公司的财务状况。但是实际上，它们可能会受到不利影响。

[5] 参阅 Schwarcz（2015），有助于理解。

[6] 有鉴于此，劳克斯和勒茨（Laux and Leuz, 2009）驳斥了公允价值会计也是金融危机的原因之一的论点。银行可以避免降低其资产的价值。关于其他的观点，参阅 Bhat, Frankel and Martin（2011）。

[7] 美国国际集团的证券借贷部门投资了由很大比例的表现不佳的次级抵押贷款支持的后期抵押贷款支持证券（MBS）。尽管其损失更大，但还不足以危及保险子公司的偿债能力。

[8] 这项紧急救助的细节——包括初始贷款、仕女巷 2 号和 3 号的设置，以及数年以来的各种重组——都很复杂，我对其进行了提炼精简。这些细节可以在各种政府档案中找到。关于此问题的详细学术性报告，参阅 Sjostrom（2009；2015）。

[9] 参阅 Fiderer（2010）等。另可参阅 SIGTARP（2009），其对政府官员的内在意图不持任何立场，却认为，仕女巷 3 号的设计目的和实际效果是为了让美国国际集团的交易对手方受益，而可行的替代性方案会减少甚至阻止其受益。

[10] 根据纽约证券交易所的规定，如果股价过低，股票将被摘牌。企业可以通过反向股票分割来避免退市。但是，如果美国国际集团的目标是避免退市，那么它就不需要将反向股票分割仅仅局限在已发行股票上面。

[11] Starr Int'l Co. v. Fed. Reserve Bank of N.Y., 906 F. Supp. 2d 202（S.D.N.Y. 2012）.

[12] 12 U.S.C. § 343.

[13] Starr Int'l Co., 906 F. Supp. 2d 202 at 244.

[14] Id. at 251 n.39.

[15] Id. at 250, 援引了 P. Dougherty Co. v. United States, 207 F.2d 626, 634 (3d Cir. 1953) (着重号由审理史带国际一案的法院添加)。

[16] 联邦第二巡回法院确认了地区法院的意见,理由是联邦法律的效力优先于特拉华州法律。法院没有讨论联邦的普通法是否创设了任何义务。Starr Int'l Co. v. Fed. Reserve Bank of N.Y., 742 F.3d 37 (2d Cir. 2014)。

[17] 史带国际之所以能够指控信贷协议是错误的,是因为与本案相关的《塔克法》下的诉讼时效可长达 6 年。

[18] Koontz v. St. Johns River Water Mgmt. Dist., 133 S. Ct. 2586 (2013); Dolan v. City of Tigard, 512 U.S. 374 (1994); Nollan v. Cal. Coastal Comm'n, 483 U.S. 825 (1987).

[19] 12 U.S.C. § 357.

[20] Id. § 24 (Seventh).

[21] 参阅 Land v. Dollar, 330 U.S. 731 (1947); Suwannee S.S. Co. v. United States, 279 F.2d 874 (Ct. Cl. 1960) 等。这项原则对于其他情况也可以适用。参阅 Aerolineas Argentinas v. United States, 77 F.3d 1564 (Fed. Cir. 1996); Alyeska Pipeline Serv. Co. v. United States, 624 F.2d 1005 (Ct. Cl. 1980)。从技术角度来讲,非法勒索案件的诉讼基础是宪法中的正当程序条款,而不是其中的征收条款。

[22] Starr Int'l Co. v. United States, 106 Fed. Cl. 50, 83 (2012).

[23] Id. at 436.

[24] 美国政府和史带国际都认为美国国际集团有偿债能力;政府认为美国国际集团在签订信贷协议的时候是有偿债能力的,因此美国国际集团的偿债能力在本案中不是争论点。一些评论者对于这个问题持有怀疑态度。在一篇最近的论文中,McDonald and Paulson (2015:103) 认为:"美国国际集团的问题并不仅仅是流动性问题。"然而,尽管他们揭示了美国国际集团的信用违约互换和抵押贷款支持证券的资产价值有所下降,但是并没有表明它们的价值已经下降到足以抹去美国国际集团的资产净值,政府官员在当时的看法和贷款的偿还,依然是美国国际集团具有偿债能力的最好证据。

[25] 31 U.S.C. § 9102.

[26] Transcript of Proceedings held on October 6, 2014 at 1246, Starr Int'l Co. v. United States, 121 Fed. Cl. 428 (2015). 此外,在讨论使用问题资产救助计划 (TARP) 的基金投资美国国际集团时,保尔森作证,说他"担心再向

美国国际集团注资 400 亿美元会激怒美国公众和国会，这将使我很难拿到剩下的 3500 亿美元，如果我们要求的话，因此我认为这是我最大的担忧"。出处同上。参阅 Kessler（2014）。

[27] Pub. L. No.110—343，122 Stat. 3765（2008）.

[28] 另可参阅 Paulson（2010：111—112）。

[29] 随后，其价格又被提高了。

[30] 根据纽约联邦储备银行的数据，这些担保债务凭证（CDO）的市值为 293 亿美元，面值为 621 亿美元。参阅 FRBNY（2016）。

[31] 关于具有同情色彩的分析，参阅 Boyd（2011：293—294）。

[32] 参阅 Acemoglu，Ozdaglarand Tahbaz-Salehi（2015）。

FIVE

FANNIE AND FREDDIE

第五章

房利美和房地美

如果你有火箭筒，而且大家知道你有火箭筒，那你可能根本用不着把它拿出来。

——亨利·保尔森（Paulson，2010：151）

联邦国民抵押贷款协会（Federal National Mortgage Association，即"房利美"）和联邦住房抵押贷款公司（Federal Home Loan Mortgage Corporation，即"房地美"）在金融危机中的角色比美国国际集团更重要。它们参与金融危机的方式也和美国国际集团不同。美国国际集团是普通的公司，但是房利美和房地美（以下简称"两房"）是政府赞助企业（government-sponsored enterprises，GSE）[①]。美国国际集团涉足住房抵押贷款市场的金额是 3 800 亿美元（McDonald & Paulson，2015，online app），而两房拥有或者担保的住房抵押贷款金额超过了 5 万亿美元。尽管是私人公司，两房却在公共事业中扮演了重要的角色，它们的崩溃也与其公共属性和私人属性之间的冲突有一定关系。

两房通过购买住房抵押贷款，把它们证券化，再把证券卖给公众营利。尽管两房希望通过这些活动营利（在危机发生前，它们确实如此获利），但是人们认为两房要服务于公共事业，为住房抵押贷款提

---

① 如无特指，本节中的政府赞助企业就是两房。——译者注

供便利。决策者认为如果银行或者贷款发行方若不能将它们所拥有的住房抵押贷款债权变现,这项业务就会无从发展,但私人公司无法筹集到足够资金以购买这些债权,也无法承担这些风险(至少人们是这么认为的)。两房通过买入住房抵押贷款,将其转化为私人愿意购买的证券,从而解决了这一问题。

为了开展上述经营活动,两房向公众大量筹集资金。除了大量持有这些住房抵押贷款外,两房还为违约行为提供担保,所以它们对房价高度敏感。当房价崩盘,住房抵押贷款违约飙升时,两房损失了数百亿美元。当两房也快要还不上欠款时,政府提供了救助。

救助持续了很多年。2008年夏天,国会通过了一部法律,授权一个新的政府机构——联邦住房融资局(Federal Housing Finance Agency,FHFA),在两房资本不足时负责其运营,由财政部向两房提供贷款或投资。9月,联邦住房融资局接管了两房,财政部给两房的贷款和投资最终多达近2 000亿美元。2012年,联邦住房融资局、财政部和两房达成协议,财政部放弃两房本应支付的分红,作为回报,两房今后的利润全部归财政部。

结果两房的股东(不管是普通股还是优先股)手中的股票失去了全部或者几乎全部的价值。股东发起了数十起诉讼,截至本书完稿时,诉讼尚在进行中。当前判断原告能否胜诉还为时尚早,但是诉请的内容是明确的。[1]抛开具体的法律问题,我们可看出这些诉请和美国国际集团的案件很像:政府利用流动性危机,按照危机中被压低的市场价格对公司进行了征收,却未支付足够的对价(甚至一分钱都没付)。有些原告还提出了政府是否善意的问题——特别是布什政府是否企图出于政治目的毁掉两房。无论原告的诉请是否成立,对两房的救助都再次暴露出金融危机期间政府权力滥用的问题。

两房的前世今生

房利美的诞生源于 1938 年通过的一部法律。[2]国会为了支持不景气的住房产业，设置了一些机构，房利美就是其中之一。当时房利美的功能是购买部分政府承保的住房抵押贷款，给银行提供流动性。它属于政府机构，资金源于政府的拨款。在之后的数十年里，房利美在住房抵押市场的分量都不重。1968 年，政府将房利美变更为一家私人企业，目的据说是把房利美的债务从政府的资产负债表中剔除出去，不过这点值得怀疑。房利美现在（在很多方面，但不是所有方面）基本上就是一家普通的私企：有自己的股东，有自己的债权人等。1970年，为了和房利美竞争，政府又创造了房地美。

20 世纪 70 年代，两房通过购买住房抵押贷款扩大了自己的经营版图。它们以一定的折扣购买住房抵押贷款，并持有这些贷款直至到期，借此牟利。为了避免发生坏账和高风险的投资，国会要求两房严格其住房抵押贷款的购买标准：贷款金额不能太大（在 1975 年是不能超过 5.5 万美元），只能购买由一个家庭单独所有的房屋的抵押贷款，房主必须付过首付，等等。房地美和房利美先后开始对部分住房抵押贷款进行证券化。他们拿出一部分住房抵押贷款，把购房者今后将要支付的本金和利息打包，再把这些现金流分成一个个部分，作为证券卖给投资者。证券化把两房从持有大量住房抵押贷款的风险中解救了出来——如果发生购房者违约、房价下降或者市场利率飙升等情况，住房抵押贷款的价值会快速减少。而证券化后，这样的风险很大程度上被分散给的投资者，这些投资者包括养老金，主权财富基金和其他富有的金主。它们的投资又为两房购买新的住房抵押贷款提供了资金。

在之后的 20 年里，虽然有些小波折，但是两房的经营总体上是成功的。到了 20 世纪 90 年代，两房的统治时期开始了。它们在住房抵押贷款市场的份额（市场本身此时也在快速增长）从 1980 年的不到 10%增长到 2010 年的接近 50%。此时，两房已经拥有或担保了数万亿美元的住房抵押贷款。两房的成功也许要归功于规模效益和良好的经营管理，但是大多数经济学家认为两房接受了政府暗地里的补贴。尽管名义上两房的债务和其他企业一样都是私人债务，但是市场明显认为如果两房付款出现问题，政府会提供救助。部分原因是两房曾经和政府有联系，政府过去就曾向这种与政府有联系的企业提供过经济援助；部分原因是两房作为联邦特许公司，接受联邦监管，性质比较特殊。但是最主要的原因是两房过于庞大，而且已经和住房抵押贷款市场紧紧联系在一起，两房的失败会引发系统性危机。如果没人购买银行的贷款，银行也就不会再发放新的住房抵押贷款。此外，在政府的鼓励下，银行和其他金融机构持有太多两房的债务。两房如果倒闭会引起无数金融机构的倒闭（购买这些债务的其他国家也会不高兴）。投资者由此认为政府不会让两房倒闭，它们"大而不能倒"。如果两房不能偿还债务，政府会替两房还债（详见图 5.1）。

投资者认为不管表面上怎么说，政府都会支持两房，所以他们愿意以低廉的价格购买两房的债务。相较于试图挤进这一市场的投资银行和其他私人机构，这就给了两房难以逾越的优势。同时，由于两房不被允许投资房地产以外的领域，它们投资的分散性很差；又由于它们具有政治影响力，它们受到的监管很少。与此同时，并没有证据显示住房抵押市场需要两房的支持。很多没有类似两房这样的机构的国家中，购买住房的比例都高过了美国（Jaffee & Quigley，2011）。事实

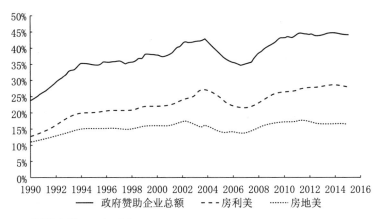

资料来源：Federal Reserve。

图5.1　主要的住房抵押贷款市场份额

上，虽然政府应该补贴住房所有权的政治观点比较流行，但是在决策圈中，这种观点鲜有支持者。学界和决策者在金融危机发生很久之前就了解两房存在的问题及其脆弱性，但是没有人愿意在这方面有所作为。[3]

两房对这场危机的影响

两房在危机中扮演的角色引发了很多理念上的争论（McLean，2015：46—56）。保守派对两房多有责难，进而对政府通过住房市场实现财富再分配的惯常做法也多有责难。相比之下，主流的观点是尽管两房可能与危机发生有些许关系，但是保守派的观点有些夸大其词。不管谁说得对，我们都不应该忘记两房之前得到了共和党和民主党双方的支持。两党看到了通过两房促进购房市场带来的好处，就是（至少在危机发生前）让中低收入人群、房产商、建筑工人和其他群体受益。同时，两房雇用的高效游说机器对两党有很大的影响力。

在成立后大部分时间里，两房都被要求以购买、证券化、担保等形式支持"安全的"银行贷款。申请这些贷款的中等和高收入家庭在购买房屋时付了20%，甚至更多的首付。尽管这些"合格"的贷款并未用来购买非常贵的房屋，但其涉及的房屋价格还是高于区域房价的中位数。1992年，国会通过了一部法律，鼓励两房购买发放给中低收入家庭的住房抵押贷款。当时两房的监管者联邦住房事业监管局对两房资本的监管相对松散，让两房可以凭借自身的资产大规模举债。

之后，政府监管、帮助低收入人群的要求以及20世纪90年代住房市场的膨胀都刺激了两房的发展。到了21世纪，两房进入了次级市场，允许购房者支付更少的首付，同时放松了与贷款发行有关的其他要求。但是两房业务中次级市场业务的比例一直都不是很高，它们大部分增长来自一级市场。两房购买的首付不到10%的贷款的比例在2003—2007年间增长了超过100%；到2007年，房利美是16%，房地美是11%，可见占比还是很低（Frame et al.，2015：31）。尽管银行可以通过把贷款卖给两房来规避风险，但是大部分次级抵押贷款都和两房无关。

1981年，两房发行或担保了200亿美元的抵押贷款支持证券，其名下的单一家庭住房抵押贷款价值500亿美元。2007年，这些数字分别上升到3.4万亿美元和1.1万亿美元。两房在住房抵押贷款市场的份额在这段时间里从7%增长到40%（Frame et al.，2015：28）。正是在2007年，次贷危机爆发。人们要求两房就违约的贷款兑现承诺。随着违约越来越多，两房名下的住房抵押贷款开始贬值，两房开始赔钱。2007年下半年，它们一共亏损了87亿美元（Frame et al.，2015：32）。2008年，两房继续亏损。2008年年中，至少根据两家公司自己披露的资产负债表，它们的资产仍然是充足的。房利美名下资产总额达 8 859 亿美元，债务总额为 8 445 亿美元，资本缓冲是 412 亿美元。但是考虑到房利美担保的住房抵押贷款金额高达 2 万亿，而且上述资本缓冲是以资产的历史价值而非危机期间暴跌后的市场价值为依据的，这些资本缓冲看上去实在太少了。即使之后情况恶化的速度保持不变，两家公司仍将很快资不抵债。

对两房的救助

2008 年春天，布什政府要求国会允许其在必要时救助两房。2008 年 7 月，国会通过了《房市及经济复苏法》（Housing and Economic Recovery Act，HERA）[4]。该法设立了联邦住房融资局，授权其在两房资不抵债时对其进行监管或托管，还规定财政部可以给两房提供紧急贷款或者对其进行投资。布什政府希望联邦政府救助两房的承诺能够让市场平静下来，或者能够让两房从私人市场中筹集足够的资金。"如果你有火箭筒，而且大家知道你有火箭筒，那你可能根本用不着把它拿出来。"保尔森如此向参议院银行委员会解释（Wall Street Journal，2008）。如果债权人认为政府会在两房无法偿还债务时提供救助，他们就会继续借钱给两房，两房的资金状况就会保持在较好水平，进而也就不会发生挤兑。

但是如果你扛着火箭筒乱跑，人们就可能推断出你有需要它的理由。新法律并没有让市场冷静下来。两房的金融状况继续恶化。随着损失的扩大，两房明显已经无法靠自己的力量偿还债务。9 月，利剑终于出鞘。联邦住房融资局接管了两房——意味着它接收了这两家公司，负责其运营。财政部为其准备了 1 000 亿美元资金，次年 5 月又准备了2 000亿美元。2009年11月，财政部同意为了让两房继续存续下去，甚至不计代价。总的来说，财政部向两房投资了1 870亿美元。

作为回报，财政部在2008年9月的交易中得到了高级优先股。根据协议，财政部有权获得分红、费用和权证。在破产清算时，财政部还有优先待遇，即如果两房被清算，财政部会在普通股和已有的优先股之前得到偿付。只有当财政部的投资得到了足额补偿之后，其他人才会得到偿付。根据权证，财政部有权按照票面价值购买两房79.9%的普通股。分红相当于财政部对两房拨款额未偿还部分的10%，这意味着在两房财政状况恢复稳定，停止继续从财政部借钱时，两房应向财政部分红近190亿美元。

值得注意的是，根据协议，财政部拨款以刚好能让两房具有偿债能力为限。这意味着只有在两房债务金额超过资产总额时才可能实施救助——总共1 870亿美元的救助意味着最终两房债务金额超过资产总额的数量是1 870亿美元。尚不清楚这个数字是按照危机期间的市场价值计算的，还是按照基础价值计算的。如果是前者，那么即使各方在计算财政部的援助数额时发现两房已经没有价值，但是在经济层面上，两房还不能算一文不值。

在接管后的头几年，两房连分红都付不出。不得已，财政部另外向两房拨付了资金，以便两房能够把分红付给财政部。2012年8月，财政部和联邦住房融资局同意两房无需按照之前的协议支付各种费用和分红，但要把所有的利润交给财政部。这被称做"净值扫荡"（net worth sweep）。财政部放弃了获得10%分红的权利，作为对价，得到了获取两房净值（相当于100%的所有者权益）的权利，同时规定这笔钱可以在数年内付清，以便两房保留必要的收入以偿还到期债务。

净值扫荡是诉讼的焦点。按照严格的金融学理论，股东什么都得不到。如果两房真的破产了，那么财政部相当于用 0 换了 0。0 投资的 10% 红利还是 0，资不抵债的公司的净值也是 0。如果两房资产多于负债，可以还清债务，但是无法按 10% 支付分红，那么净值扫荡只是将分红正规化而已。上述两种情况下，财政部将会得到两房所有残存的价值。如果两房赚得更多，净值扫荡就会让财政部受益，让股东受损。它实际上是把两房的净值从股东转移给财政部而已。

在一份简报中，政府就净值扫荡提供了如下说明：

> 在优先股购买协议（preferred stock purchase agreements, PSPA）签订后最初的几个月里，这两家企业无力向财政部支付 10% 的分红，只能不断向财政部借钱，再以分红的形式还给财政部。如原告所述，这就创造了一个"恶性反馈环"（harmful feedback loop），"这两家企业要财政部提供更多资金，反过来财政部又要这两家企业向财政部支付更多的利息"。到 2012 年 8 月进行第三次修正时，房利美未支付的分红数额已经达到 117 亿美元，房地美达到 72 亿美元……两家公司还预计这一循环可能要持续很长时间。[5]

由于财政部能使用的资金限额在 2013 年 1 月 1 日就被确定了下来，所以财政部每多拿出一分钱，以后发生住房市场下滑或者更大的经济动荡等情况时，两房能用的就少一分钱。所以，这一循环的继续存在引发了市场对财政部剩余资金是否充足的担心。甚至还有预测说两房不断支付 10% 的分红会在 10 年内最终耗尽财政部对其投入的资金，进而导致其评级下降。[6]

根据政府的说法，2012 年面临的问题是两房的盈利不足以支付

10%的分红。它们虽然可以从财政部获得额外的资金，再以分红的形式付给财政部。但是这会增加财政部投入资金的数量，进而会增加下次分红的金额，形成恶性循环——政府把它叫做"死亡螺旋"（death spiral）。用不了几次，财政部的投资就会被耗尽。两房越接近财政部投资限额的上限，他们的对手（即私人债主和需要两房提供担保的银行）就越不愿意和两房做生意。

原告称政府明显误读了合同，因为政府没有注意到如果两房愿意支付更高利率，合同便允许推迟付款，而这可以解决恶性循环的问题。但是问题的关键不在这里。即使需要财政部放弃短期的分红（这和财政部给两房提供资金，让两房再付给自己其实是一回事），并就风险和推迟收款的时间价值得到补偿，财政部得到的金额也应该以合理补偿为限（表现为额外的分红）。如果两房资不抵债或者接近资不抵债，今后所有利润自然都可以当做给财政的补偿。但是如果两房维持得不错，今后能够赚取丰厚的利润，那么净值扫荡就是过度补偿了。

事实上，两房在2013年就恢复健康了。当年，两房向财政部支付了1 300亿美元。到了2017年1月，财政部总共从两房收到了2 470亿美元，较财政部的投入多了将近70亿美元（Kiel & Nhuyen, 2016）。如果我们以两房2015年的173亿美元利润作为基数向后推算[7]，两房至少还会多赚数百亿，甚至数千亿美元，而这些钱都将归财政部所有（Frame et al., 2015：42—49）。政府对此不应感到吃惊。本书写作时政府公布的文件显示政府官员并不认为两房正处于死亡螺旋之中。他们认为（事后证明他们是正确的）两房正处在"黄金年代"的边缘，但他们希望通过净值扫荡让两房永远不再盈利（Morgenson, 2016a；2016b）。

救助正当吗？

就这一问题，我看到过的最好的观点来自下列经济学家——弗雷姆、福斯特、特雷西和维克里[1]（Frame et al., 2015）。他们认真分析了数据，证明救助不仅实现了短期目标，还解决了流动性危机。自 2008 年 9 月初被接管后，两房债务的价格下跌，抵押贷款支持证券的收益率也下跌，表明市场对两房破产的预期有所降低。接着发生了雷曼集团的崩溃。伴随着雷曼集团崩溃对其他金融机构的负面影响，两房的收益率再次升高。政府救助了两房。其中，美联储实施了一项购买抵押贷款支持证券和两房债务的计划。随着市场解冻，两房在住房抵押贷款担保市场再度活跃起来。2008 年之后，它们为过半数新发行的住房抵押贷款提供了担保。

弗雷姆等人认为救助是成功的，因为救助让两房能够继续就住房抵押贷款开展证券化和担保等业务，并偿还债务。如果两房停止在住房抵押市场的业务，住房抵押贷款的发行就会崩溃，这会让房价和房贷衍生品的下行螺旋进一步恶化，进而让更多公司破产。如果两房的债务出现违约，无数持有两房债务的公司也会倒闭。弗雷姆等人支持把私人持有的普通股和优先股扫地出门。

但弗雷姆等人对政府其实也有所不满。"这段时间里政府过于关

---

[1] 斯科特·弗雷姆（W. Scott Frame），美国亚特兰大联邦储备银行高级顾问。安德烈·福斯特（Andreas Fuster），美国纽约联邦储备银行研究与统计组高级经济学家。约瑟夫·特雷西（Joseph Tracy），美国纽约联邦储备银行研究与统计组执行副总裁。詹姆斯·维克里（James Vickery），美国纽约联邦储备银行研究与统计组助理副总裁。——译者注

注两房的业绩表现，在某种程度上忽视了其他公共政策的需要。"
（Frame et al., 2015：47）第一，两房（在联邦住房融资局的指示下）
频繁行使合同下的权利，将住房抵押贷款还给对贷款做出过错误陈
述的卖方。结果，贷款发行方收紧了发行标准，导致住房抵押贷款
成本升高、住房市场恢复变缓。第二，财政部鼓励银行在剩余贷款
数额超过房屋现值的情况下部分免除借款人的债务，以帮助住房市
场恢复，但是两房没有参加这一项目。第三，两房变得更强大，而
不是更弱小，这就意味着决策者一直渴望的消灭两房的目标只能无
限期推迟。第二、第三点意见与财政部在2012年8月17日记者发布
会上的观点是一致的，都认为净值扫荡是正当的，可以"搞定"两
房，将所有收入"用于补偿纳税人"。[8]具有讽刺意味的是，由于两
房在稳定住房抵押市场中扮演了关键角色，政府发现它无法杀死这
两个"丧尸"。政府不知道两房离开市场后私人机构能否补位，为住
房抵押贷款提供担保或者打包等服务。政府不愿意冒这个险，所以
尽管《房市及经济复苏法》只授权政府短期参与两房经营，认为
就算两房需要被救助，救助的时间也应该有限的，但是救助两房
的交易给了政府无限维持（或经营）两房的权力（Wallach，2015：
60—62）。

　　弗雷姆等人的观点与法律对救助的限制存在严重冲突。《房市及
经济复苏法》只给了政府对两房进行监管的权力，而非授权政府接管
两房，从而令政府得以为了促进公共利益或纳税人的利益任意经营。
从后来者的角度，我们可以看出问题出在哪里。国会如果在2008年7
月就直接接管了两房，固然可以随心所欲，但是必须对股东进行赔偿
（2008年7月《房市及经济复苏法》通过时，赔偿的价格接近320亿
美元[9]）。如果国会不管两房，两房的倒闭就会导致整个金融行业的

毁灭。最后，国会选择了一个"四不像"的办法——与两房过去兼具公、私两种角色类似。政府有权接管两房，但是只能为了股东的利益开展活动。同时，可能是为了政府能够在救市中保持足够的灵活性，政府又限制了两房股东就政府的决定提起诉讼的权利。这个致命的决策成了诉讼的根源。

诉讼：原告诉请

无数拥有两房普通股或优先股的机构和个人提起了诉讼。他们的诉请说到底很简单。[10]在净值扫荡之前，两房的状况是，在付清所有的债务，履行向财政部支付10%分红的义务之后，还会剩下一些钱，这些钱是属于原告的。[11]而净值扫荡把剩下的这些钱从原告处转移给了财政部。这属于非法勒索。

事实上，协议的内容更复杂。《房市及经济复苏法》就两房被监管之后的经营活动给了联邦住房融资局很大自由裁量权。一旦联邦住房融资局认定两房资产不足（如果按照当时危机中的价格，2008年9月两房确实和其他所有主流金融机构一样存在资产不足的问题），联邦住房融资局就能对两房进行监管。通常，监管人在经营方面有很大自由裁量权，联邦住房融资局也不例外。除非联邦住房融资局的行为太出格，法律一般不允许法院阻止它的行动。

但原告认为联邦住房融资局的行为确实太出格，财政部的行为同样也太出格，二者都违反了法律的规定——联邦住房融资局让两房将最终被清算，而非被"监管"；财政部（包括联邦住房融资局）主导了净值扫荡。如果《房市及经济复苏法》真的授权了这些行为，那么国会就通过了让联邦住房融资局和财政部征收股东利润的法律，这违反了宪法的规定。

争议点：程序违规

　　原告认为联邦住房融资局和财政部存在程序违规的情况。部分原告认为两房在 2009 年 9 月尚未出现资产不足或是违法经营的情况。联邦住房融资局没有证据证明两房资产不足，而且没有按照《房市及经济复苏法》的规定，给两房在必要时筹集资本的机会。相反，联邦住房融资局和财政部"欺负"了两房的董事，让他们接受监管。

　　按照法律规定，联邦住房融资局控制两房后应该为所有利益相关方——包括股东和债权人的利益经营两房。因此，在和财政部谈判时，联邦住房融资局应该和财政部保持一定的距离，争取最有利的条件，就好像私企为了贷款或者投资和财政部谈判一样。但是联邦住房融资局和财政部都是政府的机构，服务同一个主人。两个机构的首脑——财政部部长亨利·保尔森（之后被蒂莫西·盖特纳取代）和联邦住房融资局主任詹姆斯·洛克哈特［James Lockhart，继任者是爱德华·迪马科（Edward De Macro）］——在一起工作。原告还认为在联邦住房融资局和财政部的协议里，虽然财政部为公司提供资金，但是条件太过苛刻。这样的约定最终让财政部获得了不义之财，同时两家机构为了帮助其他机构度过流动性危机，还操纵了两房的经营——就像财政部和美联储通过仕女巷 3 号用美国国际集团来救助美国国际集团的对手方一样（参见第四章）。为了支持住房抵押贷款市场，它们让两房继续购买住房抵押贷款，并提供担保、证券化等服务。这和让两房恢复盈利不是一回事。

　　原告认为《房市及经济复苏法》授权联邦住房融资局监管两房，

不应把两房当作提款机，让财政部和私企得利，所以联邦住房融资局违反了《房市及经济复苏法》和《行政程序法》（Administrative Procedure Act，APA）[12]（一部禁止政府机构任性而不循常理行事的法律）。财政部和联邦住房融资局一起攫取两房的财富，正是违反了《房市及经济复苏法》和《行政程序法》。

政府回应说《房市及经济复苏法》给了联邦住房融资局广泛的自由裁量权。国会通过这项法律的时间是金融危机开始之后，本意并非让诉讼干扰政府的救助行为。《房市及经济复苏法》剥夺了监管对象在《行政程序法》下受到的保护。在至今为止唯一一个处理了股东诉请的案例——佩里资本有限公司诉卢案（Perry Capital LLC v. Lew）中，法院认为，其对净值扫荡进行实体审查的权力受到了极大的限制。[13]

而且即使司法机关可以审查联邦住房融资局的行为，政府也会以正当履职为由为自己辩护。两位法学教授——亚当·巴达维和安东尼·凯西①就是这么认为的（Badawi & Casey，2014）。他们认为如果两房是适用公司法和破产法的普通私企，它们也会受到差不多同样的对待。一旦人们在2008年9月发现两房无法偿还到期债务，两房董事忠诚义务的对象就会扩展到公司债权人，而不仅是股东。如此一来，董事们接下来的选择就不多了，他们可以找私人借款，但是那时没人能提供两房所需的数百甚至数千亿美元资金。即使能凑出一个有能力贷款的财团，他们要求的条件也会非常苛刻，很可能和联邦住房融资局与财政部的协议差不多。

更有可能的是，董事们会让两房破产。这种情况下，财政部虽然很可能还是会提供贷款，但是破产法中关于这些贷款的审查标准是比

---

① 亚当·巴达维（Adam Badawi），美国加州大学伯克利分校法学教授。安东尼·凯西（Anthony Casey），美国芝加哥大学法学教授。——译者注

较宽松的。如果公司将倒闭，而且没有其他更好的选择，法院会认可这些贷款。因为两房曾经在破产前为了融资求助过私人市场，但没有成功，我们可以肯定财政部的条件就是可能的、最好的条件。没有它们，两房就会倒闭。破产法认可了监管人所享有的广泛的自由裁量权，所以 2012 年的净值扫荡也会得到认可。

巴达维和凯西的观点的问题在于没有考虑到当初政府为什么要参与——当时正在发生罕见的流动性危机，而且即使破产对两房有利，两房也没有权利自己申请破产。在正常的破产中，市场竞争的法则是成立的。很多私人债权人会竞争债务人的业务，谦抑的审查标准是可以接受的，而竞争会制约融资的具体条款。相较之下，流动性危机中只有一个债权人可以拯救债务人：政府。在此期间，能够提供紧急贷款的竞争性市场是不存在的，这意味着政府可以随意规定条款的内容。政府还有可能忽视其他相关方的利益，或者为了政治原因偏袒其中某些人。权力滥用的风险较普通破产更大。我们在后文讨论对通用汽车和克莱斯勒的救助时，会再次讨论这一问题（见第六章）。

如果法院认定《房市及经济复苏法》剥夺了《行政程序法》给予的保护是正确的，那么原告就不能依法提出这些主张。事实上，原告应该攻击的是《房市及经济复苏法》，而不是根据该法的授权行事的机构。这就意味着根据宪法的征收条款提出诉请。如果法院是错的，问题又回到了行政机构的行为是否违反了《房市及经济复苏法》。不管怎样，都不能回避实体问题。[14]

争议点：2008 年 9 月的交易

尽管诉讼关注的焦点是 2012 年的净值扫荡，但我们应该先研究

2008年9月最初的信贷协议。财政部准备了1 000亿美元，后来增加到2 000亿美元，之后又有所增加，得到了金额相当的，在破产清算时能够优先受偿的优先股，相当于财政部注资总额10%的分红，按照票面价值购买两房79.9%股份的权证以及各种费用。

监管开始时，两房股价发生了崩溃。一些原告认为监管就是未支付公平补偿的征收。[15]房利美的股价从9月5日的每股7.04美元跌到9月8日的每股0.73美元。房地美的股价从9月5日的每股5.10美元跌到9月8日的每股0.88美元。加在一起，相当于股东损失了440亿美元。这还不包括政府开始监管后，通过两房帮助其他公司给两房带来的损失以及2012年净值扫荡导致的损失。

但是股价下跌说明不了太多问题。[16]2008年早期，房利美的股价高达每股30美元，房地美是每股25美元。大部分的股价下跌是源于两房与房价的关联，而非政府的行为。投资者会以为政府之所以将两房纳入监管，是因为政府认为两房已经资不抵债。

关键问题（和美国国际集团诉讼中的问题相似）不是市场的主观判断，而是两房的基础价值到底有没有超过负债。根据两房2008年7月的资产负债表，那时它们还是具有偿债能力的。房利美的资产净值是412亿美元，总资产是8 859亿美元。房地美的资产净值是129亿美元，总资产是8 790亿美元。它们的资本/资产比例达到了监管的要求。2008年9月，两房仍然称自己具有偿债能力。

但是对此持怀疑态度的人仍然有几个方面的理由：第一，这些数字反映的都是账面价值。随着房价的下跌和违约率的上升，我们有充足的理由相信历史价值并不能反映两房资产的实际价值。第二，两房的资产负债表包括了很多递延所得税资产。这种资产源于标准税收规则，允许两房在计算纳税义务时用过去的亏损冲抵将来的利润，以减少就将来的利润应当缴纳的税款。这些资产只有在两房实际恢复盈利的时候才有意义，而两房能否恢复盈利还存在很大不确定性。为此，弗雷姆等人（Frame et al.，2015：34）认为两房实际已经资不抵债了，这就是为什么他们认为把股东扫地出门没有问题。然而他们并没有计算出产生危机时两房资产的基础价值，所以两房到底是资不抵债，抑或仅仅是缺乏流动性仍然不清楚。当然，联邦住房融资局决定对两房进行监管而不是清盘，大概也是以两房具有偿债能力（至少在法律层面具有偿债能力）为基础的。

如果两房资产的价值只是被流动性危机暂时压制，政府的做法就相当于谋杀。假设这些资产的真实价值就等于或者接近于票面价值，这意味着美联储可以对两房发放有足够抵押的紧急贷款，就像它在 2008 年给其他主要金融机构发放贷款一样。在那些贷款中，美联储只主张了比较低的利率，最多也只有几个百分点（除了美国国际集团）。如果以美联储的贷款作为基准，那么两房在现实中所付出的作为对价的权证和10%的分红中哪怕一小部分的价值，都明显超出了美联储为其发放贷款时要求的对价。

原告只有在两房具有偿债能力的情况下才能胜诉，但这还是以基础价值，而不是以危机时的价格为标准计算的结果。按照这种观点，美联储征收了两家富有的公司，剥夺了股东在其中的财产权益——既让财政部收益，又帮助了其他欠两房钱的金融机构。然而，即使原告能够证明两房具有偿债能力，他们还面临着一些障碍。

第一，政府可以辩称监管交易是自愿的，所以不是传统意义上的征收。因为两房董事会同意监管，所以联邦住房融资局不需要使用强力。这种观点并不十分站得住脚。《房市及经济复苏法》授权联邦住房融资局在很多情况下对两房进行监管，例如两房不太可能在债务到期时偿还债务的情况。[17]这就意味着不管按照基础价值计算两房资产是否充足，只要面临流动性危机，它们就会被监管。2008 年 9 月，和所有金融机构一样，两房面临的就是这种情况。所以很明显，联邦住房融资局有权对两房进行监管，此时董事会是否同意已经无关紧要。

第二，政府可能会辩称交易的条款是公平的——即使股东几乎什么都没得到，他们也已经得到了公正的赔偿。但如果公司具有偿债能力，那么前述说法很难成立，倒不如说是公平的条款本来就会让股东的权益减少到非常接近于零。这种观点是以信贷风险为基础的。2008 年 9 月形势还不明朗，两房倒闭的风险非常大。这就意味着虽然财政部给两房提供了数百亿美元资金，但是财政部赔钱的可能性仍然很大。

经济学家拉里·沃尔（Larry Wall）认为这些条款是公平的，甚至可以说是很慷慨的（Wall，2014）。和危机前后债权人向情况同样糟糕的借款人主张的条件相比，10% 的分红并不过分。此外，10% 的分红针对的只是财政部给两房提供的贷款。财政部还担保了两房接近 2 000 亿美元的债务，却并未就此要求额外的分红。最后，财政部在 2012—2014 年推迟了分红的支付，又给两房提供了额外的优惠。不过当时法院并未对这些说法做出认定。

第三，政府可能会说股东就他们名下的股份根本就没有财产权利——没有阻止政府消灭股份价值的权利。按照这种观点，股东能否取得回报完全取决于政府的单方意愿。后者永远保持着通过对两房进行监管征收股权的权力。这种意见不太站得住脚。两房是私企：它们需要从市场上筹集资本，而投资者只有在认为他们的投资是安全的时候才会投资。2008 年，两房无法筹集到急需的资金。事后证明投资者唯恐避之而不及的态度是正确的。在那段时间，无论谁购买了两房的股份，都会面临在 2008 年 9 月或之后被政府征收的风险。政府不能一边吸引私人投资两房，另一边把持着为了与两房经济健康无关的原因征收投资的权力，这些原因包括让财政部和信贷市场上的其他公司获益。但是在原告看来，政府就是这么做的。

总而言之，认为政府在 2008 年 9 月救助两房时征收了股东财产的观点虽然并非毫无道理，但是说服力不强。

净值扫荡

对两房进行监管之后，政府就可以自由经营两房。2002 年，政府使用这只自由之手实施了净值扫荡，两房放弃了它们未来所有的收益，将其交给政府，而政府也放弃了 10% 的分红。政府认为净值扫荡可以避免财政部对两房无谓地放贷——当时财政部毫无意义地把钱交给两房，两房再以分红的形式把钱还给财政部。这种操作正在耗尽财政部的资金。但是这种观点只有在分红的未来贴现价值（future discounted value）超过了股东持有的股权价值的情况下才成立。

这里，我们遇到了一个诉讼中未处理的事实问题：如果两房资不抵债或者接近资不抵债，那么净值扫荡并没有损害股东的利益。但是如果两房具有偿债能力，净值扫荡就会损害股东的权益。如果两房有可能恢复健康，那么不管这种可能性有多小，净值扫荡都夺走了股东的财产，却没有给他们任何回报。当然，如果这种可能性小到了一定程度，征收与否也就无所谓了。到了 2012 年，尽管经济依然疲软，房价却已经恢复到了历史趋势线。看上去股东损失了一大笔钱。

在佩里资本有限公司诉卢案中，兰伯思①法官试图回避这个问

① 罗伊斯·兰伯思（Royce Lamberth），美国华盛顿哥伦比亚特区联邦地区法院高级法官。——译者注

题。[18]他认为，在两房被监管的时候，股东就没有财产权益了。这种观点表述得不是很明白，大意似乎是当股东购买两房股票的时候，他们的权利就受到了政府接管公司这一权力的限制。事实上，股东取得分红（如果有）的权利以及最后获得部分清算价值的权利，都受到了政府更优先的、为自己目的取得公司财产的权力的限制。那么政府这一优先权的根源是哪里？法院认为在制定《房市及经济复苏法》之前，政府就有权对两房进行监管，而该法可能只是强化了这一权力。

这个观点说不通。监管人的职责是为了股东和债权人等相关方的利益，让公司的价值最大化，这才是监管人的工作内容。《房市及经济复苏法》规定联邦住房融资局作为监管人应该"让监管对象处于良好、具有偿债能力的状态"，并且"继续监管对象的业务，保存监管对象的资产和财产"。[19]可见，国会是在通常的含义下使用"监管人"这一词语的。此外，两房一直都依赖私人投资者向其提供资金。即使是在制定《房市及经济复苏法》之后，国会还是希望私人投资者可以通过资产重组的方式拯救两房，这样保尔森就不用"开火"了。如果法律规定政府可以征收股东的分红，那就肯定不会有人投资。相反，监管的法定含义是：政府要在必要的时候提供紧急贷款，以维护股东的利益。

兰伯思法官援引了之前的案例。在这些案例中，法院曾认定受到监管的金融机构的股东无权阻止政府控制这些机构。[20]当时，作为政府提供储蓄保险的回报，股东们放弃了他们排除政府干预的权利。那些案例确实讲到了法院不能对政府控制资产不足的机构的决定进行"马后炮"式的判断。但是，这些案例也并没有排除征收条款在政府监管金融机构时的适用。股东无权阻止监管者对金融机构进行监管并不意味着监管者可以在监管后征收金融机构的资产。监管者必须维护机构的价值指的并不是这个意思。法律没有，也不可能授权监管机构在监管开始后无视股东的权益——除非这些权益价值为零。这又将我们带回了兰伯思法官没有处理的实证问题，他之所以没有处理，是因为他根本就没有对此案进行开庭审理[21]，否则这部法律肯定会被认定为征收，因为它涤除了股东财产权中很大一部分价值。

征收相关诉请能否成立，有赖于净值扫荡是不是真的减损了股份的价值。从经济的角度讲，如果股份已经没有了价值，就不存在征收。但是当时两房的股票价格大于零，而且投资者认为两房的情况已经开始好转。政府的观点（分红会让两房破产，所以净值扫荡并没有伤害股东）不足为信。即使因为分红给公司流动性带来压力而不可持续，也可以修改信贷协议，而无需将股东的价值降为零。

教训

对美国国际集团和两房的救助存在惊人的相似之处。两次救助都从后来被原告认为受到政府强迫而签订的协议开始。在美国国际集团的协议中，政府取得了公司大部分的价值，控制了公司的经营活动，虽然并没有将股东完全扫地出门，但是政府控制公司就意味着原来股东的权益完全掌握在政府手中。两次救助中，政府都被认为把公司的资产输送给了其他金融机构或者自己，或者通过资产输送达到其他目的——在对两房的救助中是重新塑造政府在住房抵押市场的角色。这与尊重私人投资者财产权的承诺不符。这些观点能否站得住脚，最终取决于两房按照基础价值计算是已经资不抵债，还是虽然受到了那场波及所有人的流动性危机的影响，但资产依然充足。如果两房资产不足，那么政府对两房采取的措施就算不上严厉。如果两房仅仅是资金紧张，那么政府对两房采取的措施就会引发政策和合法性两方面的棘手问题。

根据原告的思路，政府采取了"两步走"的策略：第一步是强行控制公司，把公司大部分财产转移到自己名下。第二步是通过对公司的控制达到与股东利益不符或者不公平对待所有股东的目的。原告认可政府在金融危机期间发放紧急贷款或者进行投资的权力，但是认为政府出于政治方面的考量滥用了这些权力。

两次救助中，政府的回应如出一辙。第一，政府认为原告缺乏起诉资格，法院缺乏管辖权，而且相关程序规定否定了原告获得救济的资格。这些法律上的辩解，最后都落脚到了法院无权对政府在紧急情况下采取的行动说三道四这点上。第二，董事会是自愿同意协议的，因为没有协议，公司就会倒闭。第三，政府认为公司一文不值，所以不管是在一开始的交易中还是在后续的公司运营中，股东都没有遭受损失。第四，政府认为它从没有真正控制过公司，即便控制过，对股东也没有义务（原因还是公司当时已经一文不值）。

上述意见都集中于公司在 2008 年 9 月到底有没有价值这一问题上。如果当时两房确实值一些钱，那么上述四种观点都不能成立。股东和其他利益相关方都在救助中受到了损害，所以有资格提出质疑。政府在危机期间以拒绝提供流动性为由非法威胁金融机构的做法，实际上就是剥夺了金融机构选择的权利，所以董事会的同意并没有实际意义。股东失去了他们在两房中所拥有的一切，唯一的原因就是政府控制了两房。

如果两房的债务超过了它们的基础价值（现金流的价值减去信贷风险），两房就一文不值。如果两房的债务小于基础价值，即使超过了当时危机下的资产市场价格，两房也是值一些钱的，政府应该按照公平的条款（即和其他受到流动性支持的金融机构一样的条款）提供流动性支持。应该说问题的答案已经无从得知，但是政府确实衡量过两房的基础价值，还做出了相当不错的判断。政府按照法律的规定，在危机的每一个阶段都依据这些评估行事。政府没有权力区别对待相似的公司，因为这样的歧视是不公平的，违反了白芝浩原则，会产生不当的行为。不可否认的结局是这些争论会引向一个特定的、可知的、实践性的问题——两房资产的基础价值到底是多少？法院应该通过庭审解决这个问题，而庭审的结果很可能是按照基础价值计算两房的资产是充足的。到最后，我们还是不能回避政府行为违法这一结论。如果两房资本充足，政府就应征收两房的财产；如果两房资本不足，政府应该清盘，而不是对其进行监管。

上述看起来都太拘泥于法律条文。我们下面考虑一个政府可能提出的不同的辩解。危机期间，政府的首要目标是向信贷市场注入资金，直到信心恢复。这方面没有简单的、公平的办法。金融市场太过复杂，恐慌这一大众心理还会通过各种纠结的、不可预知的方式影响到监管者。这一心理在政治上引起的压力只会帮倒忙。即使根据严格的解释，认为法律禁止监管者理会公共的愤怒和政治上的压力，但一个谨慎的监管者也不可能对它们完全视而不见。

我们现在研究最坏的情况——原告口中最可怕的情况，看看如果政府的行为缺乏严格的法律基础，能否在政治和心理上站住脚。首先研究最被优待的公司：商业银行和投资银行。政府面临的问题是这些公司是独立的，各有各的小算盘（单独看是合理的，但是加在一起就会产生不好的结果），不到最后一刻不会接受政府的援助。银行担心接受政府的贷款会让别人认为它们的情况是最糟糕的，不管政府的援助做得多好，都会吓跑债权人。政府只能通过提供非常慷慨的条件来劝说这些公司接受流动性援助，这就和普通的信贷交易没有什么区别了。[22]

这激起了公众的愤怒，引发了政治上的问题，更重要的是这样的紧急贷款对于解决危机来讲是不够的。公司接受了慷慨的流动性援助，得以偿还短期债务。但是除非危机结束，它们不愿再次对外放贷。这就要求政府采取更加激进的措施，这就是选择以美国国际集团和两房作为通道支持宏观经济的原因。政府使用美国国际集团转移银行资产负债表上的有毒抵押贷款。这让私人投资者可以根据银行通常的、可变现的资产评估银行的信誉，向银行放贷。而两房被用来确保继续发放住房抵押贷款，阻止房价继续下滑，增加遍布市场的房屋相关资产的价值。对美国国际集团的救助与对两房的救助纯属巧合——美国国际集团是雷曼集团破产让政府意识到危机已经到来之后第一家濒临倒闭的大型金融机构。政府拒绝救助雷曼集团是为了"杀鸡做猴"，威胁美国国际集团，强迫董事会同意苛刻的条款。两房的准公有性质使得监管者可以更加容易的，在不惊扰市场的情况下控制它们，所以对两房的救助有所不同。

政府没有，也不可能在法庭上提出上述观点，因为它们都不是法律意见。即使恩格梅尔①法官在美国国际集团的案件中认定在紧急情况下司法应该应该尊重政府的行为，他的这种观点也是以传统的法律原则，而非法律之外的理论为基础的。更关键的是，即使这些观点是正确的，能让我们认可政府在 2008 年的紧急救助行为，政府也不能因此拒绝对美国国际集团和两房股东赔偿。正如后文将会讲到的，我们可以说即使从政策的角度来讲政府的行为没有问题，现在也可以要求政府赔偿那些为政府的行为承担损失的人。

---

① 保罗·恩格梅尔（Paul Engelmayer），美国纽约南区联邦地区法院法官。——译者注

注释

[1] 已经有一些学术文章分析过这起诉讼，参阅 Badawi and Casey（2014）；Davidoff Solomon and Zaring（2015）；Epstein（2014）；Silva（2015）。

[2] 对于这段简短的历史，我参考了 Acharya et al.（2011：14—20）和 Frame et al.（2015），但我略过了除房利美和房地美以外的其他政府赞助企业。还有一个很有价值的资料来源是 McLean（2015），他描述了围绕两房的政治活动和相关救助。

[3] 举例而言，Frame and White（2005）。

[4] Pub. L. No.110—289，122 Stat. 2654（2008）.

[5] Motion to Dismiss All Claims by Defendants Federal Housing Finance Agency at 23—24，Perry Capital v. Lew，70 F. Supp. 3d 208（D.D.C. 2014）（1：13-cv-01025-RLW）. 为了方便阅读，我删除了一些引文注释，并保留了原文中的着重号。

[6] Id.

[7] YCharts（2016a）；YCharts（2016b）.

[8] Perry Capital LLC v. Lew，70 F. Supp. 3d 208，218（D.D.C. 2014），aff'd 848 F.3d 1072（D.C. Cir. 2017）.

[9] 2008 年 7 月 1 日，房利美的市值为 210.9 亿美元；房地美的市值为 104.8 亿美元。

[10] 对于这起诉讼的有价值的分析，可以参阅 Badawi and Casey（2014）；Epstein（2014）；Silva（2015）。

[11] 或者说至少是有部分是属于原告的。财政部也获得了可以使其没收房利美和房地美近 80% 股票的权证。有的原告对这些权证的有效性提出过异议，但我们暂时不讨论这个问题。

[12] Pub. L. No.79—404，60 Stat. 237（1946）.

[13] 70 F. Supp. 3d 208.

[14] 当政府行事武断时，原告也可以根据宪法中的正当程序条款进行抗辩，但该条款在本案中几乎没有什么用处，因为它和征收条款不一样，通常不能授权法院裁决支付损害赔偿金。

[15] 参阅 Complaint Against the USA at 50—59，Wash. Fed. v. United States，No. 1：13-cv-00385-MMS（Ct. Fed. Cl. 2013）。

[16] 正如 Frame et al.（2015：34）所分析的那样。

[17] 12 U.S.C. § 4617（a）.

［18］70 F. Supp. 3d 208.

［19］12 U.S.C. § 4617（b）（2）（D）.

［20］Golden Pac. Bancorp v. United States，15 F.3d 1066（Fed. Cir. 1994）；Cal. Hous. Sec., Inc. v. United States，959 F.2d 955（Fed. Cir. 1992）.

［21］法院还对原告的论点进行了评判，认为这是 Pennsylvania Coal Co. v. Mahon，260 U.S. 393（1922）一案所确立的监管性征收之诉（a regulatory takings claim），并否决了原告请求，因为支付股息分红的决定属"自由裁量权"，而且"清算的权利仅在清算期间满足行使条件"。此处援引 Perry Capital LLC v. Lew，70 F. Supp. 3d 208，243—44（D.D.C. 2014）。然而，这种说法对于分红而言总是对的，股息当然属于财产。公司的自由裁量权并不是没有限制的；如果没有限制的话，就没有人会来投资。法院试图通过指出政府与政府赞助企业之间的监督关系来支持其分析，但是正如上文所讨论的那样，政府的权力受到法令的限制。

［22］问题资产救助计划实施后，政府向各大银行施压，要求它们接受注资。银行都在压力下屈服了，不过部分也是因为注资条件比较宽松。

SIX
THE BANKRUPTCIES OF GENERAL MOTORS AND CHRYSLER

第六章
通用汽车和克莱斯勒的破产

> 这就相当于拿着金融的"枪"指着破产法官和通用汽车各利益相关方的脑袋。当然,还有汽车业特别工作组自己的脑袋。
>
> ——拉特纳[①](Rattner,2010:251)

2009 年春天,美国政府救助了通用汽车和克莱斯勒——这个国家最大的两家汽车制造商,它们合计雇用了 268 623 名工人。[1]这次救助把两家公司的股东扫地出门,还因为偏袒政治影响力巨大的汽车工会,损害侵权事故受害方、汽车经销商、传统金融贷款机构的利益而受到了批评。批评者还认为这些救助违反了白芝浩原则。通用汽车和克莱斯勒都是实体经济企业,不是金融机构。它们确实有可能已经资不抵债,而且它们效率低下,即使没有金融危机,也有可能倒闭。由于这两方面原因,政府对通用汽车和克莱斯勒的救助与对美国国际集团和两房的救助存在根本性的不同。后者虽然缺乏流动性,却(非常可能)具有偿债能力。

救助通用汽车和克莱斯勒的特殊性还体现在这些救助发生在破产

---

① 史蒂芬·拉特纳(Steven Rattner),美国私人财富与慈善管理公司威利特咨询有限公司(Willett Advisors LLC.)的主席兼首席执行官。他曾在 2009 年任美国财政部长顾问期间领导汽车业特别工作组,人称"汽车沙皇"。——译者注

诉讼过程当中。尽管两家公司早在 2008 年秋天就收到了紧急贷款，但美国政府（加拿大政府也参与其中）的大部分投资却发生在第二年两家公司宣布破产之后。破产法规定了清算和重整的程序，所有利益相关方都拥有相应的权利。通用汽车和克莱斯勒的部分债权人向破产法院提出救助是违法的，但是这些意见并没有被采纳。在救助和重整过程中失去经销权的汽车经销商还提起了征收之诉，至本书完稿时，法院尚未做出判决。

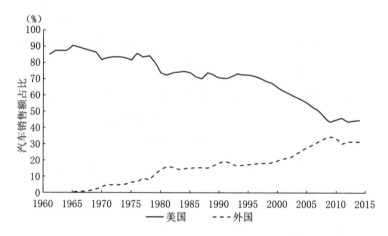

图 6.1　美国汽车市场份额

　　尽管存在很多差异，救助通用汽车和克莱斯勒却引发了和救助美国国际集团、两房一样的问题。政府在法律上并没有义务救助任何公司，但是政府一旦决定救助，就会面临法律和政策上的限制。在上述案例中，救助面临的主要问题都是救助从政策角度看是否妥当？政府使用救助资金偏袒部分对象的做法在政策和法律层面又是否有其依据？通用汽车和克莱斯勒不同的经济和法律背景让我们可以从一个全

　　　　　　　　最后防线：金融危机与紧急救市的未来

新的、信息更加丰富的角度考察这些问题。

美国汽车产业的衰退

20 世纪 50 年代，通用汽车、福特汽车和克莱斯勒制造了美国市场上销售的 94.5% 的汽车，正处于巅峰。之后，美国的汽车产业就一直在走下坡路（见图 6.1）。但是在金融危机发生之前，汽车产业仍然是重要的就业和经济活动的来源。[2]

20 世纪 50 年代末，外国汽车制造商通过向美国出口廉价的小型车打入了美国市场，其代表是大众（Volkswagen）的甲壳虫。随着美国经济走低，消费者对平价汽车表现出了青睐。相应地，底特律三巨头推出了自己的小型车，并在 20 世纪 60 年代初期夺回了部分市场份额。但是在 70 年代，一系列打击永久性地损害了美国汽车制造商的市场竞争力。在 1973 年的石油危机中，汽油价格飙升，消费者全面涌向小型车。美国汽车产业对小型车市场需求的增长缺乏准备，但是专注于小型车市场的外国汽车制造商是有准备的。日本汽车制造商在这时进入了美国市场，在产品质量上赢得了美国同行无法匹敌的美誉。拉尔夫·纳德①积极活动，把汽车安全的话题引入公共视线，此后，质量问题变得尤其重要。新的燃油经济法（fuel economy law）也对进口汽车有利。20 世纪 70 年代经济疲软和油价高企造成的冲击在 1979 年达到了顶点，将克莱斯勒在美国国内市场的份额减少到不足 65%，迫使其不得不向美国政府申请救助。

---

① 拉尔夫·纳德（Ralph Nader），美国公民活动家、律师、作家、现代消费者权益之父。他曾催生了汽车召回制度，还曾五次参加美国总统竞选，最出名的是在 2000 年搅局，导致了戈尔惜败于小布什。——译者注

20 世纪 80 年代，由于油价降低、美国经济复苏、"自愿"限制外国进口等原因，美国的汽车制造商暂时止住了下滑的势头。创新和管理在其中发挥了多大作用尚不得而知。克里尔①说汽车制造商把时间浪费在了兼并重组上，最终却还是要分开，很多雄心勃勃的提高生产效率的措施也化为泡影（Klier，2009）。但是汽车制造商把握住了油价下跌之后消费者对大型车的偏爱，创新生产出了小面包车、运动型多用途汽车（SUV）和皮卡，风靡一时。到了 20 世纪 90 年代初期，底特律的汽车制造商又重新盈利。

之后，外国汽车制造商又通过提升质量、打价格战、进入轻型货车市场杀了回来。20 世纪 90 年代末和 21 世纪初，油价再次攀升，竞争优势再次回到外国汽车制造商。它们通过在美国建厂规避进口限制、减少成本。2007 年油价见顶，消费者的需求又回到了小型车，但是美国汽车制造商的反应仍不如外国同行快。不过美国公司面临的最大问题还是质量差、生产成本高，例如，美国汽车制造商承诺支付它们无法承受的退休工人医疗费用，和汽车工人联合会（United Auto Workers，UAW）谈判商定的赔偿规则也让它们无法调动工人的积极性，无法根据市场环境灵活地做出调整。底特律三巨头的劳动力成本要比外国汽车制造商和它们在美工厂高出 45%（Goolsbee & Krueger，2015：6）。2007 年，一项与汽车工人联合会达成的协议试图解决这些问题，但是最终并没能挽救这些公司。

现在已经无从得知通用汽车和克莱斯勒如果挺过了金融危机的死亡冲击，会有怎样的发展。福特汽车也经历了美国汽车产业的普遍性

---

① 托马斯·克里尔（Thomas Klier），美国芝加哥联邦储备银行高级经济学家和研究顾问。——译者注

衰退。但是它没有依靠（多少）政府援助（至少没有依靠直接的政府援助，我在后文中还会讨论汽车回购等间接的政府援助）就挺过了金融性危机。2006 年，福特汽车引入了一位新的首席执行官，启动了此前迟迟没有开展的公司重整，让福特汽车在危机过后重新盈利。福特汽车采取的行动（包括品牌剥离、裁员、简化流程、重新就工资进行谈判）比通用汽车和克莱斯勒都早。但是，福特汽车作出的关键决定（把它从破产中拯救出来的决定）是在 2006 年借了一笔 235 亿美元的抵押贷款。这一交易让福特汽车在危机期间拥有了可以依赖的授信额度。

福特汽车的成功存活引发了通用汽车能不能像福特汽车一样，通过在危机发生前借入资金避免破产的争论（克莱斯勒的状况要差得多）。危机后，通用汽车快速恢复盈利为这种观点提供了进一步的证据。如果这种观点是正确的，我们就可以说通用汽车的倒闭源于流动性问题，而非资不抵债。

金融危机重创通用汽车和克莱斯勒

在 2008 年和 2009 年，美国市场上小型汽车和轻型货车销量快速下滑。人们失去了工作和收入来源，买不起新车。销量下滑还源于产能过剩，随着汽车质量的提升，人们换车的频率变慢了。但是，销量下滑的一大重要原因还是金融危机。90% 的购车者都要借钱买车（Klier & Rubenstein, 2012：35）。由于信贷被冻结，汽车公司和银行等第三方融资者无法从批发市场借款，再向消费者提供贷款，也就是说，它们无法通过把汽车债务证券化，再向投资者销售证券来筹集资金（Rattner, 2010：145）。消费者也无法以住房为抵押物借钱买车。

当雷曼兄弟倒闭时，汽车销售市场也出现了跳水行情（Rattner，2010：49，n.2）。

底特律的汽车制造商也和恶性循环脱不了关系。由于卖不出多少汽车，它们就关闭了工厂、解雇了工人。供应商也破产了，解雇了它们的工人。工人们失去了工作和收入来源，就会对抵押贷款、车贷和其他信贷违约。这反过来又会迫使债权人进一步减少放贷。危机开始后，克莱斯勒和通用汽车已经无法从私人市场上借到资金了。

救助

政府的救助持续了数年，其中2008年秋天到2009年春天这段时间比较关键。[3]2008年秋天，底特律三巨头的首席执行官意识到通用汽车和克莱斯勒可能挺不过金融危机。两家公司向政府寻求贷款。福特汽车尾随而至，希望政府给通用汽车和克莱斯勒提供援助不会让其在竞争中处于不利地位。由于福特汽车有很多零部件是从通用汽车和克莱斯勒的供应商那里购买的，福特汽车还担心如果通用汽车和克莱斯勒倒闭，它们的供应商也会随之倒闭，进而伤害到福特汽车。

这些公司最开始找到财政部，接着被踢给了商务部，然后又被告知要去找国会。在给国会的证词中，首席执行官们认为他们的公司和银行一样，也是金融危机的受害者。汽车产业的倒闭将会加剧金融危机和经济衰退。他们迎来的是政客们的普遍怀疑，后者认为这些公司的问题是自找的［奥巴马后来就问："为什么它们造不出卡罗拉?"（Rattner，2010：44）］。曾有人提出过救助议案，但是在12月胎死腹中。

与此同时，政府部门的官员发现如果没有政府援助，克莱斯勒和通用汽车真的挺不过金融危机。小布什当局认为这些公司的破产会加剧金融危机和经济衰退，但是当时已经没有时间去想出一个十分妥当的办法。官员决定先借给这些公司足够的钱，好让它们撑到奥巴马当政。12月19日，小布什当局向这两家公司以及其下属的金融子公司提供了过桥贷款——给通用汽车和通用金融194亿美元，给克莱斯勒和克莱斯勒金融55亿美元。政府利用的是《紧急经济稳定法》下问题资产救助计划的资金。[4]这引起了一定争议，因为《紧急经济稳定法》并没有讲到汽车制造商，而是把援助对象限制为"金融机构"。政府要求通用汽车和克莱斯勒减少行政人员和工人的工资，修改劳动规则，稀释投资者。政府还要求两家公司制定经营重组的计划，截止日期是2009年2月17日。

奥巴马就任总统以后，成立了一个小组来负责对通用汽车和克莱斯勒的救助。这就是财政部下属的汽车业特别工作组（Auto Task Force），负责人是史蒂芬·拉特纳。他参与了交易谈判，并在后来的破产中对这些公司进行了指导。[5]数周后，领导小组得出结论，认为两家公司都不能倒闭。它们的倒闭不仅会让数千名汽车工人失业，还会在整个经济中不断传导放大，影响供应商和经销商。政府官员和经济学家估计美国将会失去超过100万个工作岗位（Goolsbee & Krueger，2015：8）。尽管通用汽车具有系统重要性，但是大家看起来都认为救助克莱斯勒不仅仅是出于经济原因，更是为了"政治目的"——克莱斯勒的倒闭会影响奥巴马当局的政治站位，还可能在关键时刻影响人民对政府的信心。

领导小组认为通用汽车和克莱斯勒提出的重组方案依据的是不切实际的乐观假设，鼓励两家公司与利益相关方进行更强硬的谈判。政府原本随时都可以让这两家公司破产，但实践中更倾向于进行谈判，以避免破产对经济活动的影响。然而破产的威胁还是吓到了汽车零部件供应商，因为它们向两家公司供应零部件时，不会采用货到付款的方式，而是采用赊账的方式，所以如果两家公司真的破产了，供应商的钱就追不回了。政府通过向汽车公司提供贷款，再让它们用这些贷款购买零部件，从而解决了这个问题。政府还为两家公司提供了营运资本，并为汽车质量提供担保，以便购车者可以继续信任它们。

因为私人市场不愿意借钱给它们，所以通用汽车和克莱斯勒如果想要避免破产，就需要联邦政府的资金，或者与所有的债权人达成重组协议。事实上，这两种方法通用汽车和克莱斯勒都需要。政府不断给这两家公司提供贷款，同时也要求这两家公司对它们的贷款和运营进行重组。如果两家公司资不抵债，重组就意味着股东们将被扫地出门，而且所有债权人都要承担损失。这需要几乎所有人同意，根本做不到，所以破产就成了必经之路。破产的好处主要是各利益相关方虽然都将承担一定损失（看情况，也可能一分钱都拿不到），但破产法官会进行监督，以确保各方承担的损失是公平、合法的。

克莱斯勒的破产

通常，一家企业破产需要数年时间。企业本身很复杂，需要数年时间来评估它们的资产状况和商业前景，解决相关诉讼，并对公司进行清算和重组。破产中，公司通常会继续经营，由外部债权人提供融资。这些债权人比破产前的债权人享有更加优先的受偿权。破产法官要确保进入破产程序后公司的资本结构与破产前各债权人的权利相一致。这就意味着优先债权人会获得债权或者现金，次优先的债权人将会获得股权，而公司的股东通常什么都得不到。

所有人都认为两家公司的破产不会遵循这样的途径。流动性危机中，私人不愿意提供"债务人持有资产"（debtor-in-possession，DIP）融资，只能由政府扮演这个角色。由于扮演了这个角色（还由于政府也是破产程序中最大、最优先的债权人），政府在重整中处于决定地位。此外，让汽车制造商破产的主要目的是提振经济，而不是对公司进行重组。政府的宏观经济目标会影响破产进程，这从破产程序的进度可以看出，美联航从 2002 年开始重整，花了三年时间，而通用汽车和克莱斯勒的重组只用了一个月。

　　利益相关方在进入破产程序之前就开始了重组谈判，之后在破产程序中又要求法官批准它们的重组计划。它们认为这在《破产法典》（Bankruptcy Code）第 363 条下是可行的。该条允许在破产中出售债务人的"资产"。资产的定义很宽泛，包括了债务人本身。[6] 这一谈判考虑到了《破产法典》的一般程序性规定。如果各方不能在破产前达成一致，该法典允许利益相关方根据法律规定提出各种方案，并进行投票。这些规定中，最重要的是绝对优先权规则（absolute priority rule），要求尊重破产前各项债权的优先级别。

　　克莱斯勒在 4 月 30 日开始破产程序。克莱斯勒欠养老金 80 亿美元，欠退休工人的医疗费 45 亿美元，欠银行 69 亿美元（有担保物），欠戴姆勒（Daimler）和瑟伯罗斯（Cerberus）次优先贷款 20 亿美元，欠商业债权人 53 亿美元。此外，它还欠了美国财政部 40 亿美元。[7] 克莱斯勒资产的账面价值是 393 亿美元。不过，破产法院之后估计克莱斯勒的清算价值只有不到 12 亿美元，而且甚至有可能为零。和通用汽车一样，由于汽车制造业信贷崩溃，同时经济危机和高油价让消费者远离大型、昂贵的"油老虎"汽车，克莱斯勒从一年前开始也经历了需求端的急剧缩水。它靠政府的贷款维持生存，但是难以筹集到足够的资金继续开展经营活动。

汽车业特别工作组、债权人和克莱斯勒的管理层按照第 363 条达成了协议。新克莱斯勒会继承老克莱斯的资产，但只继承很少的债务。老克莱斯勒会收到 20 亿美元，用来偿还有担保的债权人的债务，受偿比例是 29%。克莱斯勒雇员的退休金信托会拥有新克莱斯勒 55% 的股权（但是没有投票权）。美国政府和加拿大政府分别拥有新克莱斯勒 8% 和 2% 的股权。两国政府还可以要求新克莱斯勒偿还债务。戴姆勒和瑟伯罗斯对新克莱斯勒不再享有股权和债权。这个计划还想让菲亚特（Fiat）取得新克莱斯勒的股权，同时允许新克莱斯勒使用菲亚特的技术，以便降低油耗和成本。克莱斯勒关闭了很多工厂，终止了很多经销渠道，同时减少了工人们的工资。5 月 31 日，法院批准了这一计划。

通用汽车的破产

通用汽车于 2009 年 1 月 1 日申请破产。它报告称自己有 820 亿美元资产，同时有 1 720 亿美元债务——资不抵债。经验告诉我们这些资产的实际市场价值只有它们账面价值的 1/10，也就是说通用的资产只值 80 亿美元，确实已经资不抵债。当时大家都认为通用汽车不会有什么转机。销售在下滑，收入在下滑，损失在扩大，账面上的现金在消失。股东可能什么都得不到，债权人能得到的也将非常有限。

在根据第 363 条拟定的方案中，通用汽车几乎所有的资产都会被转移到一个叫"新通用汽车"的企业里。有担保的债权人将会足额受偿。除了一些例外情况外，通用汽车的债务将会留在老通用汽车。最重要的是，汽车工人联合会集体合同下的工人养老金将会转移到新通用。其他所有的债权人（包括设计缺陷引发的汽车交通事故的受害人）都只能向老通用汽车主张权利，这就意味着这些债权人只能部分受偿。老通用汽车的股东也被扫地出门。新通用汽车将会继承老通用汽车的员工和供应商。新通用汽车和汽车工人联合会达成了协议，减少了员工工资，支付方式也比以前更灵活——和美国南部的丰田以及其他外资汽车制造商旗下更有竞争力的工厂类似。新通用汽车关闭了工厂，减少了品牌，解雇了数千名工人，裁减了 1 000 个经销商，改善了管理。新通用汽车的所有人将是美国财政部（持有 60.8% 的普通股）、加拿大政府（持有 11.7% 的普通股）、员工收益协会的信托（employees' beneficiary association trust，持有百分之 17.5 的普通股）以及老通用汽车（持有 10% 的普通股）。7 月 5 日，法院批准这一计划。7 月 10 日，新通用汽车成立。[8]

美国汽车产业的复兴

破产时，了解一些情况的观察者们认为克莱斯勒已经没有希望，应该任其自生自灭。克莱斯勒的名下有很多房地产，还有比较值钱的 Jeep 品牌，其他就不剩什么了。白宫中相当一部分官员也认为不应该救克莱斯勒，但是这种意见在投票时没有占到上风。针对通用汽车的意见分歧相对较大。通用汽车旗下的品牌销量比克莱斯勒好，而且通用汽车的质量近几年也在提升。这家公司还是一个规模庞大、历史悠久的资本主义财团。

救助汽车制造商有三方面原因。第一是宏观经济的原因，汽车制造商倒闭可能会加剧恶性循环。尽管流动性危机最糟糕的时候已经过去，但是经济仍处在严重的衰退之中。这时再让数千名工人失业（包括数千名在汽车公司工作的人，甚至还包括更多在供应商和相关公司工作的人）会进一步抑制需求，延缓经济复苏。按照这种观点，对汽车制造商的救助其实是一种经济刺激手段——就好像就业工程一样，尽管这只是一个针对汽车制造业工人的就业工程。即使通用汽车和克莱斯勒尚未资不抵债，在政府的帮助下，它们也可以重组，提高效率。

第二点是政治上的原因，因为政府已经救助了金融系统，公众认为这些救助是送给华尔街大佬的礼物。对底特律的救助可以被描绘为姗姗来迟的对核心行业工人的救助。这样的救助可以提振对政府的信心以及总统的政治地位。

决策背后包含了种种考量（比如，Rattner，2010），相比对克莱斯勒的救助，在救助通用汽车的过程中经济因素发挥了更大的作用，而对克莱斯勒的救助则更体现了一种政治上的必要性。按照这种观点，通用汽车在经济层面上并非资不抵债，只是由于发生了流动性危机，借不到钱。如果政府能向通用提供足够的贷款，通用汽车就能还清债务，重新盈利，股东也就不会失去股权。

大衰退之后，汽车产业得到了恢复。尽管如图 6.2 所示，大部分盈利属于外国公司（包括外国汽车制造商和它们在美国投资的工厂），但破产重组后克莱斯勒的市场份额每年都有所提升。在这方面通用汽车做得稍差。由于经济复苏、油价下降，美国三巨头的"油老虎"汽车又有了市场竞争力，三家公司都获得了大量盈利。一项详尽的分析（Goolsbee & Krueger，2015）认为，对克莱斯勒的重组可能有助于其增长，但是这一增长部分是以通用汽车的损失为代价的。

与救助美国国际集团和两房等金融机构不同，美国政府在投资汽车公司过程中大概赔了 100 亿美元。但是政府不是公司，很难判断它到底有没有从一项交易中"盈利"。政府赔钱的部分原因是它强迫通用汽车和克莱斯勒向工人输送利益。政府本可以按照清算价值买下两家公司，等到公司恢复盈利后再卖出去从而赚一笔，但是政府选择讨好选民。是不是有其必要性现在已经不得而知。

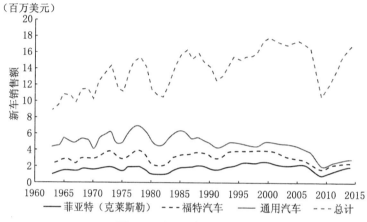

图6.2 美国新车销售情况

准确地说，上述金额可能低估了政府的真实损失，因为它没有把汽车回购立法——"旧车换现金"计划考虑进去。为了刺激新车需求，政府向每一位置换符合特定标准旧车的车主提供数千美元。由于这个计划用的是纳税人的钱，政府又额外增加了一笔开销。另一方面，"旧车换现金"很可能改善了环境质量。基于这些理由，这个计划是合理的，至少是部分合理的。[9]这些考量都说明把最终贷款人仅仅视作像银行那样的盈利性机构的观点其实是有问题的。

有没有侵犯债权人的权利?

克莱斯勒和通用汽车的破产引发了同一个法律问题：实施主要利

益相关方提前谈判好的破产计划是否符合第 363 条的规定？汽车业特别工作组按照第 363 条的规定，与克莱斯勒管理层、菲亚特、汽车工人联合会和摩根大通（它是主要债权人，也是其他大债权人的代理人）就破产方案进行了谈判。还按照该条的规定，与通用汽车管理层、汽车工人联合会和债券持有人进行了谈判。在这一过程中，很多"小鱼"被忽略或者被"大鱼"所代表——引发了我后文还要讲到的程序问题。工作小组代表美国政府，可以通过政府资金的使用权影响交易的内容。

克莱斯勒的交易完美地诠释了这一问题。克莱斯勒欠以摩根大通为首的有担保债权人 69 亿美元，欠无担保的员工收益计划 100 亿美元，还有对供应商等其他无担保债权人的数额略小的欠款。如果克莱斯勒的清算时的价值只有 10 亿美元，那么这 10 亿美元都要付给有担保债权人，员工收益计划什么都得不到。即使有人愿意帮助克莱斯的偿还 50 亿美元的债务，这 50 亿美元仍然属于有担保的债权人。除非克莱斯勒的价值高于 69 亿美元，否则无担保债权人什么都得不到。

在通用汽车的破产中，员工收益计划得到的利益比其他无担保债权人要多很多。尽管其他无担保债权人的债权总额是 271 亿美元，比员工收益计划名下的债权金额高出 70 亿美元，前者收到的还款却要少很多。但前者还拥有起诉老通用汽车的权利。老通用汽车得到的是新通用汽车 10% 的股权（外加权证）。员工收益计划得到的是 17.5% 的股权、25 亿美元的现金、65 亿美元的优先股，外加权证。

公司重组通常是按照《破产法典》第 1129 条的规定进行的，要尊重债权人的优先权。[10]如果克莱斯勒按照第 1129 条进行重组，却要让有担保的债权人和无担保的债权人都从新克莱斯勒中获得利益，那么有担保的债权人或者足额受偿，或者必须同意部分受偿。与之类似，通用汽车的无担保债权人将和员工收益计划也将依据同样的规则受偿。

那么为什么克莱斯勒有担保债权人受偿率是29%，而工人的受偿率是50%？为什么通用汽车的无担保债权人的受偿情况比职工信托差？答案就藏在第363条中。由于债权人同意把旧克莱斯勒的资产卖给新克莱斯勒，把老通用汽车的资产卖给新通用汽车，在新的公司中给彼此新的利益，因此法院只能同意这项交易。法律并不要求交易尊重优先权。

但是如果所有人都同意第363条下的交易，那么这和第1129条下常规的程序毫无用处又有什么区别呢？这里面有几方面的考量。在克莱斯勒的案例中，尽管大部分有担保债权人都同意交易，但是也有人不同意。前者相信它们能够通过借钱给重组后的公司获得盈利，抵消损失。尽管有担保债权人相互之间已经约定以多数意见为准，但是这一约定本身说明它们已经意识到破产法院会阻止多数人侵犯少数人的利益。在通用汽车的案例中，大部分无担保债权人都达成了一致意见，但同样也有人不同意。

另一个批评的声音指出由于政府控制了破产，所以债权人无法保护自己的利益。政府威胁除非所有各方达成了一致意见，否则就收回贷款，不再为重组提供新的贷款，终止救助。政府还要求债权人（大部分都接受了财政部和美联储提供的问题资产救助计划资金和其他支持）支付退休金，保留大部分工人。债权人只得同意这一方案，否则情况会更糟。

拉特纳为第363条下的交易进行了辩解，认为相较于清盘，克莱斯勒的有担保债权人得到了更多还款（Rattner, 2010：180—181）[11]，通用汽车也是一样。这一观点和政府就美国国际集团和两房救助案提出的观点相似：如果政府不给这些公司提供紧急贷款，这些公司的利益相关方将什么都得不到。但是在三个汽车制造企业的案例中，这一观点都没有触及核心问题。这些公司都没有被清盘，所以问题在于，政府介入后，相关资产应该如何分配。从法律的角度来讲，政府坚持的观点，即利益相关方得到的还款不能超过它们在清算价值中的份额，这是不对的——在破产的背景下尤其如此，在其他两种情况下也不对。克莱斯勒是被重组的，不是被清算的。按照破产法，优先等级最高的债权人要从重组的公司中获得足额受偿。

破产法院批准了第 363 条下的交易，认为向优先权较低的债权人清偿是政府注资的结果。[12]法院认为政府提供的资金超过了有担保债权人有权受偿的数额。政府这么做可能是因为额外的资金可以支持公司持续发展，或者向工人和其他债权人输送利益有宏观经济方面的好处。不管怎么说，有担保权债权人都没有理由批评政府的行为。

这种观点的问题是政府可以控制救助的条件。在通常的破产中，外部债权人竞相充当债务人持有资产的融资人。这就确保了他们按照市场价格取得回报。由于流动性危机的前景还不明朗，而且这些公司规模巨大，所以只有政府可以充当这一角色。这就意味着政府是垄断者，可以主张高于市场水平的价格。和普通的垄断者不同，政府的利益并不在于利润最大化，所以政府主张的利率并不是特别高。相反，政府的垄断地位体现在它可以使用或有可能已经使用了它的垄断权力，偏袒自己更加关心的部分利益相关方。因为其他公司无法充当这一角色，所以有担保权债权人无法保护自己。在正常情况下，为了得到对重组进行融资的权利，承担这一角色的公司会排斥没有担保权的债权人，为有担保债权人谋取更多的利益。

破产法院落伍了，因为它们不了解流动性危机对普通破产程序的影响。它们认为没有充当债务人持有资产融资人的候选人或者竞标人就意味着公司当前已经没有持续经营的价值。这一错误导致它们接受了政府的观点，认为有担保债权人没有理由抱怨。

是否应该拍卖？

学界对第 363 条相关交易的批评还指出，法院没有让政府证明这些公司的持续经营价值比它们的清盘价值小（Roe & Skeel，2010；Braid，2012）。通常，在破产中所有人都可以提出重整方案，法院应该选择能产生最大价值的方案，前提是这个方案尊重了破产权各方的权利，同时可行。如果有人按照第 363 条的规定提出了一项交易，那么法院就应该给其他人机会，以提出更好的交易。法院没有这样做，而是只给了其他人一周多一点的时间按照第 363 条的要求提出自己的方案（无论怎么说都不够），还对方案的类型施加了严格的限制（Roe & Skeel，2010：749，765）。法院要求其他方案必须保留对退休人员和供应商的责任，但问题在于保留这些责任能不能让价值最大化。没人有机会提出可以产生更大价值，同时给雇员和供应商更少利益的方案。如果真有这样的方案，按照要求，优先债权人将会得到更多回报。

对这一批评的主要回应——见法院的司法意见——是当时没有时间进行常规的竞标程序。在不断恶化的经济衰退中，即使具体的分配在法律上存在缺陷，政府也有必要尽快通过方案，让这些公司存活下去。很难说这种观点是否正确。汽车业特别工作组担心人们会停止购买相关公司的车辆，但是美联航破产时，大家并没有停止购买它们的机票。考虑到大家普遍接受开车的风险，而对飞行存在一定恐惧，我们可以认为航空公司破产对消费者心理的负面影响要大过汽车公司破产。而且事实上也确实没有证据证明原本想要买通用汽车或者克莱斯勒生产的汽车的人会因为两家公司进入破产而却步。此外，公司会在破产过程中正常经营——不管破产要历时一个月还是三年，汽车制造商在破产过程中都会继续制造汽车。这说明破产的过程完全可以更长、更公平。但另一方面，确实没有人知道克莱斯勒的破产会进行得如此顺利，然而等到人们发现的时候，通用汽车的破产已经不可避免。谈判的复杂性（包括利益相关方的数量、问题的数量、公司全球运营和数千名职工的纠葛、政府有限的行政资源、国会和美国政府政客的插手）都可以解释为什么破产法院认为除了遵守现有方案之外没有其他选择。

另一个辩解是，所有人都知道汽车制造商要被卖掉（Rattner，2010：107—108），至少在 2008 年末就知道了。像以前一样为了确保得到最好的价格，在按照第 363 条卖掉它们之前为市场留出时间已经没有意义。尽管如此，竞争者的缺位也是问题所在，而非辩解理由。由于只有政府可以买下汽车制造商或者为它们的重组提供融资，所以以市场作为检验标准是行不通的。我在后文还会讲到这个问题。

流动性危机期间的破产

学院派的破产专家担心克莱斯勒和通用汽车的案例将会成为有害的先例，让破产重新回到允许内幕信息知情人用事先准备好的交易排挤有较高优先权的债权人的老路（Adler，2010；Baird，2012；Roe & Skeel，2010）。但是秘密破产原则（sub rosa doctrine）可以用来防止知情人通过援用第 363 条的规定，规避第 1169 条提供的保护，确保破产程序的公平公正，同时尽可能保留当事人此前认可的债权优先等级。因而上述批评完全没有依据。这两个案例的特殊情况（政府扮演的重要角色和流动性危机的存在）让克莱斯勒和通用汽车的破产有别于普通的破产。处理两案的破产法院自己也承认这些情况的特殊性，并要求今后的法院把这两个案子当作特例，而不是可供援引的先例。

救助克莱斯勒和通用汽车真正的重要意义在于反映了流动性危机期间政府采取紧急措施的相关情况。流动性危机确实扮演了很重要的角色。流动性危机以及它孕育出来的经济衰退正是这两次救助的主要理由。

由于流动性危机的存在（两家公司破产时流动性危机已经接近尾声），克莱斯勒和通用汽车的资产可能被暂时低估。尽管两家公司没有参与担保债务凭证和抵押贷款支持证券交易，但是它们的生产严重依赖信贷，而危机期间信贷的"水龙头"又被拧紧了。这就意味着提供给法院的清算价值反映的是危机期间被压低的价格，而不是基础价值。价值的低估让政府获得了难得的无需全额清偿债权就能进行公司重组的机会。

由于流动性危机的存在，只有政府能充当债务人持有资产融资者的角色。[13]正如我们所看到的，这是破产法的问题，因为它允许政府在分配公司财产时拥有过大的权力。但更重要的问题与我们在对美国国际集团和两房的救助中看到的一样：由于金融危机期间政府垄断了信贷，它可以以一种一般会被法律所禁止的方式转移财富——除非法院出面阻止。

政府在金融市场无处不在的一个奇怪结果就是破产中很多债权人都要听命于政府。克莱斯勒的有担保权债权人在和汽车业特别工作组谈判中想分得更大的蛋糕，却还在从问题资产救助计划的投资和美联储的贷款中受益。如马克·罗伊和大卫·斯基尔①所述（Roe & Skeel，

① 马克·罗伊（Mark Roe），美国哈佛大学法学院戴维·伯格（David Berg）法学教授。大卫·斯基尔（David Skeel），美国宾夕法尼亚大学法学院塞缪尔·阿希特（Samuel Arsht）公司法学教授。——译者注

2010：760）："大家可能会奇怪为什么财政部一边对克莱斯勒的债权人很严格，一边却处处为他们提供支持。"政府在破产中更加慷慨，在破产之外不那么慷慨，也能达到同样的效果。事实上，问题资产救助计划的资金也被借给克莱斯勒和摩根大通（克莱斯勒最大的有担保债权人）。我们不妨回忆一下政府是怎么一边向美国国际集团的交易对手方提供直接贷款，一边又让美国国际集团按照票面价值偿付债务，而使对手方从中获益的。如果按照克莱斯勒的模式，政府应该给美国国际集团的交易对手方更多贷款，同时又让美国国际集团要求垫头。

批评者认为由于主要的有担保债权人为了得到问题资产救助计划的资金而听命于政府，他们不可能在破产中要求公平分配——特别是相对于那些没有收到问题资产救助计划资金的，金额较小的有担保权债权人而言（Rattner，2010：174）。正因为如此，他们对第363条下交易的同意是胁迫的产物——至少在克莱斯勒的案例中是这样的。虽然我们完全可以反驳这种意见，也许政府对银行比较宽容，这样银行就会对克莱斯勒比较宽容，但这不是胁迫，而是贿赂。这可以解释为什么政府的行为没有如许多批评家预测的，提升有工会的公司的借款成本（Anginer & Warburton，2014）。如果政府向工人输送资源，同时又没有伤害到债权人的利益，那么类似的公司获取信贷的渠道就不会受到影响。

但是不管是强迫还是贿赂，底线都在那里。流动性危机期间，汽车制造商的资产被低估。债权人失去了他们通常有的最后的破产保护——它们诉请中的清算价值。而且由于在流动性危机期间只有政府可以借款，所以政府就有机会违反债权的优先性，重新分配财富。这样一来，问题不是破产法院没有遵循破产法：流动性危机给了政府不同寻常的权力，而突破以往的破产规则需要法官具有非同寻常的智慧和信心。如果破产法院坚持债权的优先性，那么它就要承担政府不再提供信贷的责任。当政府可以自主选择是否参与破产时，破产法院根本无法强迫政府尊重债权的优先性。

死守破产法此时不是保护债权人的最佳途径，但问题在于流动性危机给了政府非同寻常的、可能被滥用的干预市场的权力。这种权力不但可以用在破产中，也可以用在破产外。

汽车经销商的征收之诉

2010 年末和 2011 年初，被通用汽车和克莱斯勒终止合同的经销商向美国政府提起了诉讼，认为政府强迫两家公司终止合同，侵犯了宪法赋予经销商的财产权。[14] 联邦索赔法院和上诉时的联邦地区法院都允许官司打下去。经销商在特许经营协议下的权利确实构成了征收条款下的财产权。政府认为终止合同的是通用汽车和克莱斯勒，而不是政府。作为回应，法院有理有据地回复说：如果两家公司是按照政府的意思行事，那么它们就只是代理。

接下来的问题是两家公司有没有受到胁迫。经销商认为它们受到了胁迫，因为两家公司若不终止与经销商的合同，汽车业特别工作组就不会借钱给它们。拉特纳（Rattner，2010：251）认为政府给通用汽车的交易设定最后期限的行为，就相当于拿枪指着它的头。政府辩称，即使政府不提供融资或者不把终止合同作为提供融资的条件，汽车制造商也会终止合同。两家法院都认为应该给原告机会去证明两家公司确实受到了胁迫。

政府强迫汽车制造商意味着什么？很明显，原告难以找出实际威胁的证据，而经济威胁的含义尚不明确。强迫的标志之一是威胁。如果政府提出，"除非你终止和经销商的关系，否则我们就不给你贷款"，这是威胁还是合理的条件？要回答这个问题，唯一的方法是考察同等情况下私有的债务人持有资产融资人会怎么做。有可能他们也会认为这些经销商浪费了本可以用于还债的钱，也要求赶走这些经销商。如果是这样的话，我们就不能反对政府采取同样的措施。当然，他们也有可能对经销商的存在并不敏感，甚至喜欢经销商（如果可以带来利润，进而提升还款的可能性的话）。如果是这样，那么政府坚持终止这些经销权一定有非经济方面的目的，比如要尽快回款以偿还工人等群体的债务。如果原告能证明保留这些经销权可以让汽车制造商受益，就能够证明存在强迫。然而，大多数评论家都认为经销商太多了：州法律不允许必要的关店。如果他们的判断是对的，那么原告在这个问题上就赢不了。

如果原告能绕过这一障碍，它们还会面临另一个难度更大的障碍。上诉法院认为：

> 原告的诉请里并未载明经销权价值的可能损失，以证明原告的经济损失。原告没有证明如果政府不干预，通用汽车和克莱斯勒就不会破产，它们手中的经销权也会保留价值，或者证明即使破产，原告经销权仍然会留有部分价值。正是因为不管政府有没有参与，它们的经销权都将一文不值，所以终止这些经销权实际上对原告没有任何经济损失。[15]

因为破产时汽车制造商的财务状况非常糟糕，所以经销商很可能没办法证明在政府不干预的情况下，它们的经销权在破产中仍有价值。如果政府不放贷，公司被清算，经销权就会一文不值。只有在实现销售的时候，经销商才能赚钱。尽管可以试图证明破产的过程比较长，且与经济复苏的开端相契合，所以汽车制造商可能不会被清算，而是会重回正轨，继续卖车给经销商，经销商再把车卖给消费者，从中盈利。但是这需要原告举证，难度很大。

本案中法院犯了一个与美国国际集团和两房案件类似的错误。如果政府不需要承担责任，那么它就可以在流动性危机期间拿走别人的财产，无视他人的财产权，重新分配财富。流动性危机人为压制了资产价格，但是政府参照的应该是资产的真实价值，而不是危机下的价格。理想状态下，汽车制造商收到纯粹的流动性贷款，同时从经济的角度出发独立作出是否终止经销权的决定。如果这时汽车制造商决定保留经销商，那么政府的干预就造成了经济损失。

破产暴露出了相关的利益关系。破产前，工人、供应商和经销商都和汽车制造商有合同。汽车业特别工作组认为资产应该转移给工人和供应商，因为没有它们的支持，重组后的公司就不会成功。领导小组还认为要取消很多（但不是所有）经销商。两家公司同意这样的决定是因为它们需要政府的钱，还是因为它们自己认同汽车业特别工作组的意见？这是庭审要解决的问题。

用问题资产救助计划专项资金救助汽车制造商是否合法?

为了救助通用汽车和克莱斯勒，政府在不同阶段都使用了问题资产救助计划专项资金。但是，《紧急经济稳定法》并没有授权政府救助汽车业，只授权政府"从任何金融机构购买问题资产"。[16]当时，人们认为所谓"问题资产"指的是住房担保相关证券，法律中对此也有规定，但是法律的定义还包含了"为了保证金融市场稳定而有必要购买的其他任何金融票据"。[17]金融机构的定义是任何"机构，包括但不限于储蓄贷款协会、信用社、证券中介或经销商、保险公司"。[18]

政府之所以认为《紧急经济稳定法》授权其给汽车公司提供贷款或者进行股权投资，是因为政府购买的票据和股份属于"金融产品"，汽车制造商属于"机构"。此外，通用汽车和克莱斯勒旗下都有金融公司，用来向购车的消费者提供贷款。通用汽车旗下的联合汽车金融（Ally Financial）是全国最大的金融机构之一。政府认为如果通用汽车倒闭，联合汽车金融也会倒闭，所以政府可以通过救助通用汽车，进而救助联合汽车金融。但是政府有权单独救助联合汽车金融和克莱斯勒金融，上述辩解意味着政府可以投资任何公司，因为所有的公司都属于机构，而且所有这些公司都发行票据和股份。但是国会并没有给政府这种无限的权力。国会早先就否决过一份财政部提交的更为宽泛的草案，拒绝为救助汽车行业立法，认为《紧急经济稳定法》考虑的只是金融业。[19]

结论

对汽车制造商的救助引起了很多批评，认为政府违反了"法治原则"（rule of law）（Zywicki, 2011）。使用问题资产救助计划专项资金为非金融机构提供紧急贷款违反了《紧急经济稳定法》；没有尊重债权的优先性违反了破产法，或至少违反了破产法的精神；政府参与公司经营，利用其控制权强迫公司制定发展绿色能源等与维护利益相关方利益无关的政策；政府能做出这些行为都是拜法院的顺从态度所赐。

这里还要再提一下谈判中政府无处不在的影响力。很多债权人在破产中受到了损失，但同时又在破产外收到了政府的资金。我之前就提到过很多银行债权人都收到了问题资产救助计划专项资金或者美联储的贷款。而经销商成功游说了国会，让国会通过了一部法律，允许就终止经销权进行仲裁。所有新克莱斯勒或者新通用汽车的利益相关方都从刺激需求的"旧车换现金"计划或者从政府给汽车制造商提供来各类补贴中获益。拉特纳在回忆录中（Rattner，2010：134—141）坚称奥巴马授权的是一项"商业"谈判。但是他自己也承认对克莱斯勒的救助是一项政治决定，所以更换首席执行官，不让通用汽车把总部从底特律搬出，很可能也是政治决定。

我们再次看到了之前就提到过的情况，流动性危机让政府有机会侵犯公民权利，对财产性利益进行重新洗牌。不过，通用汽车和克莱斯勒的案例不像美国国际集团和两房的情况那么明显。因为通用汽车和克莱斯勒的长期价值依靠的是难以预料的油价和竞争对手的行为，所以评估它们可能更难一些。政府很可能确实有理由相信公司的持续经营价值已经低于它们的负债。但是，这恰恰说明政府损害了优先级较高的债权人的利益，而不是股东的权益。

就像美国国际集团和两房的股东很难主张自己的权利一样，法律为通用汽车和克莱斯勒的债权人提供的保护也很少。在所有的案例中，政府名义上都是自愿的，既可以介入救助公司，也可以什么都不做。法律为政府的强迫行为提供了最有力的保护。但是在流动性危机的背景下，强迫和非强迫的界限消失了。政府成了信贷的垄断者，所有公司都要和政府打交道。政府可以，也确实使用了它手中的垄断权力对财富进行了重新分配。现在的问题是我们可以做什么。

注释

[1] General Motors（2010），Chrysler Group（2010）.

[2] 关于这一部分，我主要参考了 Klier（2009）。

[3] 我参考了比克利等人（Bickley et al.，2009）和克里尔与鲁本斯坦（Klier and Rubenstein，2012）简洁而清晰的叙述；另外还参考了拉特纳的观点（Rattner，2010）。

[4] Pub. L. No.110—343，122 Stat. 3765（2008）.

[5] 特别工作组的实际负责人是拉里·萨默斯和蒂莫西·盖特纳。虽然他们把日常工作委托给了拉特纳，但他们参与了那些重大决策。

[6] 11 U.S.C. § 363.

[7] 以上数据来自破产法院，参阅 In re Chrysler, LLC, 405 B.R. 84（Bankr. S. D.N.Y. 2009）。其他资料来源，例如，国会监督小组对这些数据的计算，就多少会有点不同。参阅 Congressional Oversight Panel（2009：23—28）。

[8] In re Gen. Motors Corp., 407 B.R. 463（Bankr. S.D.N.Y. 2009）；Congressional Oversight Panel（2009：28—31）.

[9] 迈恩和苏菲（Mian and Sufi, 2012）提供了证据证明，该计划导致了几十万辆汽车比预计提前了几个月被购买，所以其经济效益微乎其微。

[10] 11 U.S.C. § 1129.

[11] 另可参阅 Goolsbee and Krueger（2015：21）。

[12] 参阅 In re Gen. Motors Corp., 407 B.R. at 499；In re Chrysler, 405 B.R. at 99。

[13] 因此，认为没有其他竞标者参与就表明破产程序公平的论点（Lubben 2009；Morrison 2009）是错误的，这种说法只有对正常经济时期的破产而言才是正确的。但是，基于同样的理由，那些抱怨没有市场测试的研究（例如 Roe and Skeel, 2010）无法解释为何市场测试是可行的。

[14] 参阅 A & D Auto Sales, Inc. v. United States, 748 F.3d 1142。

[15] Id. at 1158.

[16] Pub. L. No.110—343，§ 101（a）（1）.

[17] Id. § 3（9）（A）—（B）.

[18] Id. § 3（5）.

[19] 更简明的分析，可参阅 Congressional Oversight Panel（2009：70—79）。联邦第二巡回法院判定，《紧急经济稳定法》的相关规定（将金融支持的对象限定为"金融机构"）非常模糊，足以涵盖汽车制造商。但是，法院没有解决以下争议点，即这些资金没有按照《紧急经济稳定法》的要求用于恢复流动性。参阅 Ind. State Police Pension Tr. v. Chrysler LLC, 576 F.3d 108（2d Cir. 2009）。破产法院还进一步作出了一个结论，认为这笔钱被用来维持员工的士气（以及避免可能会发生的罢工）和确保供应商不会抵制这些企业。如果确是如此，那么超额的支出就不会违反《破产法》。但是，这些说法是可疑的。因为员工和供应商都有非常强烈的动机继续经营，而不是失业或者停业。

SEVEN
TAKING AND GOVERNMENT ACTION IN EMERGENCIES

第七章
紧急状态下的
征收和政府行为

得到 20% 总比什么都没有强。[1]

对美国国际集团、两房和汽车制造商的救助在细节上有一些不同，但是都涉及政府权力的问题。所有诉求归根到底其实都是政府在救助时滥用了手中的权力。尽管可以选择不提供贷款，但是政府如果要提供贷款，就必须做到公平。公平是指贷款的条件背后是合法的政策考量，比如信贷风险或者道德风险，而不是政治关系、公众满意度或者其他无关的政策因素。救助美国国际集团和两房的严苛条款反映的并不是合法的考量。在对美国国际集团的救助中，政府使用严苛的条款以平息公众的愤怒，并劝说国会通过《紧急经济稳定法》。[2]在对两房的救助中，政府使用严苛的条款明显是为了让它们退出市场，为新的住房政策创造空间。两件事中，政府可能是看到了在其他救助中不存在的增加财政收入的机会，或是以这些机构为工具向特定群体提供资金——也许是有影响力的华尔街银行，也许是抵御风险能力较弱的购房者——的可能。

对汽车制造商的救助引发了更复杂的法律问题，但受到的质疑是一样的。政府利用提供贷款的权力，把财富从它不喜欢的群体中拿走，重新分配给它喜欢的对象。具有讽刺意味的是，在这一财富再分配过程中最主要的受害者是大型银行，而它们中很多又是救助美国国际集团和两房时财富再分配的受益者。这也许能够解释为什么银行没有从法律的角度对破产提出异议，其他受害者（包括小型的债权人和汽车经销商）却向法院寻求帮助。债权人认为政府滥用了破产程序。和美国国际集团、两房的股东一样，汽车经销商认为政府从它们那里拿走了财富，其中的部分被重新分配给了工人。

但是当我们说到"合法的考量"时，我们指的到底是什么？具体而言，我们希望政府能在金融危机期间进行最优的救助，但是我们不确定政府官员内心是不是真的想要进行最优的救助。什么样的制度设计才能让官员内心的想法和公共利益保持一致？在这一制度设计中法院又应该扮演什么角色？

我的一个主要观点就是政府并没有完全遵循白芝浩原则——这背后有好的理由，也有不好的借口。好的一面是在白芝浩的观点中政府的地位太过被动，低估了政府强迫金融机构对外放贷、重振信贷市场的难度。美联储和财政部在这方面都突破了白芝浩原则，做得很好。

不好的一面是白芝浩原则主张公平，但公平并不总是符合政府的利益。通过让一些金融机构当替罪羊，政府可以获取政治资本和现实的好处。我们现在面临的问题是怎么样防止政府下次再这么干。

当律师谈到怎么样防止政府滥用权力时，他们第一个想到的是联邦法院。要从联邦法院获得救济，人们需要借助宪法或者法律。本章中，我们主要研究宪法，尤其是前文讨论过的征收条款。[3]原告认为政府征收了他们的财产，却没有进行赔偿，所以他们有权获得"公正的赔偿"。

政府主要提出了四点辩解。第一，政府认为其对外借款的权力包括了获得有利条件的权力。第二，政府认为大多数人都同意这些交易，所以它们是正常的交易，不是征收。第三，政府认为相较于破产，原告从政府提供的救助贷款中获得了利益，所以没有诉因。第四，政府认为在紧急状况下政府的行为是合法的。

双方观点的交锋都是典型的程式化的法律术语。本章中，我的讨论会参考宪法征收条款所反映出来的价值。我认为以上辩解反映出政府对危机流动性危机期间"同意"和"价格"的含义存在误解。准确地讲，政府的行为与征收房屋或者土地却不给补偿并没有什么不同。

前言：双"危"记

大多数人都已经忘记20世纪80年代储蓄贷款协会危机时也出现过诉讼。那时，监管者意识到受制于国会有限的资源和反对意见，它们不可能救助出问题的储蓄贷款协会，于是拼凑出了一个聪明，却存在严重问题的方案。监管者告诉没有问题的储蓄贷款协会和银行，如果它们买下出问题的储蓄贷款协会，就会获得一种叫做"监管善意"（supervisory goodwill）的资产，金额与被收购的存贷协会的负价值（negative value）相等，能够抵消该负价值。这样，收购方资产负债表上的不足就可以被监管命令补足。表面上看，收购方保持了足够的资本/资产比例，意味着自己金融状况良好，仍然能够做到合规。当然，实践中收购一家资不抵债或者接近资不抵债的储蓄贷款协会会让收购方自己的资本充足率会下降到比较危险的低水平。但是这些收购方愿意冒险，因为如果经济环境改善，它们就有可能从中获利。

1989年国会通过了《金融机构改革、复兴和执行法》（Financial Institutions Reform, Recovery, and Enforcement Act）[4]，通过设置卖出破产储蓄贷款协会资产的政府机构，完善信贷协会监管等手段，解决了储蓄贷款协会的乱局。这部法律同时废除了监管善意，导致很多收购方破产。这些收购者的股东起诉政府，认为这部法案违反了他们和监管者达成的协议。温斯特（Winstar）诉讼（以其中一位原告的名字命名）开始很多年之后，法院最终支持了股东的诉请。[5]

从法律的角度来讲，温斯特诉讼中的问题和我们讨论过的这些案例是不一样的。政府签订了合同，又违反了合同，而不是征收财产，却没有给予正当的补偿。但是背后的问题是一样的。在储蓄贷款协会危机中，金融机构的管理人员因过于冒险、不负责任而引发了问题。为了解决问题，政府不得不采取一些政治上少见、经济上昂贵的措施。为了令危机应对的政治和金融成本最小化，政府侵犯了利益相关方的权利——将财富从利益相关方处转移到财政部。在这些案件中，法院扮演了正常的角色：认定政府要负责任。如果法院可以在温斯特案中能作出正确的处理，为什么现在就不行了？

对政府责任案件的再审视

基本原则

宪法中的征收条款要求政府在征收公民财产时支付"正当的补偿"。这一条款非常重要：国父们担心政府可能会被不择手段的人控制，他们可能会使用政府的权力让自己或自己的支持者获利，而非服务公共利益。制定《联邦条例》（Articles of Confederation）时发生的事情让他们有理由这样想。当时，在一些州，甚至有人使用他们新得到的政治权利，要求立法者免除他们的债务。

征收条款也引起了一些困惑。当政府对人民收税的时候，它也拿走了人民的财产。但是，美国自建国伊始就通过税收为国防、政府运营、开发建设提供资金，却没有人认为征收条款禁止政府收税，此外美国还通过了其他增加人民成本的法律。严格执行征收条款会干扰很多我们认为理所当然的政府职能。

经过几个世纪的发展，征收相关法律已经成形。今天的征收制度主要有三方面内容。第一，确认包括使用费等日常税收不是征收，征收的对象是某些特定群体，以此筹集资金或者资助政府服务职能。第二，除非一部法律"走得过远"——无端消灭了财产所有或者大部分的价值，否则这项规定就不是征收。这样的征收被称作"监管征收"（regulatory takings）。第三，征收土地（最重要）和其他资产（包括钱和货物）一般都被认为是征收，需要支付正当的补偿。这些被称作"事实征收"（per se takings）。当然，征收制度不适用于法院认定某人触犯刑法或者存在民事过错后施加的罚金等惩罚。

法院试图达到某种平衡。政府应该有权为了公共目的征收财产。为了避免人们互相伤害，政府还应该有权规制人们的行为。但是，市场经济只有在人们知道他们的财产权利会被尊重的情况下才能运转起来。法律鼓励政府根据大多数的人经济行为，无歧视地收税，同时反对政府歧视性的征税或者挑选特定在政治上不得势的个人或者群体征税。如雨果·布莱克①大法官所述，征收条款禁止"政府强迫个别人承担根据公平和公正，应该由公众整体承担的成本"[6]。只有在政府明确而且矢志不渝地保护财产权的情况下，市场经济才能运转起来。这要求提前说明哪些投资会受到保护，会在何种程度上受到保护。这

① 雨果·布莱克（Hugo Black，1886—1971），美国联邦最高法院大法官（1937—1971）。——译者注

也意味着政府不能只为了政治上的方便就征收个别人（比如某些在政治上暂时不得势，缺乏政治权力，比较好欺负的人）的财产。

由此可以很明显地看出"事实征收"规则是怎么推导出来的。政府如果要造一条从 A 到 B 的路，就要选择具体的路线。第一条路会从一个地区穿过，必须拆毁这一地区无数的房屋；第二条路会从另一个地区穿过。如果没有征收制度，政府可以选择拆毁他们敌人房屋的路线，同时拒绝赔偿受害人。征收制度（大体上）确保了没人会受到损害，所有人都有权要求赔偿，进而保证政治考量不会影响政府对道路的选择。

政府监管引发的是更复杂的问题。如果法律要求工厂为它们的烟囱装上废气净化塔，股东的回报就会减少。有人可能认为根据征收制度，政府应该对股东进行赔偿，但这似乎不太实际。因为监管总是把征收条款的限制排除在外，政府借此把征收包装成监管，借此攫取财产——比如要求开发土地前先获得许可，而许可又超乎寻常的贵；或者通过规划，禁止人们住在传统的居住用地上，让这些房屋一文不值。所以，对征收的限制也适用于一些政府监管措施。

最后一种行为是最让人困惑的。当政府从人民处购买财产时，由于经过了卖方的同意，所以这笔交易不是征收。但是这些交易并不总像看起来那样自愿。假设政府表示除非所有人都同意划出一部分土地用于公共用途，否则就拒绝发放建设许可。如果所有权人接受了这项交易，接着又起诉政府，认为政府征收了他们的土地，政府便会辩称因为所有权人同意了这项交易，所以他没有受到强迫，也就不存在征收。问题在于，尽管最初的许可制度设计可能是合宪的，因为其确保开发不会影响邻居，或者发出太大的噪音，或者给城市资源造成过重的负担，但是根据这一思路并不能当然得出政府拒绝免费发放土地许

　　　　　　　最后防线：金融危机与紧急救市的未来

可合法的结论。最高法院认为除非政府开出的这个条件和合法的政府利益之间存在某种联系，否则这种条件就是"违宪附带条件"。而此处所谓联系指的是这个条件要服务于法律所蕴含的政策。政府可以为建设许可设定条件，要求采取安全措施，或者支付钱款，以弥补政府的安全检查成本。但是政府不能为了让自己或者公众获得他们想要但法律不允许的东西，而为财产转让许可设定条件。

通过操纵市场进行征收

征收的理论其实是以市场的存在为基础的。当政府征收你房子的时候，法院认可你对房子的财产权，并根据市场价格决定赔偿。相反，如果政府要求提供的是唾液样本（可能是由于爆发了某种疾病），那就不存在征收，因为人们对自己的唾液没有财产权。如果想反对，应该从宪法里找其他条款作为依据，最有可能的是正当程序条款。

这就创造了一个悖论。财产权的存在首先是因为政府的认可。假设你每天都去公园，从中得到了很多乐趣。有一天，一道篱笆拦住了你的去路。你发现政府已经把公园卖给了私人开发商。这就不存在征收。即使你坐在树下，获得了很多乐趣，你对树下这个地点也不享有财产权，因为政府没有承认这项权利。如果它想承认的话，理论上它也可以这么做——但是实际中它并没有这么做。

那么政府可不可以通过不承认某项财产权的法律地位来征收别人的财产，而不支付赔偿呢？答案是不能。法院允许政府创设财产权，却不允许政府消灭财产权，如果不得不这样做，政府至少要给出合理的理由，比如公共健康和安全方面的理由，就像考虑到某项药品会损害人们的健康所以让它退市一样。

但是这一悖论并没有得到解决。财产权不可能自己保护自己。想要财产权有价值，就必须让政府保护它。如果有人侵占了你的草坪，你可以找警察，就像有人偷了你的车一样。如果政府拒绝提供警察、司法等资源，不愿意保护财产权，那么财产就一文不值了。

但是大家也都知道政府在保护财产权方面有自由裁量权。如果你打电话叫警察，他们没有及时赶到抓住侵权人或者根本就没来，你是无法从法院获得救济的。即使是在严重的财产盗窃案件中，警察经常也只是提交报告了事。任何要求警察投入更多资源进行调查的诉讼都不会成功。除了在一些特别严重的案件中，自由裁量权总是存在的——不管是警察保护、紧急救助还是政府提供的其他服务。

存在自由裁量权是因为立法者（在联邦系统中是国会）无法预测在处置威胁、伤害或其他问题时要投入多少资源。国会给行政机构制定了一系列法律，安排了预算，并就如何使用预算提供了粗略的指引。但是行政机关（以总统为首）无法实施所有法律。法律太多，执法对象太多，适用方法通常又不明确。很多法律很快就过时了。行政机关有自己的先后缓急，虽与国会意愿大体一致，但不完全相同，也不会完全按照国会的意愿分配执法资源。私人通常无法让法院强迫政府执法：法院会尊重政府执法的自由裁量权。州和地区层面也是同样的情况。

所有这些都意味着聪明又没有底线的政府官员可以通过不提供政府服务，等待市场价格下跌，征收被低估的财产，再恢复政府服务，让价格上升来完成利益收割。事实上，确实有一些政府官员使用过这一伎俩。[7]阿门诉迪尔伯恩市（在 Amen v. City of Dearborn）案中，迪尔伯恩市政府想重新开发城里的一块土地。[8]在向购房者购买土地之前，政府停止给居民签发建造和使用许可，或者在隔了很长时间之后才提供这种许可，同时还提出了其他地方居民不必遵守的、很严苛的要求。政府还买下了一部分房屋让它们空着,甚至鼓励居民拆除里面的设备,让附近呈现出一种凋敝的现象。这些举措拉低了市场价格,让政府最终征收房屋时只付出了比较低的价格。

法院认定政府的行为存在过错,剥夺了购房者名下房子的价值。但如果政府只是不再严格执行建筑规范或者减少警力保障,它是不必向居民支付赔偿的。如果政府之后买下了这些地区的土地,它肯定也不会被要求按照之前的市场价格付款。在这个案例中,法院之所以这么判,是因为政府拒不提供服务的行为与其购买财产的计划有关联。

那么法院为什么不处罚不作为本身呢?答案很可能是司法上没有评价不作为的标准。一个城镇可以雇用额外的警力保护居民。警力多了,市场价格就会上升。大家可能会发现这里存在理论上的最优:政府应该雇用尽可能多的警力,直到边际成本(税收)与边际效益(房产价格)持平。但是没人能(至少法院不能)算出税收与警力保护之间最佳的平衡点,所以法院明智地把这个问题留给了民主程序。法院只能介入极端的案例,比如政府故意不保护财产权,降低它们的市场价格,以便自己能征收这些财产,又不必足额付款。

我们可以得出的结论是,法院认为自己有义务确保政府不会为了节省征收费用而拒不保护财产权。即使是在计算市场价格的时候,法院也不是被动的。法院要通过确保政府平等实施各项制度(包括建筑规范等各种法律法规)来维护市场。

金融危机期间的征收

尽管我上面说的并不新鲜,但是这方面的讨论很少。很多产权方面的学者都认为市场是自发形成的。当政府通过征收进行干预的时候,法院会像要求私人付款一样,要求政府付款,让社会继续处于正轨。但是政府和私人是不一样的。私人没有义务公平地保护财产权——确保发生侵占时警察及时出现，清扫大街，批准建造许可，等等。法院的工作就是在其能力范围以内确保政府按照正确的方式发展、维护市场。

这里的"发展、维护市场"指的不仅仅是政府为自己拿去使用的财产付费，还包括提供警察，建立保护财产权的司法系统（有时会否定政府的行为），构建一套能解决污水、街道、桥梁和其他基础设施问题的官僚机构。我们不妨用"市场基础设施"来指代上述所有功能。房子和其他财产的价值都是市场基础设施质量的反映。政府的工作就是通过投资市场基础设施，让财产的价值最大化。

流动性支持也是市场基础设施的一部分。政府保持资金供应与向警察、清洁工、下水道工人支付工资一样重要。减少上述任何一项服务都会减损财产的价值。当然如前所述，法院不会因为政府没有提供上述服务就惩罚政府（除了在人们的正当程序权利被侵犯的严重案例中）。但是如果政府为了用较低的价格征收特定人的财产而拒不提供上述服务，法院就会惩罚政府。美联储在美国国际集团和两房的案例中就是这么做的，在汽车制造商的案例中也是这么做的，只是程度稍逊。

如果美联储对这些公司和利益相关方采取的措施是错误的，那么它对雷曼兄弟采取的行动是不是也是错误的（美联储没有救助雷曼兄弟）？事实上，美联储没有救助很多银行和金融机构。那么我的意思是不是说，所有利益相关方都可以找政府寻求救济？

答案是否定的。正如阿门案所示，我们需要把单纯的不作为（即笼统的没有提供市场基础设施）和导致政府能以低价征收的不作为区分开来。理论上两种不执法都不应该存在，政府应该尽可能以一种最优的方式作为。这就是为什么美联储不救助雷曼兄弟的行为即使不违反法律，也应该提出批评。实践中，法院认为它们只能纠正导致政府以低价征收财产的不法行为——我认为这是对的——但这种不法行为在雷曼兄弟事件中是不存在的。这也是为什么雷曼兄弟的股东不能，也不应该对政府提出征收的诉请。

这一观点可能乍一看不那么好理解，这是因为我们在意识和政治上有偏见，先入为主地认为政府给股东提供了利益（紧急救助），而不是征收了他们的财产。伯南克就把救助贷款称作给美国国际集团股东的不义之财。背后的潜台词是紧急救助不可能是征收，因为得到紧急援助的公司得到的是不义之财。这就是为什么我们应该避免使用"紧急援助"这个词。如果我们以保护财产权、提供流动性等提供市场基础设施的要求作为基准，那么政府确实夺走了美国国际集团和两房的资产。除非我们仅仅因为阿门案中政府给购房者的资金超过了 0，就把这些钱算作紧急援助，否则我们就不能把给美国国际集团的贷款视作紧急援助。

这里有一个矛盾。传统上，自由主义者和其他市场主义者都支持征收制度，因为他们担心如果政府可以轻易拿走别人的财产，它就会干涉人民的自由，损害市场，而市场依靠的就是财产的安全。所以，他们认为征收制度的核心是对财产的征收，以及通过监管和自由裁量提供有条件的利益进行的间接征收。可能有人认为征收制度和紧急援助没有关系，因为紧急援助是和自由市场相悖的。但是如果我们使用更准确的名称"流动性支持"，而不是"紧急援助"这一贬义称呼，我们就会发现只有征收制度可以防止政府通过拒不向市场提供支持征收财产而进行投机。金融基础设施（没有金融基础设施，真正的市场就无法运转或者无法很好地运转）有赖于政府的支持，流动性支持就是其中的核心要素之一。征收制度背后的经济原理不仅适用于传统的财产征收，也适用于代价高昂的紧急援助。

当然也有人会认为政府根本就不应该提供流动性援助——不像保护合同和财产权，流动性援助是通过"损失社会化"进行的补贴，会干扰自由市场。比较极端的意见是我们根本就不需要央行，货币供应完全可以由私人完成。更正确的观点是金融市场会最终会自我纠正，而且长期来看会产生比政府干预更多的财富，所以央行应该摒弃最终贷款人的职责。但是这些观点既没有被写进法律，也不是央行的传统。

政府的抗辩：老调重弹

经过上文的讨论，我们再来研究政府提出的辩解，即美联储有权决定发放什么样的贷款；对方同意接受贷款；为了预防道德风险，政府有权主张对对方不利的条款。如果我们在阿门案的基础上再来研究这些主张，就会很清楚地发现问题所在。

美联储的确有权决定贷款的条件，正如政府有权决定房价一样。我们给政府自由裁量权是因为当我们应对现实问题时没有现成的正确答案。与如何对财产权进行最优保护一样，如何提供最优的流动性支持也是一个非常复杂的问题，既需要专业知识，也需要民主所蕴含的价值观（后者在美联储的行动中是完全看不到的）。存在自由裁量权就意味着如果有人提出质疑，法院不会用自己的判断来代替专家（可能是美联储自己，也可能是市政府）的判断。

然而，自由裁量权不是无限的。如果政府选择性不作为，法院就会限制政府的自由裁量权。更准确地讲，如果不作为的目的是压制资产价值，以便进行廉价征收，法院就会限制政府的自由裁量权。法院也会用出于同样的原因，以同样的方式，像限制美联储的自由裁量权一样，限制其他行政机构的自由裁量权。

至于美国国际集团和两房同意贷款条件的辩解理由。在阿门案中，迪尔伯恩市政府也是这么主张的。政府认为，因为房东把他们的房子卖给了政府，所以他们就不能主张政府是通过强迫的方式对他们进行征收。但是，强迫实际上也可以指不再保护财产权——这是房东无法控制的。同理，在美国国际集团案件中的强迫手段不是贷款，而是威胁停止流动性援助。而流动性援助正是美国国际集团和所有公司都需要的，就像它们需要有人保护它们的办公楼一样。

政府提出的下一个辩解理由是为了阻却道德风险。阿门案中，这样的理由太过荒谬，所以迪尔伯恩市政府没有这样抗辩。在征收区域中，无辜的居民没有犯任何错，没有理由只对他们的房屋进行征收。如果他们做错了什么，政府应该通过民事或者刑事的诉讼来认定他们的过错，寻求适当的救济。在紧急救助中，这样的理由也不成立。政府从来就没证明美国国际集团、两房或者汽车制造商存在过错。

最后，政府抗辩称需要自由裁量权以应对金融危机，法院所依靠的后知后觉的机械法条只会干扰这种自由裁量权。这样的论调有很长的历史。政府官员经常说，法律只能处理可以预见的、经常发生的危险，紧急情况下，国会没有办法及时制定新法，所以危机期间他们应该有比往日有更大的自由裁量权。上一次关于紧急情况下政府权力的大辩论发生在"9·11"恐怖袭击事件之后。政府官员感觉到现行法律和宪法的规定没有给予他们足够的处理威胁的权力。最终，行政部门在较短的时间内从国会获得了新的权力，但是也参与了一些合法性存疑的反恐行动——刑讯逼供、大规模监听、非法留置以及"定点清除"。这些行为持续数年之久，最终要么被喊停，要么被给予了正式的法律授权。要求起诉"行为越界"的政府官员的呼声没有被理睬。而且由于保密法以及官员、主权等豁免方面的规定，政府不当行为的受害者在法院也打不赢官司，无法就其遭受的权力滥用获得任何赔偿或其他救济。

政府官员平时一直在呼吁自由裁量权。如果警察用警棍平息暴乱或者开枪追逐刑事嫌疑犯，受到伤害的人会发现他会很轻易地遇到保护警察免于诉讼的法律障碍（特别恶劣的情况除外）。这些法律反映出立法者对"后视偏差"（hindsight bias）的担心——惩罚警察可能导致负责维护公共秩序的人过于小心。

美联储和财政部的官员不必担心他们的人身安全，但是他们会面临和"9·11"恐怖袭击事件同样严重的金融紧急状况。和反恐勇士一样，他们要在极端不确定的情况下，在事情不断变化、没有时间进行必要的信息搜集和分析的条件下，做出非常困难的抉择，这涉及非常多的人的利益。可以预见的是，人们会犯很多错误，而除了特别恶劣的情况，不应该惩罚那些犯错的人。

但是这还涉及了其他问题。没有人会认为如果盖特纳或者伯南克犯了错，让人民遭受了很大损失，他们要自己掏腰包弥补。警察过去也几乎从来没有因为伤害了某人而被要求承担个人责任。问题是政府是不是应该为它们代理人所做的错误行为，赔偿那些受到损害的人。

法院也不应该有权阻止处理紧急状况的人（特别恶劣的情况仍然除外）。这样的权力相当于用无资质的法官的判断代替专家的判断。

问题是，当紧急情况已经结束，法院认定政府的代理人违法并造成了损害之后，政府是不是应该赔偿受害人。美国法的通说是"应该"。[9]事实上，根据法律的规定，美国政府也同意在政府的代理人实施侵权、毁约或者其他违法行为的情况下向受害人赔偿损失。这样的规定有几方面好处：它赔偿了受害人，澄清了过去经常处于模糊之中的法律法规的含义。如果有必要，公众可以提出异议，国会也可以修改这些法律。它还可以从一开始就阻却政府实施违法行为。[10]

用来规制警察日常行为的原则也应该适用于美联储。尽管事实上法律不可能为最终贷款人设置很多条条框框（所以最终贷款人一定会有很大的自由裁量权），但法律仍然可以进行一定程度的控制。最终贷款人也许需要"越界"。但是如果它真的这么做了，政府就得向受害者支付赔偿。

赔偿金的计算方法

紧急救助案件的原告面临的最大难题之一是计算赔偿金的数额。在传统的征收案件中，损失的计算方法是被征收财产的公允市场价值——原告大致可以用这笔钱购买被征收财产的替代品。这也确保了政府官员在征收财产时考虑公民因此承担的成本——至少这些官员要考虑政府的预算。然而如果征收发生在金融危机期间，这些计算方法都会失效。

只有存在市场时才存在公允市场价值，只有存在自愿的买方和卖方时才存在市场。如果政府征收了某人的房产，法院可以把该房产与同时卖出的附近其他房产进行对比，计算损失数额。用来对比的房价指的是买卖双方同意的价格。根据大小、家具家电等情况进行调整后，这一价格就可以适用于被征收的房产。

金融危机期间，信贷市场已经崩溃。这就意味着相关财产（担保债务凭证等信贷相关资产）停止了交易。买方都在忙着存钱，而不是花钱，所以有卖方却没有（或者很少有）买方。在比较极端的情况下，交易完全停止。即使是在正常情况下，交易虽然还会存在，但也会非常少，不可能从中得出类似财产的市场价格。这样，市场价格就和未来收益（本金＋利息）的现值产生了差距。现值100美元的票据可能找不到买家，或者只能找到只愿意低价收购（比如10美元）的买家。因为买家也要尽可能多地保留资金。

正如我们在阿门案中看到的，法院已经不能用公允市场价值衡量征收带来的损失（Serkin，2005）。我们举第二个例子。二战期间，美国政府关闭了铝市场，禁止了大部分铝的买卖。铝价狂跌。接着政府征收了一家企业的铝产品等物资，因此受到起诉。上诉法院认定，因为对市场的（合法）控制压低了市场价格，所以（非法）征收的赔偿数额就不能按照市场价格来确定。事实上，下级法院就是根据"公平意识"（sense of fairness）来决定赔偿数额的。[11]另一个案例中，美国政府成功劝说菲律宾政府禁止出口某些通讯设备，接着美国军队就征收了部分在菲美国人的财产。法院认定因为出口禁令压低了设备的市场价格，所以不能用市场价格来计算损失数额。[12]所以，在征收的案例中可以不用市场价格来确定赔偿数额。

然而在紧急援助案件中，法院还是使用了公允市场价值，至少悄悄地使用了公允市场价值。在美国国际集团的诉讼中，联邦诉讼法院否定了要求政府赔偿损失的诉请，因为法院认定如果政府没有向美国国际集团提供贷款，美国国际集团就会破产，其股票价值将会归零。过去曾经成交的美国国际集团的股份表明，转移给政府的79.9%的股份最少值200亿美元，这就是原告要求赔偿的数额。法院认为，之所以有人愿意为这些股份付出如此价格，完全是因为政府的贷款会挽救美国国际集团。否则，美国国际集团将一文不值，所以政府征收没有伤害任何人。

要理解这一逻辑存在的问题，就要想到政府一开始之所以愿意为美国国际集团提供贷款，是因为它认为美国国际集团的真实价格（当前被低估的利润的未来价值）是很高的。法律要求政府作出这方面的判断。而且有证据表明政府官员认为美国国际集团的真实价值颇高，这当然意味着美国国际集团的真实价值不是零。如果美国国际集团的市场价格是零，那只可能是因为买家正在囤积现金，而非购买金融资产。这在信贷市场被冻结的情况下也是合情合理的。

本案和上文讨论的两个案子并不完全一样。在上文讨论的两个案子中，政府确实压低了货物的市场价格，以便在征收的时候能借此省一笔钱。但是本案也差不多。政府确实通过不救助雷曼兄弟压低了金融资产的市场价格——尽管这不是政府的本意。在这种情况下的传统做法——依靠公允市场价值——的重大问题是根本就没有公允市场价值。公允市场价值有赖于能够正常运转的市场，而当初政府介入就是因为市场无法正常运作。如果对美国国际集团进行紧急救助的基础完全就是市场失灵，那么政府就不能援引市场价格作为拒绝向美国国际集团的股东支付股份价款的理由。

如果不能用市场价值计算赔偿金额，那应该用什么呢？我们不能反复依赖法官的公平意识。决定赔偿金额的方法应该符合征收条款所服务的宪法政策，其背后的考量是征收条款针对政府的权力滥用行为，为人民提供了保险。所以有人会问，如果金融机构针对政府在信贷危机期间征收金融资产的行为买了一份保险，那么保单应该是什么样子的？答案是可能会像信用违约互换合同一样，保险会覆盖资产的票面价值。更有深度的答案可能是保险会覆盖资产的真实价值。什么是真实价值？正如我们所看到的，金融危机暂时干扰了市场。只要债权人害怕放贷，危机就会一直持续下去。这是可以预测的，例如，差不多一年的时间里信贷如果恢复，到那个时候，市场价格会回到基本价格。在 2007—2008 年的金融危机中，受房地产泡沫的影响，相关资产价格被明显高估。所以，它们的真实价格应该基于房地产的实际价格。全国范围内的资产价格会回到历史趋势线（historical trend line）的期待是合理的。政府和公司明显使用了这条趋势线来计算资产的基础价值。进而政府据此提供了紧急贷款。用这些价值来计算征收的赔偿数额是比较妥当的。

有人可能会说，在 2008 年秋天什么事情都有可能发生。比如随着金融危机的延续，人们可能会取消他们的保单，因为他们需要留存现金。如果他们真的这么做了，美国国际集团下属的保险公司就会破产，美国政府就会亏本。虽然确实有这种可能，但是总有极端事件可以推翻我们用来计算资产价值的假设，例如可能爆发战争，可能会有技术革新干扰供求关系，可能会有火星人入侵。我们除了根据历史推演未来之外没有别的方法。历史并没有表明重大的金融危机会完全消除对保险的需求。

而汽车经销商的诉请是与之类似，但是相对而言更站不住脚的论点。汽车经销商认为政府强迫通用汽车和克莱斯勒取消它们的经销权相当于征收了它们的经销权。联邦巡回法院认为这种征收理论是站得住脚的，但同时认为交易商必须证明即使政府没有对通用汽车和克莱斯勒的复苏提供融资，他们的经销权也有价值。如果汽车制造商倒闭源于金融危机（不是自己错误的经营），而汽车制造商要是没有倒闭，经销商的生意也会蒸蒸日上，那么经销权的真实价值就超过了零，政府应该赔偿。但是要证实这些假设太难了，信贷冻结与终止经销商经销权之间的因果关系链条比信贷冻结与美国国际集团倒闭之间的因果关系链条还要长，所以主张赔偿的理由相对而言更站不住脚。

＊ ＊ ＊

征收制度是阻止政府权力滥用的底线。股东、债权人和其他利益相关方在危机后的诉讼中正确援引了这一规定，但是征收制度尚未完善的内核让它和理想还有一定的差距，难以完全解决金融危机留下的烂摊子。复杂的金融估值问题不属于法官的专业，因为他们缺乏这方面的指引。但我们可以通过改革法律做得更好。这就是下一章的论题。

注释

[1] Starr Int'l Co. v. United States，121 Fed. Cl. 428，436（2015）［引用了美国国际集团的财务顾问约翰·斯图津斯基（John Studzinski）的话］。

[2] Pub. L. No.110—343，122 Stat. 3765（2008）.

[3] 在美国国际集团一案中，原告胜诉依据的是正当程序条款（非法勒索理论），而不是征收条款，但我认为这两个理由实质上是相同的。为了叙述的简明，我将在本章中讨论征收问题。

[4] Pub. L. No.101—73，103 Stat. 183（1989）.

[5] 参阅 United States v. Winstar Corp.，518 U.S. 839（1996）。

[6] Armstrong v. United States，364 U.S. 40，49（1960）.

[7] 对于这些情况的分析，参阅 Romero（2006）。

[8] 718 F.2d 789（6th Cir. 1983）.

[9] 有个重要的限制条件：一般而言，政府如果在紧急情况下破坏了财产，而不是拿走了财产供自己使用，就不需要给人赔偿。参阅 Lee（2015）。这一例外情况相当令人费解，但是无论如何不适用于金融危机，因为受到争议的政府行为属于征收。

[10] 从理论上来说，政府官员不用自掏腰包支付损害赔偿金；问题在于他们是否要将自己行为的预算后果进行内部化。

[11] Wilson Athletic Goods Mfg. Co. v. United States，161 F.2d 915，918（7th Cir. 1947）.

[12] Turney v. United States，115 F. Supp. 457（Ct. Cl. 1953）.

EIGHT
POLITICS
AND REFORM

第八章
政治与改革

> 大家都叫我"救市先生",我不能再
> 这么干了。
>
> ——汉克·保尔森（Wessel，2009：14）

到目前为止，问题很简单。国会没有赋予最终贷款人足够的权力以应对危机。在金融危机化解方式上深受白芝浩的中央银行理论影响的政府机构，在可以规避法律的时候就规避法律，无法规避法律的时候就干脆违反法律。然而，法律并不是这些机构背负的唯一枷锁，除此以外还有政治。虽然我在前文已经多次触及政治问题，但是在提出改革建议之前，还是有必要再来专门谈谈这个问题。

政治

就在危机前夜，金融系统似乎还能让人人获利。所有的消费者，甚至连以往被信贷市场拒之门外的低收入消费者，都能得到廉价的贷款，包括低廉而又可调整的住房抵押贷款。整个房地产业（建筑商、地产经纪人、建筑工人）也都从信贷刺激出来的住房需求中受益。不但购车者可以获得廉价的信贷，汽车的经销商和制造商也可以从廉价信贷刺激出来的高需求中获益。而小银行和住房抵押贷款经纪人则发放了大量的房贷并把房贷卖给了房利美和房地美（政府赞助企业）或者投资银行，它们不仅从中获取了可观的利润，还借此把自己资产负债表里的风险转移了出去。至于大型金融机构，它们都在忙着打包住房抵押贷款、销售抵押贷款衍生证券和其他的资产支持证券，为对未来房市行情涨跌持各种态度的各方投资者设计复杂的交易方案，以此赚大钱。由于供给侧有大量的具有相对较高回报的安全的证券，主权财富基金、养老基金以及其他机构也都能因此得利。

所有人都在赚钱，中低收入人群也能够得到廉价的贷款。这些事实想必已经平息了所有质疑。让这架欢乐的"旋转木马"脱轨不符合任何人的利益——直到有少数的怀疑论者开始赌房价下跌。然而即使是他们，也不希望或者是没有想到整个金融系统都会崩塌。专家们确实发现，这个体系中的某些特定领域存在隐患，比如房利美和房地美的经营、复杂得让人看不懂的贷款以及令人费解和不透明的衍生品市场。然而，这个体系表面上的成功却让改革成为了不可能。

当储蓄贷款协会在 20 世纪 80 年代初期开始出岔子的时候，相关的机构——联邦储蓄贷款保险公司（Federal Saving and Loan Insurance Corporation，FSLIC），相当于为储蓄贷款协会量身定制的联邦存款保险公司（FDIC）——其实知道，还有更多的储蓄机构正处在资不抵债的边缘，或者已经资不抵债。但是联邦储蓄贷款保险公司同样面临着来自意识形态和政治方面的巨大压力。当时的里根政府一直致力于自由市场，所以反对政府救助，在整个危机期间的反应十分消极，储蓄机构的败落让里根当局非常尴尬。事实上，里根当局和国会在最开始还制定了《甘恩—圣哲曼储蓄机构法》（Garn-St. Germain Depository Institutions Act）[1]，允许储蓄机构进入它们此前并不熟悉的领域，比如房地产商业借贷，这就导致这场危机变得更加严重。随着危机不断恶化，联邦储蓄贷款保险公司诉诸国会寻求拨款，以便对资不抵债的企业进行清算，并吸收它们的损失，然而国会却退缩了。正如罗默和温格斯特[1]所观察到的，储蓄机构都想尽可能长久地继续存活下去，因为它们仍然期望着经济好转会让它得救，所以竭其所能地在参众两院制造各种"否决门"（vetogate）[2]。储蓄机构在某些地区和州的政治势力极大，来自这些选区的国会议员会配合储蓄机构，利用议会手段阻止改革（Romer & Weingast，1991）。由于没有办法让这些储蓄机构关门，监管部门只好鼓励财务健康的机构与病入膏肓的机构进行合并，以此维持它们的运营。然而，这也只不过是推迟了最后清算的日期，而且大大增加了救助的成本。到了20世纪90年代，救助最后还是来了。

次贷危机的表现形式虽然有所不同，但是仍然存在一些共同点。在2007年和2008年，监管部门享有更高的自由度，因为那时美联储主导了一切，而且它可以做到资金自给自足。而在储贷危机中，美联储发挥的作用却非常有限。从2007年到2008年，国会并没有像在储贷危机中那样对救助进行太多干涉。不过，由于危机的关键阶段来得太快，威胁到了金融系统和整体经济，国会在最后只好应邀出手。

然而，政治上的分歧却迅速扩大。普罗大众和两党政客都从根本上反对紧急救助。对右翼而言，救市会干扰自由市场。对左翼而言，

---

[1] 托马斯·罗默（Thomas Romer），美国普林斯顿大学伍德罗·威尔逊公共与国际事务学院政治学教授。

巴里·温格斯特（Barry Weingast），美国斯坦福大学政治学系沃德·克雷布斯家族（Ward Krebs Family）教授，胡佛研究所高级研究员。——译者注

[2] "否决门"的提法，暗指后文所说的储蓄机构利用议会手段阻止改革，很可能还牵涉不正当的甚至违法的行为和活动。自美国尼克松政府爆出"水门事件"（Watergate scandal）以来，"门"（-gate）作为后缀，已经逐渐成为了各种政治和非政治的丑闻的代名词。——译者注

救市会让富人们得利。从法律上来讲，虽然监管部门有权力，也有资源发放紧急贷款，但是它们也感受到了政治上的压力。为了安抚政府决策者和社会公众，监管部门试图在能处罚企业的时候就处罚企业，在无法处罚企业的时候就把发放的贷款藏起来。

在 2008 年 3 月对贝尔斯登的救助行动中，保尔森试图通过将贝尔斯登的股东收益控制在比较低的水平上，来完成这个艰巨的任务。就在一个月之前，贝尔斯登的股票交易价格还在每股 80 美元左右。摩根大通曾经提出每股 4 美元的收购价格要约，但是，显然是在政府方面的坚持下，它又把收购价格降到了每股 2 美元（FCIC，2011：290）。部分是由于操作层面的原因，保尔森的开局计划出师不利，价格在不久后又被抬到了 10 美元。①然而，政治上的麻烦不仅仅在于贝尔斯登的股东拿到了钱，还在于没有强迫贝尔斯登的债权人接受垫头。救助的目的是让债权人相信他们能够足额偿付，并以此恢复金融系统的信心。保尔森无法做到既要求垫头，同时又不妨碍这次救助的目的。

尽管对救市前景的政治反应是负面的，小布什当局还是设法让《房市及经济复苏法》在 2008 年 7 月获得了通过。[2]其中的关键在于，这部法律并没有直接对政府赞助企业提供实际的救助，而是仅仅授权政府机关在必要的时候救助它们。除此之外，保尔森还强调，与其说这项授权会增加实施救助的可能性，还不如说它会减少这种可能性，而且这部法律中还含有一些让政府有权接管企业的惩罚性条款。

---

① 操作层面的原因主要在于，摩根大通的律师在起草文件时存在疏忽，导致摩根大通向贝尔斯登作出了承诺，保证在接下来的一年内继续维持贝尔斯登原有的业务，并负责帮助贝尔斯登偿还债务；而且，即使摩根大通的股东最终拒绝接受这笔交易，这个承诺也不受影响。摩根大通的这个承诺，让贝尔斯登有了充足的谈判筹码来抬高收购价格。——译者注

对政治反应的担心还导致了监管部门最严重的失误——不救助雷曼兄弟。就在对贝尔斯登提供救助之后，国会两党和两位总统候选人——约翰·麦凯恩（John McCain）和巴拉克·奥巴马都反对继续开展紧急救助（Geithner，2014：175）。保尔森领会到了这一点。他曾在一次和其他政府官员的电话会议中说道："大家都叫我'救市先生'，我不能再这么干了。"（Wessel，2009：14）显然，保尔森和伯南克也都认为，雷曼兄弟的倒闭不仅不会损害金融系统，反而有利于消减自救助贝尔斯登以来就在金融系统中不断积聚的道德风险。此后，政治因素很可能再也没有起过决定性的作用，但是它加剧了判断上的失误。同样的事情也发生在了美国国际集团身上。在吸取了雷曼兄弟的教训后，保尔森和伯南克改变了态度，对美国国际集团实施了救助。不过，同样是基于对道德风险的担忧，惩罚性条款仍然被看作一种安抚公众情绪的手段——尽管在为美国国际集团特设的仕女巷 3 号交易中，惩罚性条款对投资银行对手方而言是比较宽容的。

随着这场危机不断发酵，分歧越来越严重。"华尔街"被人们视作危机的元凶和救助的受益者。这严重损害了大型银行在公众和国会心目中的可信度，但是银行仍然在幕后继续影响着事态的发展。最高层的政府官员们（包括保尔森），以及他们不计其数的副手和其他下属都是从华尔街招募而来的。通过由师生关系和共同利益构成的网络，他们与华尔街的管理人员之间有着千丝万缕的联系。而且，因为大型银行（只要它们还具有偿债能力）依然保有行动上的自由，政府只能温和地对待它们，以换取它们在解决危机过程中的合作。

危机也激起了针对华尔街的民粹主义式的反对意见。左翼要求向房屋业主提供政府援助——实际上就是紧急救助，这些业主被描绘成了毫无节操的抵押贷款放贷机构的受害者。在右翼，茶党运动的最初动因就是奥巴马总统计划要帮助那些还不了抵押贷款的房屋业主。

这些政治上的压力以不同的方式影响到了政府的各个部门。尽管所有的政府机关都要在救助金融系统的时候扮演一定角色,但是它们的角色以及由此而来的使命是不一样的。比如,希拉·拜耳就认为,她的首要职责是确保联邦存款保险基金不会被耗尽,只有这样,投保的储户才能获得保护。伯南克、盖特纳和保尔森则认为,她把存款保险基金的偿债能力问题放在了整个金融系统的安全之上。事实上,由于坚持联邦存款保险基金只能用于赔付那些购买了保险的储户,拜耳(的批评者认为她)其实是在把存款保险基金置于更大的风险之中,因为一旦影子银行体系崩溃,储户就会跑到银行挤兑,进而拖垮联邦存款保险基金。伯南克、盖特纳和保尔森试图说服拜耳进一步扩大联邦存款保险公司承保的范围。虽然拜耳最终同意了这个建议,允许联邦存款保险公司参与“临时流动性保证计划”(TLGP)和“公私合营投资基金”(PPIF),但是她是在已经发生延误和摩擦之后才这样做的。

伯南克把美联储看作终极的最终贷款人(ultimate LLR),但是他并没有在其能力范围内对美联储的角色定位作出足够的解释。传统上,美联储通过自己的运营来获取经济回报,而且每年都向财政部上缴利润(收入减去运营支出)。随着这场金融危机逐渐恶化,伯南克开始担心美联储需要交给财政部的利润可能会因为美联储遭受损失而减少。他认为,如果美联储发生了损失,甚至无钱上缴财政部,那么政治上的后果将会非常严重。这或许可以解释,为什么伯南克常常把《联邦储备法》第 13(3)节解读为美联储只可以向具有偿债能力的机构发放贷款[3],尽管该部分并没有这样的限制;还可以解释为什么伯南克时时让保尔森以书面函件支持某个特定的可能会赔钱的借贷项目

（Bernanke，2015：220）。起先，伯南克曾经想让财政部作出某种"保证"，也就是（举例而言）如果某个美联储的借款人不能归还一笔 10 亿美元的贷款，那么财政部就要先行向美联储拨付 10 亿美元，等到年底，美联储再把这笔钱还给财政部。在保尔森看来，就这些贷款而言，美联储需要的是政治上的而不是法律上的支持，保尔森十分愿意配合（Paulson，2010：114—115）。然而，如果这些函件并不是法律所要求的，那么伯南克就应该知道法律并不禁止美联储发放有可能亏损的贷款；否则，就意味着他知道自己正在违反法律规定。[4]伯南克的种种顾虑有助于解释为什么他会拒绝救助雷曼兄弟，以及为什么他会告诉保尔森有必要诉诸国会，争取额外的资金。

按照惯例，财政部是国家财政机关。依据国会的授权，财政部可以替政府花钱。这就是为什么保尔森会在《紧急经济稳定法》的立法过程中主导与国会的谈判[5]，以及为什么《紧急经济稳定法》要授权通过财政部进行支出，也解释了为什么伯南克会让保尔森发函支持可能亏损的美联储项目。借助《紧急经济稳定法》，财政部可以进行风险投资，可以购买风险资产，所以也被允许造成损失。

作为处在总统直接领导之下的非独立机构，相比于美联储和联邦存款保险公司，财政部的"政治性"更强，也对经由总统传递而来的民意更为敏感；而美联储和联邦存款保险公司的主要关注点是在与国会的互动中维护自身的合法性。这在财政部的行动中也有所反映。保尔森（之后是盖特纳）就经常征求总统和国会的意见。保尔森曾经因为救助贝尔斯登所引发的负面反应吃过苦头，而且内心也反对干预市场，所以他对紧急救助的态度一开始就要比美联储更加谨慎。盖特纳一到财政部就职，就发现自己处于国会的压力之下，国会要求他动用问题资产救助计划下的资金，以缓解抵押品止赎的情况，尽管他怀疑这么做的效果（Geithner，2014：209—210）。相比之下，美联储和联邦存款保险公司对该问题几乎没什么兴趣。[6]

尽管美联储、财政部和联邦存款保险公司是当时的行动主力，但是它们也要和有权对金融系统进行监管的其他政府机构展开竞争。货币监理署（OCC）和储蓄机构监管办公室（OTS）是全国性银行和联邦储蓄贷款协会的主要监管部门。这些机构不具有最终贷款人的权力，但是也在试图保护受其监管的机构免于倒闭。证券交易委员会（SEC）行使了它的应急权力，发布了暂时禁止卖空的禁令（这显然是在美联储和财政部的要求之下做的），但除此以外，它几乎没帮上什么忙。[7]联邦住房融资局（FHFA）负责的是房利美和房地美的具体托管事宜，盖特纳后来曾抱怨过，说联邦住房融资局妨碍了重振抵押贷款市场的努力（Geithner，2014：171—174）。[8]

甚至在最主要的最终贷款机构之间，分权也导致了各种冲突。2008 年 9 月，美联银行这家大型的全国性银行濒临倒闭。政府为此帮它撮合了一桩交易，拟由花旗集团在政府的支持下并购美联银行。然而，就在并购实施之前，富国银行却向美联银行提出了更有吸引力的方案。盖特纳认为联邦存款保险公司应该阻止或者劝阻富国银行竞标，但是拜耳却同意让富国银行继续参与交易。部分原因在于，富国银行的财务状况要比花旗集团更健康。她担心花旗集团难以顺利地吞并美联银行，这会让联邦存款保险公司的保险基金面临巨额债务。拜耳的决定激怒了盖特纳，盖特纳认为政府的信誉会受到影响。不过，看起来双方分歧的真正原因是盖特纳想帮助花旗集团，让它从美联银行的存款基础中受益[9]。

对于这个插曲，可以作两种解读：既可以是一种关于危机的正确应对方式的善意分歧，也可以是一种不同部门之间的职责冲突。如果按前一种来理解，那么政府机构之间的分歧就在于时机的把握和策略的选择：为了帮助花旗集团，到底应该在富国银行的方案更好的情况下仍然有意偏向花旗集团，还是等事后再向花旗集团直接注资（正如后来发生的那样）？拜耳认为，后一种方法更加透明，也更加公平；盖特纳则认为，当时的形势并不允许这样做。如果是作为部门之间的冲突，那么这一分歧就可以被看作每个部门都在保护自己的地盘。联邦存款保险公司想要保护银行的保险基金。盖特纳则想要保护一家和纽约联邦储备银行有着紧密联系的大型银行。

综上所述，对救市行动的最初反应表明，三个最终贷款机构之间的共识大于分歧。这或许体现了它们仅具有相对的政治独立性。即使是保尔森，也因为小布什总统成了"跛脚鸭"① 而受益。相比之下，国会就不能免于政治。与小布什总统不同，国会议员们还要面对 2008 年 11 月的选战。到了制定《紧急经济稳定法》的时候，许多民众对救市措施的态度已经有所转变，但是依然存在严重的分歧，所以《紧急经济稳定法》起初在众议院的投票表决中没有获得通过。直到后来在参议院的审议稿中加入了价值 1 500 亿美元的政治利益分肥之后，法案才最终获得通过。[10]其中，大多数的"贿赂"——比如取消针对玩具箭支的消费税（*Washinton Post*，2008），只是对利益集团的利益输送，和该法要解决的政策问题其实并没有关系。《紧急经济稳定法》

① 在美国政界，"跛脚鸭"（lame-duck）一般用来形容任期即将届满的政治人物举步维艰的窘境，特别是两届任期临近结束的总统。但是，跛脚鸭有时反而会下决心提出不受欢迎的政策和任命。比如，有些总统会赶在新总统上任前推出"子夜法令"（midnight regulations）。关于保尔森的受益，译者试举一例：2009 年 1 月 12 日，小布什总统请求国会拨付问题资产救助计划的第二笔资金，以便保尔森救助通用汽车、克莱斯勒以及它们的融资部门，国会同意了这一请求。这也使得即将就任的奥巴马可以免于承受这种在政治上不得人心的压力。——译者注

的实质性条款表明，该法案受到了金融业的影响。阿蒂夫·迈恩（Atif Mian）、阿米尔·苏非（Amir Sufi）和特雷比[①]发现，从数据统计上来看，华尔街对特定当选官员的竞选献金，与该官员对《紧急经济稳定法》的支持之间存在显著的相关性（Mian, Sufi & Trebbi, 2010）。[11]

关于政府应对金融危机的情况，有相当多的争论都在讨论监管部门是否会因为顾忌银行的政治影响力而对它们手下留情。西蒙·约翰逊和郭庚信[②]在他们广受好评的著作《13 个银行家》（*13 Bankers*）中认为，政府的高层官员在意识形态上其实已经被银行俘获。他们中的很多人就来自华尔街，还有很多人则希望能在政府任期结束后去华尔街赚钱。然而，这方面的证据比较复杂。我们可以来看看以下的段落，在这里两位作者对 2008 年 10 月 13 日政府向九家主要银行注入资本的条件表达了不满：

但是，正如潘伟迪[③]所承认的那样，政府正在给银行提供廉价的资本……简单来讲，高盛集团前任首席执行官保尔森正在把

---

① 弗兰西斯科·特雷比（Francesco Trebbi），加拿大不列颠哥伦比亚大学温哥华经济学院教授，加拿大高等研究院（CIFAR）成员，美国国民经济研究局研究员。关于迈恩与苏非的简介，参见本书第一章脚注。——译者注

② 西蒙·约翰逊（Simon Johnson），美国麻省理工学院斯隆商学院罗纳德·库尔茨（Ronald Kurtz）企业家精神教授，彼得森国际经济研究所（PIIE）高级研究员，国会预算办公室经济咨询小组成员，联邦存款保险公司系统性风险处置咨询委员会成员。曾任国际货币基金组织首席经济学家。

郭庚信（James Kwak），美国康涅狄格大学法学院教授，哈佛大学法学院公司治理项目研究员。此前曾是一位管理咨询专家和一家软件公司的联合创始人。——译者注

③ 潘伟迪（Pandit），印度裔美国银行家和投资人，时任花旗集团首席执行官（2007—2012）。——译者注

钱免费送到他的前同事面前……按照（时任财政部助理部长的）施瓦格（Swagel）的说法，政府不能强迫银行同意接受政府投资，所以必须提供有吸引力的条件。诚然，确实有一些银行表示它们不需要政府的资本。然而，政府掌握着监管权力，可以用将来必要时不给予救助的表示来威胁银行，而且，一旦它们的竞争对手得到了钱，那么没有拿到钱就离开谈判桌的银行就要承担风险，所以政府手上还是有相当多的谈判筹码。相关的政府官员完全清楚自己所处的强势地位。会谈期间，保尔森曾在回应反对意见时说："你的监管者现在就坐在这里"，这里的监管者是指货币监理署的主任和联邦存款保险公司的主席。"所以明天你就会接到一个电话，告诉你你们的资本不足，而且你们在私人市场上也不可能筹到钱。"（Johnson & Kwak，2010：154—155）

问题在于，相较于经营状况比较差的企业，经营状况更好的企业将会因拒绝接受政府资金而获得竞争上的优势。因为从政府手中拿钱会导致被污名化，危机期间的经验表明，储户和其他债权人很有可能会把他们的资金转移到拒绝接受政府资本的银行，进而降低这些银行的成本，而且政府的威胁是空虚而乏力的。约翰逊和郭庾信想让我们相信，政府要在危机中关掉那些经营状况最好的银行，却让比较差的银行存续下去；另外，继拒绝救助雷曼兄弟之后，政府可能会再次拒绝救助一家"大而不能倒"的银行。尽管有证据显示，银行对监管部门确实具有影响力，[12] 不过，这只是个次要的问题。真正的问题在于，监管部门在金融危机期间缺乏对银行进行强制的权力。迫于自身权力的限制，监管部门需要银行的合作，为了获得这种合作，它们必须给银行一些东西作为回报。

基于类似的理路，迈恩和苏非指出，监管部门把救助行动的重心错误地放在了银行身上，其实它们更应该向购房者提供救助——这是银行影响力过大的又一证据（Mian & Sufi，2014）。对这两位作者而言，救助购房者才是促进经济复苏的更有效的方法，所以监管部门的做法是错误的。由于债务当头，购房者不得不减少开支，同时，由于他们不敢花钱，即使是在流动性危机结束之后，银行的借贷活动也只能继续停摆。解决的办法是推动重启购房者的消费，而不是银行的借贷，这就要求减免购房者的债务。尽管政府确实启动了业主救济项目（homeowner relief programs），但是相对而言，投入其中的资源还是太少了。

　　然而与约翰逊和郭庚信一样，迈恩和苏非对监管部门的批评也有些太过严苛了。没有能够救助购房者的原因在于，相较于仅仅救助几家银行，救助数百万人的操作是非常复杂的。有证据显示，业主救济项目之所以失败，就是因为它试图帮助的市场过于复杂（Agarwal et al.，2012；2015）。如果该证据能够成立，那么它就可以支持监管部门的判断，反驳迈恩和苏非的批评。

　　诚然，监管者们对很多个案的处理都值得商榷，然而最终的评价必然是：他们的应对举措总体而言是得当的。政治的压力对他们的行为或多或少有一些影响，但是并没有使他们偏离自己的使命，即保护和救助金融系统。同时，监管者们（尤其是美联储和财政部的官员）展现出了令人印象深刻的专业能力和丰富经验，他们的行动也正是建基于这样的专业能力和丰富经验之上的。至于国会，没有证据显示有任何人——即使是像众议院金融服务委员会（House Financial Services Committee）主席巴尼·弗兰克（Barney Frank）那样聪明并且同样熟悉金融事务的人——对正在发生的事情有哪怕有一丁点了解。

这场危机的政治教训就是，监管部门（而不是国会）应该拥有应对处理金融危机的主要权力；而且，监管部门还需要更多的权力，只有这样，他们才能尽可能地避免为决策所可能引发的政治反应瞻前顾后，也不必诉诸国会以争取更多的权力和财力。监管部门虽然也存在滥用权力的问题，但是它们的处置在总体上讲是得当的。与之相比，国会能做的事却相当有限，不过就是一个橡皮图章。迈恩、苏非和特雷比的发现进一步支持了这一结论。他们用美国国内和国外的证据证明，金融危机将如所预期的那样在公众层面导致债权人和债务人之间的对立分化，进而在政治层面造成僵局（Mian，Sufi & Trebbi，2014）。《紧急经济稳定法》就是一个比较近的例子。法案之所以最终得以通过，纯粹是因为向利益集团输送了大量利益。由于政治上存在僵局，国会能做的太少了。反观过去，在储贷危机期间，监管部门最开始也想做正确的事（关闭那些储蓄机构），但是国会横加阻挠，才导致它们被迫采取了不明智的措施。

然而，正如之前我曾经讲过的，如果监管部门也会滥用权力，那么到底要怎么做，才能在赋予它们更多权力的同时，又避免它们滥用权力呢？

改革

政府救市所引发的负面反应铺天盖地，极大影响了《多德-弗兰克法》的起草工作。正如国会在这部法律的序言中所宣布的那样，该法的宗旨是"通过终结政府救市来保护美国纳税人"[13]。奥巴马总统也表示："有了这部法律，美国人民再也不用为华尔街的错误买单了。"（Obama，2013）但是数年之后，盖特纳却承认，《多德-弗兰克法》并不能让紧急救市从此消失。作为回应，众议院的共和党人也发表了一份措辞严厉的报告，标题为《未能终结"大而不能倒"：对〈多德-弗兰克法〉实施四年以来的评估》(Republican Staff of the Committee on Financial Services, 2014)。共和党人认为，《多德-弗兰克法》鼓励金融机构不断扩张，一旦它们再也付不起自己的账单，政府将不得不向这些已经变得太大的机构提供援助，这就增加了未来再次进行紧急救市的可能性。

《多德-弗兰克法》试图从两个方面入手来终结紧急救市。其一，该法有意解决金融危机的肇因——银行以及其他金融机构所承担的过度风险。《多德-弗兰克法》之前的法律鼓励金融监管部门对各种类型的金融机构进行事前监管，诸如资本要求之类的事前监管制度会提高发放风险贷款或者购买风险资产的成本，这将减少系统内的风险。《多德-弗兰克法》则要求监管部门把目标转向"大而不能倒"的非银行金融机构，它们在这场危机之前所受到的监管相当有限。《多德-弗兰克法》还引入了"沃尔克规则"①，以限制银行交易金融票据的自由，除非此等交易可以减少而非增加风险或者可以发挥重要的商业功

---

① 沃尔克规则（the Volcker rule）是以其倡议者，美联储第六任主席（1979—1987），时任奥巴马政府经济复苏顾问委员会主席保罗·沃尔克（Paul Volcker）的名字命名的一项重要监管制度，其内容以限制银行从事自营交易为主，即限制银行利用参加联邦存款保险的存款进行证券、期货、基金、衍生品等自营交易行为。所谓自营交易，是指银行在交易账户中持有的、以短期内再出售为目的，旨在通过短期价格波动套利获取利润的交易，或为上述交易进行对冲的交易。可以说，通过将自营交易业务与商业银行业务相分离，沃尔克规则在一定程度上恢复了已于1999年被废除的《格拉斯-斯蒂格尔法》，从而把投资银行业务和商业银行业务再度区分了开来。但是，批评者认为沃尔克规则依然缺少对自营交易业务和做市交易业务的明确区分，这也为银行继续扩大对冲基金与私募股权投资比例留下了大片灰色地带。同时，还有些批评者指出沃尔克规则不具有可操作性，限制混业经营会让美国银行在同欧洲银行的竞争中处于不利地位，而且它的目标也是错误的，会让一些投资银行成为漏网之鱼。——译者注

能。《多德-弗兰克法》还强化了监管部门的职能，赋予了它们更多权力，以压制银行对过度监管的一贯抱怨。

其二，《多德-弗兰克法》有意限制政府机构对深陷困境的金融机构实施救助的权力，以图终结紧急救市。该法创设了一个新的监管主体——金融稳定监管委员会（Financial Stability Oversight Council, FSOC），以确保各机构在发起金融救助之前取得更广泛的共识。法律不允许财政部为支援货币市场共同基金而动用外汇平准基金（ESF），并对联邦存款保险公司向金融机构提供担保的权力作了限制。这其实就是对它们危机期间的越权行为进行纠正。更重要的是，该法对《联邦储备法》第 13（3）节的规定作了修正，要求紧急贷款必须通过"具有广泛适用性的项目或者工具"发放。[14]这一修正条款旨在禁止像对贝尔斯登和美国国际集团那样的救助，因为此类救助的对象是个别企业，而不是某一类企业。相比之下，信贷工具对所有满足特定标准的企业都是开放的。根据修正条款，这样的工具仍然是合法的。

上述的第一点是可以理解的。尽管没有人能就金融系统究竟应当受到何等程度的监管达成一致，但是，同样没有人能否认监管的正当性。对金融系统的监管不足催生了这场金融危机，所以我们现在要寄希望于监管部门，期待它们能够搞明白如何才能在不阻抑借贷的情况下加强监管。归根结底，主要就是决定采取哪种资本要求——需要多严格？怎样根据受监管企业的投资风险进行调整？过度的监管会让经济增长停滞，但是，太宽松的监管又会让再一次发生金融危机的概率上升到无法承受的程度。

不过，在经济增长和金融危机风险之间的权衡揭示了另一个事实。对此盖特纳也曾予以承认，那就是：任何程度的监管都不可能把危机的风险降低到零。即使进行最优监管，未来的某一时刻还是有可能会发生另一场金融危机。《多德-弗兰克法》不可能防止金融危机的发生，所以它不可能终结紧急救助。金融危机一旦发生，紧急救助就是正确的对策。这就意味着，国会对危机的第二种反应——对最终贷款人加以限制，与其说是明智之举，还不如说它有悖常理。

国会很可能明白其中的两难处境，所以它一边限制了最终贷款人的权力，另一边却又为最终贷款人赋予更多的权力。国会为非银行金融机构创设了一个迫切需要的清算制度，将其命名为有序清算机制（Orderly Liquidation Authority，OLA），并将其置于联邦存款保险公司的控制之下。[15]有序清算机制可以把钱借给资不抵债的非银行金融机构（雷曼兄弟很可能就是典型），这样它们就可以存续足够长的时间，从而确保它们的交易对手方也能得到保护。执行有序清算机制所需要的权力超过了白芝浩的"经典处方"（白芝浩将贷款的对象限定为具有偿债能力的企业），也超过了美联储在第 13（3）节下享有的权力。这反映了 2007—2008 年的金融危机所揭示的一个主要教训：为了保护整个体系，或许有必要向资不抵债的企业发放紧急贷款。

但是，政府提供救助会不会对金融机构产生不当激励呢？这就是我们曾经一次又一次见到的有关道德风险的争论。然而，正如我之前说过的，存在道德风险本身并不能说明任何事情。所有的保险项目都会引发道德风险。如果事前监管可以控制一部分道德风险，而保险又确实是必需的，那么剩余的道德风险就只不过是保险的一部分代价罢了。诚然，如果消防部门做不到随时待命救灾，人们就会更加注意防范火灾；如果政府拒绝派遣应急人员去解救因为洪水受困的群众，人们就不太会搬到有水患的区域居住。然而问题在于，即便政府不会施以援手，火灾照样会发生，洪水也照样会摧毁房屋。政府提供的保险既然能够帮助那些真正遇到不幸的人，那么就一定也可以帮到不顾风险的人。

金融危机是一个比火灾或者水灾更复杂的问题，因为金融危机在很大程度上是一个纯粹的心理现象。就像人们常说的，这是一种"信心危机"（crisis of confidence）。有一个比较流行的解决道德风险的方法是，坚持要求那些从政府的救助中受益的债权人接受垫头。这样做，可以给他们一个在以后的借贷活动中提高警惕的事后激励。然而这种方法的问题在于，一旦出现恐慌，主张垫头会加剧恐慌。在英国，政府给银行储户的保险保障曾经不是全额的。对于超过2 000英镑的存款损失，他们只能保住其中的90%，而且理赔额最高不能超过35 000英镑。在2007年9月北石银行（Northern Rock bank）挤兑事件发生后，英国的监管部门迫于形势，只好取消了这个10%的免赔额，并提高了理赔额的上限。

为了便于理解，我们可以火灾为例做个类比。尽管政府完全可以向求助于消防部门的人们收费，但是它不会这样做。假设，想要消防队灭火，受灾人就必须支付5 000美元，这相当于保险的免赔额，这笔费用可以促使人们更加小心地防范火灾。但是问题在于如果只是为了扑灭一场小火，与其呼叫付费消防队，人们更愿意用壁橱里的手提式灭火器。但若这类手提式的灭火器不足以灭火，那么火灾就有可能蔓延到其他房屋。因此通过为火灾提供全额保险，而不是部分保险，政府可以减少在危机爆发后又引发其他错误行为的风险。

在金融问题上，要化解道德风险，实际唯一可行的方法就是实行严格的事前监管。事前监管包括资本监管、承销要求以及其他措施。当然，如果有金融机构违反了这些监管制度，政府仍然可以在危机结束后对它们进行处罚，特别是在它们的违规行为对危机有催化作用的情况下——就像2007年和2008年时所发生的那样。但是必须引起重视的是，罚款和其他处罚措施只有在危机结束后才可实施，不能在危机期间临时起意，利用严苛的救助条件施行惩罚。而且，处罚的对象只能是违规的企业，不能是遵守规则的企业。[16]如果连遵守规则的企业都受了处罚，那么企业从一开始就不会再有遵守规则的动力了。

最终贷款人需要什么样的权力？

最终贷款人原有的权力不仅应当被保留，还应当加以强化。以银行为中心的世界观已经被金融危机所摧毁，这本是传统意义上的最终贷款人存在的基础。这种世界观，在传统的银行业（银行通过吸收存款以提供对外贷款）和其他类型的金融活动之间画下了一道界线。最终贷款人就是作为终极救济手段的贷款人——它将在银行停止放贷的时候取而代之，履行银行的放贷职能。至于从事交易或者投机活动的其他类型的金融机构，最终贷款人并不会对它们提供保护。

新型的最终贷款人还必须同时是"终极做市商"（market-maker of last resort）或者"终极交易商"（dealer of last resort）。因为有太多的期限转换需要通过非银行金融机构（经纪自营商、对冲基金、货币市场共同基金，旗下拥有银行的金融控股公司所掌握的特殊目的载体）实现，它们可以把短期的借贷转化为可交易的证券，所以最终贷款人必须获得授权，以便向这些机构提供流动性支持。

这种新型的最终贷款人到底需要什么样的权力，才能履行如此宽泛的职能？就最低限度而言，美联储、财政部和联邦存款保险公司在2007—2008年金融危机期间所行使的权力（其中大部分是非法的），新型的最终贷款人都需要。这些权力包括：

（1）购买金融资产，包括本票、贷款、债券和股票等；

（2）向金融机构发放无担保贷款、未足额担保贷款以及担保贷款

（并且接受低质量的担保物）；

　　（3）与包括银行在内的所有金融机构按照公平条件进行交易；

　　（4）在国家征收权的权限范围内征收金融机构，并控制其行动，事后再根据司法评估意见对征收行为做出公平的补偿；

　　（5）为金融机构的待偿债务和新生债务提供担保；

　　（6）命令货币监理署、证券交易委员会等监管机构采取必要的危机应对措施（比如，对卖空交易发布禁令）。[17]

　　诚然，这些权力相当刺眼，但是金融经济学家和其他在危机过后曾对最终贷款人有过思考的人似乎都认为这些权力是必要的。[18]历史的经验同样证明了这一点，由于缺乏政治上的支持和法律上的授权，在面对20世纪30年代的流动性危机时，最终贷款人的应对有所不足（Carlson & Wheelock，2013）。对于那场始于2007年的金融危机，最终贷款人的反应确实太慢了。

　　为什么上述所有这些权力都是必要的，而传统的白芝浩的方法存在不足？2007—2008年的那场金融危机向我们展示了原因。由于害怕被钉在经营不善的耻辱柱上，即使是流动性困难的金融机构，也倾向于推迟从紧急信贷工具中借钱。所以，最终贷款人不仅要有强迫企业举债的权力，还要有强迫经营状况良好的企业一同举债的权力，以避免市场逐个锁死那些情况较差的企业。此外，危机也表明，金融机构在收到紧急贷款以后，有很强的动机囤积资金，然而，只有当它们从借到的钱中再拿一部分贷出去的时候，这个体系才能在整体上获益。所以，最终贷款人要有命令企业开展金融交易的权力。最后，危机还告诉我们，那些应当被给予紧急贷款的金融机构很可能没有能力提供担保物，而且在任何情况下想要评估担保物的价值可能都是非常困难的。所以，最终贷款人要有进行资本注入、提供无担保贷款或者部分担保贷款以及购买资产的权力。

为了落实这些改革，立法上必须要有大动作。在大多数情况下，美联储和相关的最终贷款人机构都缺乏开展上述活动的权力，所以需要国会以立法的形式进行授权。在某些情况下，法律则明确禁止美联储采取行动，比如，除了有限的例外情况，法律不允许美联储向资本不足的银行提供贷款。国会应当取消这些禁止性规定。

防护机制

鉴于最终贷款人的权力非常巨大，它应当只被允许在金融危机爆发以后开展行动。和目前的规定一样，法律必须规定，只有当包括总统在内的最高级别经济官员中的绝大多数人达成一致意见的时候，最终贷款人才可以行使其权力。而且，这些官员还应当发布公告，公示发生危机的客观指标，比如信贷冻结或者其他信心丧失的标志。

巨大的权力会有被滥用的风险，所以最终贷款人不应该被授予无限制的权力。2007—2008 年的危机表明，在危机期间实行司法审查是不现实的。因为法院的行动太过滞后，而且缺乏专业知识，法官也不愿意干涉专业机构的应急行动，所以即使有人因为政府的行动而受到了不利影响，他也无法说服法院进行干预。[19] 然而，这种观点一旦被推向极端，所有对政府的限制都将形同虚设。我们要实施的是一套能在危机过后对权力滥用行为进行纠正的健全的法律制度。如前文所述，假如最终贷款人利用手中的权力取得了企业或者其他资产，那么，所有权人就应该有权起诉政府，要求按照资产的基础价值，而不是受危机影响的价格来进行赔偿。此外，假如最终贷款人行使了监管权力，命令企业剥离资产或者发放贷款，那么，企业就有权在危机过后提起诉讼，只要它们能够证明最终贷款人的行为不合理，就应当获得救济。危机过后，一般应由独立的政府机构进行调查，它们有权从最终贷款人处强制获取证言，强行开示文书，并可以通过收集和公开相关事实，为此类诉讼提供便利。

由于针对这些问题的成文法少之又少，大部分的诉讼都会涉及宪法性的权利主张，而这方面的先例又十分有限，这就给法院造成了困难。要解决这一问题，国会应当出台一部法律，规定在金融危机过后对政府提起诉讼的法律程序。这部法律最重要的特征，应当是用专门条款明确，危机之后的诉讼中以发放救助贷款时所估算的基础价值或者真实价值作为计算损害赔偿金额的依据。如果政府以一个不能反映基础价值的价格发放贷款、购买资产、作出担保或者提供其他金融服务，那么它就必须向对手方补足交易价格与基础价值之间的差额。法律必须防止政府利用其在流动性危机中的信贷垄断地位从企业攫取财富。

这条十分简单的规则会对政府的行为产生重大影响。回想一下，在那场危机期间，为了找到理由给自己想救的企业发放贷款，政府采用了较高的资产估值金额。而在危机过后，为了解释自己为什么没有能够向某些企业（比如雷曼兄弟）提供贷款，以及为什么对某些企业（比如美国国际集团）过分抬价，政府却采纳了较低的资产估值结果。只需要有一个简单的前后一致性要求，强制要求政府采用前后一致的评估方法，就可以避免政府出现偏私，还可以为政府保留应对危机所必需的灵活性。

管理体制

金融监管机构之间复杂的职责分工曾经妨碍了危机应对。那么，究竟应该如何对最终贷款人进行设计，才能让它做得更好？有一个比较具有诱惑性的主张是，所有的权力都应当被授予一个单一的机构，这样就可以一举解决不同机构之间存在对立的问题。然而，一个权力如此巨大的机构，在政治上能否获得接受是存在疑问的。而且，现有的机构在政府的组织架构中已经根深蒂固，很难予以撤销。《多德-弗兰克法》撤销了储蓄机构监管办公室，但是为了解决其他机构的地位固化问题，它又在这些机构之上新设了一个协调机构，即金融稳定监管委员会。[20]金融稳定监管委员会可以寻找金融系统中的风险、确定有系统性风险的机构、对"大而不能倒"的实体进行拆分。然而除了协调职能以外，它不具有任何实施救助的权力。

这样做看起来是不够的，不过目前还没有找到更好的替代方案。正如这场金融危机所揭示的那样，现行监管体制的问题在于这些不同的机构都有自己所要保护的利益群体：货币监理署要保护的是纽约的大型银行，储蓄机构监管办公室要保护的是储蓄机构，联邦存款保险公司要保护的是大街上的普通银行，美联储要保护的是华尔街的大型金融机构，至于联邦应急管理局（Federal Emergency Management Agency，FEMA）或者国民警卫队（National Guard），它们不会特别偏向某些利益群体，而是将自己的使命视为保护人民和恢复秩序。[21]有人可能会认为，金融行政机构应该被赋予类似的纯粹事后职能，将其从事前监管的职责中完全解脱出来，以避免其更加偏袒某些群体。然而，为了确保这些机构掌握足够的关于金融系统的信息和专业知识，使其能在危机期间采取明智的行动，看起来，保持事前监管和事后应对之间的相互联系还是有其必要的。

如果我们以史为鉴，就会发现美联储可能是倾向性最小的行政机构，同时也是最能考虑公众利益而非特定团体利益的机构。由于中央银行具有控制货币供应的权力，所以相较于其他机构，它在处理金融危机中更具优势地位。长久以来，大家都明白中央银行的这一角色，而且这一角色在中央银行的职责和自我认知中均处于核心地位。在所有的金融行政机构中，美联储具有最大的权力和最高的水平。诚然，操作层面和体制层面的限制不是光凭主观愿望就能摆脱的，但是国会应当逐渐把更多的权力转授给美联储，比如购买资产、发放无担保贷款、收购股份的权力，同时应当尽量在政治可行的范围内把最终贷款人的权力从其他机构中剥离出去。

此外，或许还有必要让最终贷款人能够代表更多的声音——与金融界的关系并不那么紧密的群体的声音。如果迈恩和苏非关于最终贷款人受到银行过多影响以致低估了救助购房者的重要性的观点（Mian & Sufi，2014）是正确的，那么，可能就有必要让最终贷款人再添一重住房行政机构的身份，把房屋业主也纳入其利益群体。

最终贷款人的集中和独立

这场金融危机暴露了最终贷款人的权力存在明显不足的问题。国会通过有序清算机制弥补了其中的一大空白点，与此同时却又任性地扩大了其他的一些空白点。国会原本应当进一步强化最终贷款人的权力，把尽可能多的权力集中到美联储手中，并让这些权力受到程序性的制约——只有在最高级别的经济官员和总统就金融危机已经开始的事实达成一致意见的时候，美联储才可以扣动"扳机"。其中的道理很简单。美联储和其他行政机构目前所享有的最终贷款人的权力，反映的还是过去那个简单的世界。在那个世界里，银行体系是短期债务的主要来源，所以，只要有联邦存款保险公司的基金，再加上美联储的剩余贷款权力（residual lending powers），就足以化解危机，甚至可以防止危机发生。然而，我们现在需要的是一个可以让最终贷款人管理影子银行的新体系，而且最终贷款人的权力必须掌握在与政治保持实质性独立的机构手中。只有这样，它才能抵抗在2007—2008年这次危机中出现过的那些会妨碍国会行动的，来自意识形态和政治方面的压力。

出于种种原因，国会没有创设前文所设想的那种最终贷款人。其中大部分原因是政治方面的，包括对美联储的不信任以及对救助华尔街企业的普遍反感。之所以要限制最终贷款人，政策上最重要的原因是人们认为最终贷款人的慷慨会鼓励金融机构不计后果草率行事。《多德-弗兰克法》贯彻的就是这种理念。然而，道德风险并不是剥夺最终贷款人权力的正当理由，因为最终贷款人救助金融体系时确实需要这些权力。在主流的经济圈子和政治圈子里，最终贷款人的必要性是无可置疑的。如果最终贷款人是必要的，那么它就应该被授予它所需要的权力。鉴于存在道德风险，诸如资本要求之类的独立于最终贷款人权力的事前监管是有必要的；要求最终贷款人惩罚获救的企业，比如按照白芝浩最初的建议收取较高的利率，（可想而知）也是有必要的。无论是事前监管的权力，还是事后惩罚的权力，都与强大而有力的最终贷款人的定位相符。

作为类比，可以假设一个小镇深受住房失火之苦，原因是房屋业主粗心大意，不仅不安装烟雾报警器，还在地下室里储存易燃物。为了解决这一问题，这个小镇可以制定一部火灾法典，通过执法检查来强制执法，这是比较明智的选择。但这个小镇也可以要求消防部门，把消防水管换成玩具水枪，把消防车换成马拉拖车。用第二种方法必然可以解决道德风险。由于担心消防队救不了他们的房子，这里的居民就会更加小心。然而，不是所有的火灾都是不负责任所导致的，何况，也不是所有因不负责任所导致的火灾都不值得救助，因为与金融业内部的互相传染类似，火灾有可能会从一幢房子烧到另一幢房子。如果既有装备精良的消防队，又有关于火灾的法律法规，那么这个小镇就可以更加安全。最终贷款人的情况其实也是一样的。

对于我的建议，另一种可能的批评是它会违背"法治原则"。有许多学者曾经指出，美联储和财政部在金融危机期间违反了法治原则。其中的大多数人还认为，美联储的权力需要被削减，这样它就再也不会违法了（Samples，2010；White，2013；Zywicki，2011）。[22]经过认真审视，我们会发现，这些学者认为美联储在危机期间实施违法行为（在大多数情况下确实如此）的原因，主要是国会给了美联储太大的自由裁量权。然而，与对行政机构进行授权相关的宪法性限制——体现在不授权原则①之中——相当有限。而明确性原则②就是关于不授权原则的一项重要判例标准。在金融危机发生时，要求最终贷款人行使权力解冻金融系统[23]，就是明确性原则的例证[24]。

英格兰银行前副行长保罗·塔克（Paul Tucker）也持这种批评意

---

① 不授权原则（nondelegation doctrine）是美国宪法中关于国会的立法权力不得转授的一项重要制度。根据这一原则，国会是唯一的国家立法机关，且不得在其他机关委派任何立法代表。举例而言，联邦最高法院曾在1998年的克林顿诉纽约市（Clinton v. City of New York）案中指出，国会不应授予总统"择项否决权"（line-item veto），如果总统可以在签署法案前对其条文进行逐项否决，那就相当于获得了立法的权力。因此，1996年的《择项否决权法》构成违宪。——译者注

② 明确性原则（intelligible principle）是美国司法中确立的审查授权立法是否合宪的一项重要标准。随着传统的守夜人政府逐渐向现代的全能型政府转变，完全禁止授权立法已然不切实际，所以就有必要引入明确性原则。根据这一原则，只要国会为被授权者提供了可遵循的充分明确的标准，授权立法就可以经受住司法审查的考验。这样的授权标准包括"公众的便利、利益和必需"、"公平公正"的价格、"公正合理"的费率、"适度"的利润以及"竞争性公共利益"等。——译者注

见，而且还要更加严厉。他认为，从政治经济学（与法律原则不同）的角度出发，一个不受制约的中央银行既不可接受，也不可持续（Tucker，2014）：说它不可接受，是因为我们生活在民主体制中，一个独立而且拥有巨大权力的行政机构有可能会违背人民的意志；说它不可持续，是因为基于上述原因，人们会对这个机构充满猜忌，最终还是会施加限制。[25]塔克提出了两种类型的限制——程序限制和实体限制。程序上的限制包括要求其提交报告、最高级别的官员必须达成一致才能启动，等等。很少会有人不同意这样的要求，其中大部分也已经付诸实施。关于实体上的限制，他认为，绝不能允许最终贷款人向资不抵债的企业提供贷款，因为这样的贷款会让本应上缴财政部的资金处于风险之中，由此就会引发财政问题，而财政上的问题应当由国会和人民来处理。

塔克的顾虑不无道理。《多德-弗兰克法》对于最终贷款人的限制，以及时有出现的国会对美联储施加进一步限制的威胁，反映的正是这种顾虑。塔克的观点的问题在于，正如我们在金融危机中注意到的，向资不抵债的企业或者可能资不抵债的企业提供贷款很可能是一种合理的危机处理方法。在这类企业中，有很多企业的交易对手方是具有偿债能力的，向资不抵债的企业提供贷款就可以让它们有能力向对手方付款。与直接向这些对手方提供贷款相比，这有可能是更有效的方法。更何况，由于在危机期间进行资产评估相当困难，横下一条心的最终贷款人完全可以通过虚报估值的方法来规避塔克所提出的限制。

尽管最终贷款人不应该插足立法机构治下的财政领域这一观点有很长的历史，可以往前一直追溯到白芝浩甚至更早，然而，现在是时候摒弃这种观点了。在金融危机期间，所谓的财政与货币的区别其实是很模糊的。最终贷款人在对大多数担保物进行评估的时候都会遇到重重困难，而且这种评估取决于危机状态能否在不久的将来得到缓解。因此，最终贷款人对担保物的估值，是以它对当前及今后的行动的有效性的预测为基础的。即便严格遵循白芝浩的理论，这种评估方法也会让最终贷款人享有很大的自由裁量权。此外，如果最终贷款人不能采取有力措施，反而表现软弱，以致无法解决危机，那么财政上的负面后果（更少的税收、更高的转移支付）就有可能会超过向资不抵债的企业发放贷款所造成的损失。

无论最终贷款人的权力会有多大、独立性会有多强，只要人们依然相信它会服务于公共利益，那么，民主制度就应该让最终贷款人继续存在下去。剥夺它所需要的权力，无助于最终贷款人完成使命。

注释

[1] Pub. L. No.97—320，96 Stat. 1469（1982）.

[2] Pub. L. No.110—289，122 Stat. 2654（2008）.

[3] 12 U.S.C. § 343.

[4] 用保尔森（Paulson, 2010：115）的话来说，这份函件"是一种间接的方式，可以让美联储获得其所需要的保证，以便采取某项行动，如果我们有财政授权，财政部本应当、也必然会采取这项行动"。

[5] Pub. L. No.110—343，122 Stat. 3765（2008）.

[6] 拜耳（Bair, 2012：49—53，128）对房屋业主表示担忧，但联邦存款保险公司对此无能为力。

[7] 证券交易委员会还曾被要求放宽按市值计价会计准则（mark-to-market accounting standards），但并没有这样做，取而代之的是发表了一份措辞含糊的声明，承认这些准则允许企业在流动性危机期间放弃计价。相关分析参阅 Laux and Leuz（2009）。

[8] 另可参阅 Frame et al.（2015：47—49）。

[9] 参阅 Bair（2012：88）；Geithner（2014：135—137）。

[10] 这个数字来自 Mian, Sufi and Trebbi（2010）。

[11] 另可参阅 Dorsch（2013）。

[12] 参阅 Duchin and Sosyura（2012）；Acemoglu et al.（2013）等。

[13] Dodd-Frank Wall Street Reform and Consumer Protection Act，Pub. L. No.111—203，124 Stat. 1376（2010）（codified as amended in 12 U.S.C. §§ 5301—5641).

[14] 参阅 12 U.S.C. § 343。2015 年，美联储审议通过了实施该法的条例。

[15] 12 U.S.C. §§ 5381—5394.

[16] 这些规则所应该具有的具体精确度问题还引发了其他的问题。最近这场危机的部分肇因是监管套利行为——金融机构在没有违反规则的情况下规避了这些规则。这是一个普遍的法律问题，对于某些情况——通过避税手段逃税——国会已经通过了法律，即使是在技术上符合规则的规避行为也可以进行惩罚。对于逃避金融管制的行为，也可以采取类似的做法。

[17] 在金融危机期间，显然是迫于美联储的压力，证券交易委员会曾暂时禁止卖空金融股。当时，某些分析师认为，卖空行为会人为地压低银行的股票价值，引发对其破产的担忧，这可能导致经济下行螺旋。然而，学术界的共识却是，禁止卖空在美国内外都造成了损害。参阅 Boehmer, Jones and Zhang（2013）等。

[18] 参阅 Gorton（2015）；Madigan（2009）；Acharya（2015）；Acharya and Mora（2015）；Levitin（2011）；Goodhart（1999）；Carlson and Wheelock（2013）等。关于更早期的观点，参阅 Goodfriendand King（1988）。

[19] 参阅 Kahan and Rock（2009）等。

[20] Pub. L. No.111—203.

[21] 这并不是说这些机构的表现无可非议。特别是联邦应急管理局，几十年来一直饱受批评，并多次经历机构重组。参阅 Hogue and Bea（2006）。

[22] 参对 Merrill and Merrill（2014）（认为有序清算机制违宪）；Selgin（2013）。

[23]《紧急经济稳定法》中也可以找到类似原则。

[24] 参阅 Whitman v. Am. Trucking Ass'ns, Inc., 531 U.S. 457（2001）。

[25] 关于国会试图通过要求美联储接受审计以及其他一些约束美联储的努力，参阅 Tschinkel（2015）。关于美联储在历史上承受的政治压力，参阅 Conti-Brown（2016）。

致谢

我从与很多同事和朋友的讨论以及对书稿的评论中获益。这里要特别感谢比尔·布拉顿（Bill Bratton）、托尼·凯西（Tony Casey）、达雷尔·达菲（Darrell Duffie）、理查德·爱泼斯坦（Richard Epstein）、伊塔伊·戈尔茨坦（Itay Goldstein）、阿尼尔·卡什亚普（Anil Kashyap）、阿尔温德·克里希纳穆尔蒂（Arvind Krishnamurthy）、兰迪·克罗茨纳（Randy Kroszner）、戴维·穆斯托（David Musto）、史蒂夫·施瓦茨（Steve Schwarcz）、戴维·斯基尔（David Skeel）、利奥尔·斯特拉伊列维茨（Lior Strahilevitz）、菲利浦·沃勒克（Philip Wallach）和戴维·扎林（David Zaring），以及参加沃顿商学院、芝加哥大学布斯商学院、哥伦比亚大学法学院、斯坦福商学院研讨会和会议的朋友。此外，凯瑟琳·古铁雷斯（Kathrine Gutierrez）、亚当·霍尔茨曼（Adam Holzman）、保罗·马蒂斯（Paul Mathis）和汉娜·瓦尔德曼（Hannah Waldman）在资料检索方面为我提供了非常有价值的支持。

这本书中的部分段落节选于两篇文章：发表于《明尼苏达法学评论》（*Minnesota Law Review*）的《美联储在金融危机中需要何种法律权限》（"What Legal Authority Does the Fed Need During a Financial Crisis?"）；以及发表于《圣母大学法学评论》（*Notre Dame Law Review*）的《紧急救助规则的原则》（"Principles of Bailout Regulation"）［与安东尼·凯西（Anthony Casey）合著］。

我对紧急救助美国国际集团一事的看法在很大程度上受到了我朋友鲍勃·西尔弗（Bob Silver）的影响。他是博伊斯-席勒-弗莱克斯纳律师事务所（Boies，Schiller & Flexner）的合伙人。在美国国际集团诉讼期间，我就在该事务所当律师。他帮助事务所制定了原告起诉的法律策略，我主要以参谋的身份为他提供帮助。在案件进入审理阶段之后，鲍勃就去世了，我以此书向他致敬。

尽管我已不在这家律所工作，与该案的诉讼结果也没有任何利益关系，但是，我代表原告参与该案无疑影响了我对这件事的看法。

参考文献

Acemoglu, Daron, Simon Johnson, Amir Kermani, James Kwak, and Todd Mitton. 2013. "The Value of Connections in Turbulent Times: Evidence from the United States." NBER Working Paper Series No. 19701.

Acemoglu, Daron, Asuman Ozdaglar, and Alireza Tahbaz-Salehi. 2015. "Systemic Risk and Stability in Financial Networks." *American Economic Review* 105 (2): 564–608.

Acharya, Viral. 2015. "Financial Stability in the Broader Mandate for Central Banks: A Political Economy Perspective." Hutchins Center on Fiscal and Monetary Policy at Brookings Working Papers Series No. 11.

Acharya, Viral V., and Nada Mora. 2015. "A Crisis of Banks as Liquidity Providers." *Journal of Finance* 70 (1): 1–43.

Acharya, Viral V., Stijn Van Nieuwerburgh, Matthew Richardson, and Lawrence J. White. 2011. *Guaranteed to Fail: Fannie Mae, Freddie Mac, and the Debacle of Mortgage Finance.* Princeton, NJ: Princeton University Press.

Adelino, Manuel, Antoinette Schoar, and Felipe Severino. 2016. "Loan Originations and Defaults in the Mortgage Crisis: The Role of the Middle Class." *Review of Financial Studies* 29 (7): 1635–70.

Adler, Barry E. 2010. "A Reassessment of Bankruptcy Reorganization After Chrysler and General Motors." *American Bankruptcy Institute Law Review* 18 (1): 305–18.

Agarwal, Sumit, Gene Amromin, Itzhak Ben-David, Souphala Chomsisengphet, and Douglas D. Evanoff. 2014. "Predatory Lending and the Subprime Crisis." *Journal of Financial Economics* 113 (1): 29–52.

Agarwal, Sumit, Gene Amromin, Itzhak Ben-David, Souphala Chomsisengphet, Tomasz Piskorski, and Amit Seru. 2012. "Policy Intervention in Debt Renegotiation: Evidence from the Home Affordable Modification Program." NBER Working Paper Series No. 18311.

Agarwal, Sumit, Gene Amromin, Souphala Chomsisengphet, Tomasz Pikorski, Amit Seru, and Vincent Yao. 2015. "Mortgage Refinancing, Consumer Spending, and Competition: Evidence from the Home Affordable Refinancing Program." NBER Working Paper Series No. 21512.

Aït-Sahalia, Yacine, Jochen Andritzky, Andreas Jobst, Sylwia Nowak, and Natalia Tamirisa. 2012. "Market Response to Policy Initiatives During the Global Financial Crisis." *Journal of International Economics* 87 (1): 162–77.

Anderson, Keith T., and Rick Rieder. 2008. "Report to the Secretary of the Treasury from the Treasury Borrowing Advisory Committee of the Securities Industry and Financial Markets Association." US Department of the Treasury, July 30. https://www.treasury .gov/press-center/press-releases/Pages/hp1094.aspx.

Anginer, Deniz, and A. Joseph Warburton. 2014. "The Chrysler Effect: The Impact of Government Intervention on Borrowing Costs." *Journal of Banking & Finance* 40 (March): 62–79.

Arentsen, Eric, David C. Mauer, Brian Rosenlund, Harold H. Zhang, and Feng Zhao. 2015. "Subprime Mortgage Defaults and Credit Default Swaps." *Journal of Finance* 70 (2): 689–731.

Armantier, Olivier, Eric Ghysels, Asani Sarkar, and Jeffrey Shrader. 2011, revised 2015. "Discount Window Stigma during the 2007–2008 Financial Crisis." *Federal Reserve Bank of New York Staff Report* No. 483.

Ashcraft, Adam, Morten L. Bech, and W. Scott Frame. 2010. "The Federal Home Loan Bank System: The Lender of Next-to-Last Resort?" *Journal of Money, Credit & Banking* 42 (4): 551–83.

Augustin, Patrick, Marti G. Subrahmanyam, Dragon Yongjun Tang, and Sarah Qian Wang. 2014. "Credit Default Swaps: A Survey." *Foundations and Trends in Finance* 9 (1–2): 1–196.

Badawi, Adam B., and Anthony J. Casey. 2014. "The Fannie and Freddie Bailouts through the Corporate Lens." *New York University Journal of Law and Business* 10 (2): 443–78.

Bagehot, Walter. 1873. *Lombard Street: A Description of the Money Market*. London: Henry S. King.

Baghai, Ramin P., Henri Servaes, and Ane Tamayo. 2014. "Have Rating Agencies Become More Conservative? Implications for Capital Structure and Debt Pricing." *Journal of Finance* 69 (5): 1961–2005.

Bair, Sheila. 2012. *Bull by the Horns: Fighting to Save Main Street from Wall Street and Wall Street from Itself*. New York: Free Press.

Baird, Douglas G. 2012. "Lessons From the Automobile Reorganizations." *Journal of Legal Analysis* 4 (1): 271–300.

Baker, Colleen. 2012. "The Federal Reserve as Last Resort." *University of Michigan Journal of Law Reform* 46 (1): 69–134.

Ball, Laurence. 2016. "The Fed and Lehman Brothers." Unpublished manuscript.

Beltran, Daniel O., Valentin Bolotnyy, and Elizabeth C. Klee. 2015. "Un-Networking: The Evolution of Networks in the Federal Funds Market." Board of Governors of the Federal Reserve System Finance and Economics Discussion Series No. 2015-055.

Beltran, Daniel O., Larry Cordell, and Charles P. Thomas. 2013. "Asymmetric Information and the Death of ABS CDOs." Board of Governors of the Federal Reserve System International Finance Discussion Papers No. 1075.

Berger, Allen N., Lamont K. Black, Christa H. S. Bouwman, and Jennifer Dlugosz. 2015. "The Federal Reserve's Discount Window and TAF Programs: 'Pushing on a String?'" Unpublished manuscript.

Bernanke, Ben S. 1983. "Nonmonetary Effects of the Financial Crisis in the Propagation of the Great Depression." *American Economic Review* 73 (3): 257–76.

———. 2002. "Remarks by Governor Ben S. Bernanke On Milton Friedman's Ninetieth Birthday." Presented at the Conference to Honor Milton Friedman, University of Chi-

cago, IL, November 8. http://www.federalreserve.gov/boarddocs/Speeches/2002/2002
1108/default.htm.

———. 2007. "Testimony: The Economic Outlook." Presented before the Joint Economic
Committee, US Congress, March 28. https://www.federalreserve.gov/newsevents/testi
mony/bernanke20070328a.htm.

———. 2015. *The Courage to Act: A Memoir of a Crisis and Its Aftermath.* New York: W. W.
Norton.

Bezemer, Dirk J. 2010. "Understanding Financial Crisis Through Accounting Models." *Ac-
counting, Organizations and Society* 35 (7): 676–88.

Bhat, Gauri, Richard Frankel, and Xiumin Martin. 2011. "Panacea, Pandora's Box, or Pla-
cebo: Feedback in Bank Mortgage-Backed Security Holdings and Fair Value Account-
ing." *Journal of Accounting and Economics* 52 (2–3): 153–73.

Bickley, James M., Bill Canis, Hinda Chaikind, Carol A. Pettit, Patrick Purcell, Carol Rapa-
port, and Gary Shorter. 2009. "U.S. Motor Vehicle Industry: Federal Financial Assis-
tance and Restructuring." Congressional Research Service.

Bignon, Vincent, Marc Flandreau, and Stefano Ugolini. 2012. "Bagehot for Beginners: The
Making of Lender-of-Last-Resort Operations in the Mid-Nineteenth Century." *Eco-
nomic History Review* 65 (2): 580–608.

Black, Lamont, and Lieu Hazelwood. 2012. "The Effect of TARP on Bank Risk-Taking."
Board of Governors of the Federal Reserve System International Finance Discussion
Papers No. 1043.

Boehmer, Ekkehart, Charles M. Jones, and Xiaoyan Zhang. 2013. "Shackling Short Sellers:
The 2008 Shorting Ban." *Review of Financial Studies* 26 (6): 1363–1400.

Bolotnyy, Valentin. 2014. "The Government-Sponsored Enterprises and the Mortgage
Crisis: The Role of the Affordable Housing Goals." *Real Estate Economics* 42 (3): 724–55.

Bolton, Patrick, Xavier Freixas, and Joel Shapiro. 2012. "The Credit Ratings Game." *Journal
of Finance* 67 (1): 85–112.

Boyd, Roddy. 2011. *Fatal Risk: A Cautionary Tale of AIG's Corporate Suicide.* Hoboken, NJ:
Wiley.

Brandao-Marques, Luis, Ricard Correa, and Horacio Sapriza. 2013. "International Evidence
on Government Support and Risk Taking in the Banking Sector." IMF Working Paper
No. 13/94.

Brunetti, Celso, Mario di Filippo, and Jeffrey H. Harris. 2011. "Effects of Central Bank
Intervention on the Interbank Market During the Subprime Crisis." *Review of Financial
Studies* 24 (6): 2053–83.

Brunnermeier, Markus K. 2009. "Deciphering the Liquidity and Credit Crunch 2007–2008."
Journal of Economic Perspectives 23 (1): 77–100.

Brunnermeier, Markus K., and Martin Oehmke. 2013. "Bubbles, Financial Crises, and Sys-
temic Risk." In Vol. 2B of *Handbook of the Economics of Finance,* edited by George M. Con-
stantinides, Milton Harris, and Rene M. Stulz, 1221–88. Amsterdam: Elsevier.

Bubb, Ryan, and Alex Kaufman. 2014. "Securitization and Moral Hazard: Evidence from
Credit Score Cutoff Rules." *Journal of Monetary Economics* 63 (April): 1–18.

Calomiris, Charles W., and Stephen H. Haber. 2014. *Fragile by Design: The Political Origins of
Banking Crises and Scare Credit.* Princeton, NJ: Princeton University Press.

Calomiris, Charles W., and Urooj Khan. 2015. "An Assessment of TARP Assistance to Fi-
nancial Institutions." *Journal of Economic Perspectives* 29:53–80.

Campbell, John Y., and João F. Cocco. 2015. "A Model of Mortgage Default." *Journal of
Finance* 70 (4): 1495–1554.

Canis, Bill, and Baird Webel. 2013. "The Role of TARP Assistance in the Restructuring of General Motors." Congressional Research Service.

Canis, Bill, and Brent D. Yacobucci. 2010. "The U.S. Motor Vehicle Industry: Confronting a New Dynamic in the Global Economy." Congressional Research Service.

Carlson, Mark A., and David C. Wheelock. 2013. "The Lender of Last Resort: Lessons from the Fed's First 100 Years." Federal Reserve Bank of St. Louis Working Paper No. 2012–056B.

Carpenter, Seth, Selva Demiralp, and Jens Eisenschmidt. 2014. "The Effectiveness of the Non-Standard Policy in Addressing Liquidity Risk During the Financial Crisis: The Experiences of the Federal Reserve and the European Central Bank." *Journal of Economic Dynamics and Control* 43 (June): 107–29.

Cheng, Ing-Haw, Sahil Raina, and Wei Xiong. 2014. "Wall Street and the Housing Bubble." *American Economic Review* 104 (9): 2797–2829.

Chodorow-Reich, Gabriel. 2014. "The Employment Effects of Credit Market Disruptions: Firm-Level Evidence from the 2008–9 Financial Crisis." *Quarterly Journal of Economics* 129 (1): 1–59.

Chrysler Group LLC. 2010. "Form 10-K: Annual Report Pursuant to Section 13 or 15(d) of the Securities Exchange Act of 1934 for the Year Ended December 31, 2009."

Congressional Oversight Panel. 2009. "September Oversight Report: The Use of TARP Funds in the Support and Reorganization of the Domestic Automotive Industry."

———. 2011. "January Oversight Report: An Update on TARP Support for the Domestic Automotive Industry."

Conti-Brown, Peter. 2016. *The Power and Independence of the Federal Reserve.* Princeton, NJ: Princeton University Press.

Copeland, Adam, Antoine Martin, and Michael Walker. 2014. "Repo Runs: Evidence from the Tri-Party Repo Market." *Journal of Finance* 69 (6): 2343–80.

Corbae, Dean, and Erwan Quintin. 2015. "Leverage and the Foreclosure Crisis." *Journal of Political Economy* 123 (1): 1–65.

Cornett, Marcia M., Jamie J. McNutt, Philip E. Strahan, and Hassan Tehranian. 2011. "Liquidity Risk Management and Credit Supply in the Financial Crisis." *Journal of Financial Economics* 101 (2): 297–312.

Coval, Joshua, Jakub Jurek, and Erik Stafford. 2009. "The Economics of Structured Finance." *Journal of Economic Perspectives* 23 (1): 3–25.

Covitz, Daniel, Nellie Liang, and Gustavo A. Suarez. 2013. "The Evolution of a Financial Crisis: Collapse of the Asset-Backed Commercial Paper Market." *Journal of Finance* 68 (3): 815–48.

Davidoff, Steven M., and David Zaring. 2009. "Regulation by Deal: The Government's Response to the Financial Crisis." *Administrative Law Review* 61 (3): 463–542.

Davidoff Solomon, Steven, and David Zaring. 2015. "After the Deal: Fannie, Freddie and the Financial Crisis Aftermath." *Boston University Law Review* 95 (2): 371–426.

Domanski, Dietrich, Richhild Moessner, and William Nelson. 2014. "Central Banks as Lender of Last Resort: Experiences during the 2007–2010 Crisis and Lessons for the Future." Board of Governors of the Federal Reserve System Finance and Economics Discussion Series No. 2014–110.

Dorsch, Michael. 2013. "Bailout for Sale? The Vote to Save Wall Street." *Public Choice* 155 (3/4): 211–28.

Duchin, Ran, and Denis Sosyura. 2012. "The Politics of Government Investment." *Journal of Financial Economics* 106 (1): 24–48.

Duffie, Darrell. 2010. "The Failure Mechanics of Dealer Banks." *Journal of Economic Perspectives* 24 (1): 51–72.

Duygan-Bump, Burcu, Patrick Parkinson, Eric Rosengren, Gustavo A. Suarez, and Paul Willen. 2013. "How Effective Were the Federal Reserve Emergency Liquidity Facilities? Evidence from the Asset-Backed Commercial Paper Money Market Mutual Fund Liquidity Facility." *Journal of Finance* 68 (2): 715–37.

Dwyer, Gerald P., and Paula Tkac. 2009. "The Financial Crisis of 2008 in Fixed Income Markets." Federal Reserve Bank of Atlanta Working Paper Series No. 2009-20.

Elliott, Matthew, Benjamin Golub, and Matthew O. Jackson. 2014. "Financial Networks and Contagion." *American Economic Review* 104 (10): 3115–53.

Ellul, Andrew, and Vijay Yerramilli. 2013. "Stronger Risk Controls, Lower Risk: Evidence from U.S. Bank Holding Companies." *Journal of Finance* 68 (5): 1757–1803.

Epstein, Richard A. 2014. "The Government Takeover of Fannie Mae and Freddie Mac: Upending Capital Markets with Lax Business and Constitutional Standards." *New York University Journal of Law and Business* 10 (2): 379–442.

Fahlenbrach, Rüdiger, Robert Prilmeier, and René M. Stulz. 2012. "This Time Is the Same: Using Bank Performance in 1998 to Explain Bank Performance during the Recent Financial Crisis." *Journal of Finance* 67 (6): 2139–85.

Fahlenbrach, Rüdiger, and René M. Stulz. 2011. "Bank CEO Incentives and the Credit Crisis." *Journal of Financial Economics* 99 (1): 11–26.

FCIC (Financial Crisis Inquiry Commission). 2011. *The Financial Crisis Inquiry Report: Final Report of the National Commission on the Causes of the Financial and Economic Crisis in the United States.* Washington, DC: US Government Printing Office.

FDIC (Federal Deposit Insurance Corporation). 2008. "Emergency Economic Stabilization Act of 2008 Temporarily Increases Basic FDIC Insurance Coverage from $100,000 to $250,000 Per Depositor." Press Release, October 7. https://www.fdic.gov/news/news /press/2008/pr08093.html.

———. 2011. "The Orderly Liquidation of Lehman Brothers Holdings Inc. under the Dodd-Frank Act." *FDIC Quarterly* 5 (2): 31–49.

Federal Reserve (Board of Governors of the Federal Reserve System). 2009. "Authority of the Federal Reserve to Provide Extensions of Credit in Connection with a Commercial Paper Funding Facility (CPFF)." Federal Reserve, March 9. http://fcic-static.law.stan ford.edu/cdn_media/fcic-docs/2009-03-09_Federal_Reserve_Bank_Letter_from _Legal_Division_to_Files_Re_Authority_of_the_Federal_Reserve_to_provide_exten sions_of_credit_in_connection_with_a_commercial_paper_funding_facility_CPFF.pdf.

———. 2010a. "Money Market Investor Funding Facility." Federal Reserve. Last updated February 5, 2010. http://www.federalreserve.gov/monetarypolicy/mmiff.htm.

———. 2010b. "Term Securities Lending Facility." Federal Reserve. Last modified February 5, 2010. http://www.federalreserve.gov/monetarypolicy/tslf.htm.

———. 2016a. "Regulatory Reform: Asset-Backed Commercial Paper Money Market Mutual Fund Liquidity Facility (AMLF)." Federal Reserve. Last updated February 12, 2016. http://www.federalreserve.gov/newsevents/reform_amlf.htm.

———. 2016b. "Regulatory Reform: Bear Stearns, JPMorgan Chase, and Maiden Lane LLC." Federal Reserve. Last updated February 12, 2016. https://www.federalreserve.gov /newsevents/reform_bearstearns.htm.

———. 2016c. "Regulatory Reform: Commercial Paper Funding Facility (CPFF)." Federal Reserve. Last updated February 12, 2016. http://www.federalreserve.gov/newsevents/re form_cpff.htm.

———. 2016d. "Regulatory Reform: Discount Window Lending." The Federal Reserve. Last modified March 31, 2016. http://www.federalreserve.gov/newsevents/reform_dis count_window.htm.

———. 2016e. "Regulatory Reform: Primary Dealer Credit Facility (PDCF)." Federal Reserve. Last modified February 12, 2016. http://www.federalreserve.gov/newsevents/reform _pdcf.htm.

———. 2016 f. "Regulatory Reform: Term Securities Lending Facility (TSLF) and TSLF Options Program (TOP)." Federal Reserve. Last modified February 12, 2016. http:// www.federalreserve.gov/newsevents/reform_tslf.htm.

Fender, Ingo, and Martin Scheicher. 2009. "The Pricing of Subprime Mortgage Risk in Good Times and Bad: Evidence from the ABX.HE Indices." BIS Working Papers No. 279.

Fiderer, David. 2010. "How Paulson's People Colluded with Goldman to Destroy AIG and Get a Backdoor Bailout" *Daily Kos*, January 25. https://www.dailykos.com/story/2010 /01/28/831302/—How-Paulson-s-People-Colluded-with-Goldman-to-Destroy-AIG.

Flavin, Thomas J., and Lisa Sheenan. 2015. "The Role of U.S. Subprime Mortgage-Backed Assets in Propagating the Crisis: Contagion or Interdependence?" *North American Journal of Economics and Finance* 34 (November): 167–86.

Frame, W. Scott, Andreas Fuster, Joseph Tracy, and James Vickery. 2015. "The Rescue of Fannie Mae and Freddie Mac." *Journal of Economic Perspectives* 29 (2): 25–52.

Frame, W. Scott, and Lawrence J. White. 2005. "Fussing and Fuming over Fannie and Freddie: How Much Smoke, How Much Fire?" *Journal of Economic Perspectives* 19 (2): 159–84.

FRBNY (Federal Reserve Bank of New York). 2016. "Maiden Lane Transactions." Accessed June 20. https://www.newyorkfed.org/markets/maidenlane.html.

Friedman, Milton, and Anna J. Schwartz. 1963. *A Monetary History of the United States, 1867–1960*. Princeton, NJ: Princeton University Press.

GAO (US Government Accountability Office). 2010. "Federal Deposit Insurance Act: Regulators' Use of Systemic Risk Exception Raises Moral Hazard Concerns and Opportunities Exist to Clarify Provision." Report to Congressional Committees GAO-10-100. http://www.gao.gov/assets/310/303248.pdf.

———. 2011. "Federal Reserve System: Opportunities Exist to Strengthen Policies and Process for Managing Emergency Assistance." Report to Congressional Addressees GAO-11–696. http://www.gao.gov/new.items/d11696.pdf.

———. 2013. "Troubled Asset Relief Program: Status of Treasury's Investments in General Motors and Ally Financial." Report to Congressional Committees No. GAO-14-6. http://www.gao.gov/assets/660/658636.pdf.

Geithner, Timothy F. 2014. *Stress Test: Reflections on Financial Crises*. New York: Crown.

General Motors Company. 2010. "Form 10-K: Annual Report Pursuant to Section 13 or 15(d) of the Securities Exchange Act of 1934 for the Year Ended December 31, 2009."

Gennaioli, Nicola, Andrei Shleifer, and Robert W. Vishny. 2013. "A Model of Shadow Banking." *Journal of Finance* 68 (4): 1331–63.

Gerardi, Kristopher, Andreas Lenhert, Shane M. Sherlund, and Paul Willen. 2008. "Making Sense of the Subprime Crisis." *Brookings Papers on Economic Activity* (2): 69–145.

Gilbert, R. Alton, Kevin L. Kliesen, Andrew P. Meyer, and David C. Wheelock. 2012. "Federal Reserve Lending to Troubled Banks During the Financial Crisis, 2007–2010." *Federal Reserve Bank of St. Louis Review* 94 (3): 221–43.

Goldstein, Itay. 2013. "Empirical Literature on Financial Crises: Fundamentals vs. Panic."

In *The Evidence and Impact of Financial Globalization*, edited by Gerard Caprio, Thorsten Beck, Stijn Claessens, and Sergio L. Schmukler, 523–34. Waltham, MA: Elsevier.

Goldstein, Itay, and Assaf Razin. 2013. "Three Branches of Theories of Financial Crises." NBER Working Paper Series No. 18670.

Goodfriend, Marvin, and Robert G. King. 1988. "Financial Deregulation, Monetary Policy, and Central Banking." *Federal Reserve Bank of Richmond Economic Review* 74 (3): 3–22.

Goodhart, C. A. E. 1995. *The Central Bank and the Financial System.* Cambridge, MA: MIT Press.

———. 1999. "Myths About the Lender of Last Resort." *International Finance* 2 (3): 339–60.

———. 2011. "The Changing Role of Central Banks." *Financial History Review* 18 (2): 135–54.

Goolsbee, Austan D., and Alan B. Krueger. 2015. "A Retrospective Look at Rescuing and Restructuring General Motors and Chrysler." *Journal of Economic Perspectives* 29 (2): 3–24.

Gorton, Gary B. 2012. *Misunderstanding Financial Crises: Why We Don't See Them Coming.* New York: Oxford University Press.

Gorton, Gary. 2015. "Stress for Success: A Review of Timothy Geithner's Financial Crisis Memoir." *Journal of Economic Literature* 53 (4): 975–95.

Gorton, Gary, and Andrew Metrick. 2012. "Securitized Banking and the Run on Repo." *Journal of Financial Economics* 104 (3): 425–51.

Gorton, Gary, and Guillermo Ordoñez, 2014. "Collateral Crises." *American Economic Review* 104 (2): 343–78.

Gorton, Gary, and Andrew Winton. 2003. "Financial Intermediation." In Vol. 1A of *Handbook of the Economics of Finance*, edited by George M. Constantinides, Milton Harris, and René M. Stulz, 431–552. Amsterdam: Elsevier.

Griffin, John M., and Dragon Yongjun Tang. 2012. "Did Subjectivity Play a Role in CDO Credit Ratings?" *Journal of Finance* 67 (4): 1293–1328.

He, Jie, Jun Qian, and Philip E. Strahan. 2012. "Are All Ratings Created Equal? The Impact of Issuer Size on the Pricing of Mortgage-Backed Securities." *Journal of Finance* 67 (6): 2097–2137.

Hindmoor, Andrew, and Allan McConnell. 2015. "Who Saw It Coming? The UK's Great Financial Crisis." *Journal of Public Policy* 35 (1): 63–96.

Hoggarth, Glenn, and Farouk Soussa. 2001. "Crisis Management, Lender of Last Resort and the Changing Nature of the Banking Industry." In *Financial Stability and Central Banks: A Global Perspective*, edited by Richard A. Brealey, Alastair Clark, Charles Goodhart, Juliette Healy, Glenn Hoggarth, David T. Llewellyn, Chang Shu, Peter Sinclair, and Farouk Soussa, 166–86. New York: Routledge.

Hogue, Henry B., and Keith Bea. 2006. "Federal Emergency Management and Homeland Security Organization: Historical Developments and Legislative Options." Congressional Research Service.

Ivashina, Victoria, and David Scharfstein. 2010. "Bank Lending During the Financial Crisis of 2008." *Journal of Financial Economics* 97 (3): 319–38.

Jaffee, Dwight, and John M. Quigley. 2011. "The Future of the Government Sponsored Enterprises: The Role for Government in the U.S. Mortgage Market." NBER Working Paper Series No. 17685.

Johnson, Simon, and James Kwak. 2010. *13 Bankers.* New York: Pantheon.

Judge, Kathryn. 2016. "The First Year: The Role of a Modern Lender of Last Resort." *Columbia Law Review* 116 (3): 843–925.

Junge, Benjamin, and Anders B. Trolle. 2013. "Liquidity Risk in Credit Default Swap Markets." Swiss Finance Institute Research Papers No. 13–65.

Kacperczyk, Marcin, and Philipp Schnabl. 2013. "How Safe Are Money Market Funds?" *Quarterly Journal of Economics* 128 (3): 1073–1122.

Kahan, Marcel, and Edward Rock. 2009. "How to Prevent Hard Cases from Making Bad Law: Bear Stearns, Delaware, and the Strategic Use of Comity." *Emory Law Journal* 58 (3): 713–59.

Kapur, Emily C. 2015. "The Next Lehman Bankruptcy." In *Making Failure Feasible: How Bankruptcy Reform Can End "Too Big to Fail,"* edited by Kenneth E. Scott, Thomas H. Jackson, and John B. Taylor. Stanford, CA: Hoover Institution Press.

Kaufman, Alex. 2014. "The Influence of Fannie and Freddie on Mortgage Loan Terms." *Real Estate Economics* 42 (2): 472–96.

Kessler, Aaron M. 2014. "DealBook: Paulson Testifies That 'Punitive' A.I.G. Terms Were Also Necessary." *New York Times*, October 6. http://dealbook.nytimes.com/2014/10/06/paulson-takes-the-stand-in-a-i-g-trial/?_r=0.

Keys, Benjamin J., Tanmoy Mukherjee, Amit Seru, and Vikrant Vig. 2009. "Financial Regulation and Securitization: Evidence from Subprime Loans." *Journal of Monetary Economics* 56 (5): 700–20.

Kiel, Paul, and Dan Nguyen. 2016. "Bailout Tracker." ProPublica. Last updated March 23, 2017. https://projects.propublica.org/bailout/.

Kindleberger, Charles P. 2000. *Manias, Panics, and Crashes: A History of Financial Crises.* New York: Wiley.

Klier, Thomas H. 2009. "From Tail Fins to Hybrids: How Detroit Lost its Dominance of the U.S. Auto Market." *Economic Perspectives* 33 (2): 2–17.

Klier, Thomas H., and James Rubenstein. 2012. "Detroit Back from the Brink? Auto Industry Crisis and Restructuring, 2008–11." *Economic Perspectives* 36 (2): 35–54.

Krishnamurthy, Arvind. 2010. "How Debt Markets Have Malfunctioned in the Crisis." *Journal of Economic Perspectives* 24 (1): 3–28.

Krishnamurthy, Arvind, Stefan Nagel, and Dmitry Orlov. 2014. "Sizing Up Repo." *Journal of Finance* 69 (6): 2381–2417.

Kroszner, Randall S., and William Melick. 2009. "The Response of the Federal Reserve to the Recent Banking and Financial Crisis." Paper presented at *An Ocean Apart? Comparing Transatlantic Responses to the Financial Crisis*, a conference organized by the Banca d'Italia, Bruegel Institute, and the Peterson Institute of International Economics, Rome, September 10–11.

Laufer, Steven. 2013. "Equity Extraction and Mortgage Default." Board of Governors of the Federal Reserve System Finance and Economics Discussion Series No. 2013–30.

Laux, Christian, and Christian Leuz. 2009. "The Crisis of Fair-Value Accounting: Making Sense of the Recent Debate." *Accounting, Organizations and Society* 34 (6/7): 826–34.

Lee, Brian A. 2015. "Emergency Takings." *Michigan Law Review* 114 (3): 391–454.

Levitin, Adam J. 2011. "In Defense of Bailouts." *Georgetown Law Journal* 99 (2): 435–514.

Lewis, Michael. 2009. *The Big Short: Inside the Doomsday Machine.* New York: W. W. Norton.

Longstaff, Francis A., and Brett W. Myers. 2014. "How Does the Market Value Toxic Assets?" *Journal of Financial & Quantitative Analysis* 49 (2): 297–319.

Lubben, Stephen J. 2009. "No Big Deal: The GM and Chrysler Cases in Context." *American Bankruptcy Law Journal* 83 (4): 531–47.

Madigan, Brian F. 2009. "Bagehot's Dictum in Practice: Formulating and Implementing

Policies to Combat the Financial Crisis." Address presented at the Federal Reserve Bank of Kansas City's Annual Economic Symposium, August 21.

McCulley, Paul A. 2007. "Teton Reflections." *PIMCO Global Central Bank Focus*, September. https://www.pimco.com/insights/economic-and-market-commentary/global-central -bank-focus/teton-reflections.

McDonald, Robert, and Anna Paulson. 2015. "AIG in Hindsight." *Journal of Economic Perspectives* 29 (2): 81–106.

McLean, Bethany. 2015. *Shaky Ground: The Strange Saga of the U.S. Mortgage Giants*. New York: Columbia Global Reports.

Mehra, Alexander. 2010. "Legal Authority in Unusual and Exigent Circumstances: The Federal Reserve and the Financial Crisis." *University of Pennsylvania Journal of Business Law* 13 (1): 221–74.

Mehrling, Perry. 2011. *The New Lombard Street: How the Fed Became the Dealer of Last Resort*. Princeton, NJ: Princeton University Press.

Merrill, Thomas W., and Margaret Merrill. 2014. "Dodd-Frank Orderly Liquidation Authority: Too Big for the Constitution?" *University of Pennsylvania Law Review* 163 (1): 165–247.

Mian, Atif, and Amir Sufi. 2012. "The Effects of Fiscal Stimulus: Evidence from the 2009 Cash for Clunkers Program." *Quarterly Journal of Economics* 127 (3): 1107–42.

———. 2014. *House of Debt: How They (and You) Caused the Great Recession, and How We Can Prevent It from Happening Again*. Chicago: University of Chicago Press.

Mian, Atif, Amir Sufi, and Francesco Trebbi. 2010. "The Political Economy of the US Mortgage Default Crisis." *American Economic Review* 100 (5): 1967–98.

———. 2014. "Resolving Debt Overhang: Political Constraints in the Aftermath of Financial Crises." *American Economic Journal: Macroeconomics* 6 (2): 1–28.

Minsky, Hyman P. 1994. "Financial Instability Hypothesis." In *The Elgar Companion to Radical Political Economy*, edited by Philip Arestis and Malcolm Sawyer, 153–57. Brookfield, VT: Elgar.

Morgenson, Gretchen. 2016a. "Documents Undercut U.S. Case for Taking Mortgage Giant Fannie Mae's Profits." *New York Times*, April 12. http://www.nytimes.com/2016/04/13 /business/fannie-mae-suit-bailout.html?hp&action=click&pgtype=Homepage&click Source=story-heading&module=first-column-region&region=top-news&WT.nav=top -news&_r=0.

———. 2016b. "Fannie, Freddie and the Secrets of a Bailout with No Exit." *New York Times*, May 20. http://www.nytimes.com/2016/05/22/business/how-freddie-and-fannie-are-held -captive.html.

Morrison, Edward R. 2009. "Chrysler, GM and the Future of Chapter 11." Columbia Law and Economics Working Paper No. 365.

Nelson, William R., and Roberto Perli. 2007. "Selected Indicators of Financial Stability." In *Risk Measurement and Systemic Risk: Fourth Joint Central Bank Research Conference, 8–9 November 2005*, in cooperation with the Committee on the Global Financial System, 343–72. Frankfurt, Germany: European Central Bank.

Obama, Barack. 2013. "Remarks on Signing the Dodd-Frank Wall Street Reform and Consumer Protection Act, July 21, 2010." In *Public Papers of the Presidents of the United States: Barack Obama, 2010, Book II—July 1 to December 31, 2010*, 1087–89. Washington, DC: US Government Printing Office.

Oh, Seung-Youn. 2014. "Shifting Gears: Industrial Policy and Automotive Industry After the 2008 Financial Crisis." *Business & Politics* 16 (4): 641–65.

Olegario, Rowena. 2016. *The Engine of Enterprise: Credit in America*. Cambridge, MA: Harvard University Press.

Opp, Christian C., Marcus M. Opp, and Milton Harris. 2013. "Rating Agencies in the Face of Regulation." *Journal of Financial Economics* 108 (1): 46–61.

Pagano, Marco, and Paolo Volpin. 2010. "Credit Ratings Failures and Policy Options." *Economic Policy* 25 (62): 401–31.

Paulson, Henry M. 2010. *On the Brink: Inside the Race to Stop the Collapse of the Global Financial System*. New York: Business Plus.

Porter, Thomas O. 2009. "Federal Reserve's Catch-22: A Legal Analysis of the Federal Reserve's Emergency Powers." *North Carolina Banking Institute* 13 (1): 483–514.

Posner, Eric A. 2015. "How Do Bank Regulators Determine Capital-Adequacy Requirements?" *University of Chicago Law Review* 82 (4): 1853–95.

Posner, Eric A., and Adrian Vermeule. 2010. *The Executive Unbound: After the Madisonian Republic*. New York: Oxford University Press.

Pozsar, Zoltan. 2011. "Institutional Cash Pools and the Triffin Dilemma of the U.S. Banking System." IMF Working Paper No. 11/190.

———. 2014. "Shadow Banking: The Money View." Office of Financial Research Working Paper No. 14–04.

Pozsar, Zoltan, Tobias Adrian, Adam Ashcraft, and Hayley Boesky. 2012. "Shadow Banking." Federal Bank of New York Staff Reports No. 458.

Rajan, Raghuram G. 2005. "Has Financial Development Made the World Riskier?" NBER Working Paper Series No. 11728.

———. 2010. *Fault Lines: How Hidden Fractures Still Threaten the World Economy*. Princeton, NJ: Princeton University Press.

Rattner, Steven. 2010. *Overhaul: An Insider's Account of the Obama Administration's Emergency Rescue of the Auto Industry*. Boston: Houghton Mifflin Harcourt.

Reinhart, Carmen M., and Kenneth S. Rogoff. 2010. "Growth in a Time of Debt." *American Economic Review* 100 (2): 573–78.

Republican Staff of the Committee on Financial Services, U.S. House of Representatives, 113th Congress, Second Session. 2014. *Failing to End "Too Big to Fail": An Assessment of the Dodd-Frank Act Four Years Later*. Washington, DC.

Rexrode, Christina, and Andrew Grossman. 2014. "Record Bank of America Settlement Latest in Government Crusade." *Wall Street Journal*, August 21. http://www.wsj.com/articles/bank-of-america-reaches-16-65-billion-settlement-1408626544.

Ritholtz, Barry. 2009. *Bailout Nation*. New York: John Wiley & Sons.

Roe, Mark J., and David Skeel. 2010. "Assessing the Chrysler Bankruptcy." *Michigan Law Review* 108 (5): 727–72.

Romer, Thomas, and Barry R. Weingast. 1991. "Political Foundations of the Thrift Debacle." In *Politics and Economics in the Eighties*, edited by Alberto Alesina and Geoffrey Carliner, 175–214. Chicago: University of Chicago Press.

Romero, Alan. 2006. "Reducing Just Compensation for Anticipated Condemnations." *Journal of Land Use & Environmental Law* 21 (2): 153–99.

Samples, John. 2010. "Lawless Policy: TARP as Congressional Failure." *Policy Analysis* No. 660.

Schiff, Peter D., with John Downes. 2007. *Crash Proof: How to Profit from the Coming Economic Collapse*. Hoboken, NJ: John Wiley & Sons.

Schularick, Moritz, and Alan M. Taylor. 2012. "Credit Booms Gone Bust: Monetary Policy,

Leverage Cycles, and Financial Crises, 1870–2008." *American Economic Review* 102 (2): 1029–61.

Schwarcz, Daniel. 2015. "A Critical Take on Group Regulation of Insurers in the United States." *UC Irvine Law Review* 5 (3): 537–58.

SEC (US Securities and Exchange Commission). 2008. "SEC's Oversight of Bear Stearns and Related Entities: The Consolidated Supervised Entity Program." Report No. 446-A.

———. 2016. "SEC Enforcement Actions: Addressing Misconduct that Led to or Arose from the Financial Crisis." Last modified January 14, 2016. http://www.sec.gov/spotlight/enf-actions-fc.shtml.

Selgin, George. 2013. "Misunderstanding Financial History." *Alt-M: Ideas for an Alternative Monetary Future*, July 11. http://www.alt-m.org/2013/07/11/misunderstanding-financial-history/.

Serkin, Christopher. 2005. "The Meaning of Value: Assessing Just Compensation for Regulatory Takings." *Northwestern University Law Review* 99 (2): 677–742.

SIGTARP (Special Inspector General for the Troubled Asset Relief Program). 2009. "Factors Affecting Efforts to Limit Payments to AIG Counterparties." SIGTARP Report No. 10-003.

Silva, Joseph W. 2015. "Altering the Deal: The Importance of GSE Shareholder Litigation." *North Carolina Banking Institute* 19:109–34.

Sjostrom, Jr., William K. 2009. "The AIG Bailout." *Washington and Lee Law Review* 66 (3): 943–94.

———. 2015. "Afterward to the AIG Bailout." *Washington and Lee Law Review* 72 (2): 795–828.

Sorkin, Andrew R. 2014. "DealBook: A.I.G. Bailout, Revisionists' Version." *New York Times*. October 6. http://dealbook.nytimes.com/2014/10/06/a-i-g-bailout-revisionists-version/?_r=0.

Stanton, Richard, and Nancy Wallace. 2011. "The Bear's Lair: Index Credit Default Swaps and the Subprime Mortgage Crisis." *Review of Financial Studies* 24 (10): 3250–80.

Stewart, James B., and Peter Eavis. 2014. "Revisiting the Lehman Brothers Bailout that Never Was." *New York Times*, September 30, A1.

Strahan, Philip E., and Basak Tanyeri. 2015. "Once Burned, Twice Shy: Money Market Fund Responses to a Systemic Liquidity Shock." *Journal of Financial & Quantitative Analysis* 50 (1/2): 119–44.

Taylor, John B. 2009. "The Financial Crisis and the Policy Responses: An Empirical Analysis of What Went Wrong." NBER Working Paper Series No. 14631.

Tschinkel, Sheila. 2015. "Congress Auditing the Federal Reserve is a Truly Frightening Idea." *Quartz*, March 13. http://qz.com/362155/congress-auditing-the-federal-reserve-is-a-truly-frightening-idea/.

Tucker, Paul. 2014. "The Lender of Last Resort and Modern Central Banking: Principles and Reconstruction." In *Re-thinking the Lender of Last Resort*, BIS Papers No. 79, 10–42.

US Department of the Treasury. 2008. "Treasury Announces Guaranty Program for Money Market Funds." Press release, September 19. https://www.treasury.gov/press-center/press-releases/Pages/hp1147.aspx.

———. 2009a. "Commitment to Purchase Financial Instrument and Servicer Participation Agreement." https://www.treasury.gov/initiatives/financial-stability/TARP-Programs/housing/mha/Documents_Contracts_Agreements/bankunited_Redacted.pdf.

———. 2009b. "Treasury Department Releases Details on Public Private Partnership Investment Program." Press release, March 23. https://www.treasury.gov/press-center/press-releases/Pages/tg65.aspx.

———. 2009c. "Public-Private Investment Program." White paper, March 23. https://www.treasury.gov/press-center/press-releases/Documents/ppip_whitepaper_032309.pdf.

Veronesi, Pietro, and Luigi Zingales. 2010. "Paulson's Gift." *Journal of Financial Economics* 97 (3): 339–68.

Vyas, Dushyantkumar. 2011. "The Timeliness of Accounting Write-Downs by U.S. Financial Institutions During the Financial Crisis of 2007–2008." *Journal of Accounting Research* 49 (3): 823–60.

Wall Street Journal. 2008. "Paulson's Bazooka: A Weapon to Be Remembered?" *Real Time Economics* (blog), *Wall Street Journal*, September 24. http://blogs.wsj.com/economics/2008/09/24/paulsons-bazooka-a-weapon-to-be-remembered/.

Wall, Larry D. 2014. "Have the Government-Sponsored Enterprises Fully Repaid the Treasury?" *Federal Reserve Bank of Atlanta: Notes from the Vault*, March. https://www.frbatlanta.org/cenfis/publications/notesfromthevault/1403.aspx.

Wallach, Philip A. 2015. *To the Edge: Legality, Legitimacy, and the Responses to the 2008 Financial Crisis.* Washington, DC: Brookings Institution Press.

Wallison, Peter J. 2015. *Hidden in Plain Sight: What Really Caused the World's Worst Financial Crisis and Why It Could Happen Again.* New York: Encounter.

Washington Post. 2008. "The Breakdown of the Final Bailout Bill." *Washington Post*, September 28. http://www.washingtonpost.com/wp-dyn/content/article/2008/09/28/AR2008092800900.html.

Wessel, David. 2009. *In Fed We Trust: Ben Bernanke's War on the Great Panic.* New York: Crown Business.

White, Lawrence H. 2013. "The Federal Reserve and the Rule of Law." Testimony before the House Committee on Financial Services, September 11. http://www.cato.org/publications/testimony/federal-reserve-rule-law.

White, Lawrence J. 1992. *The S&L Debacle: Public Policy Lessons for Bank and Thrift Regulation.* New York: Oxford University Press.

Wojtowicz, Marcin. 2014. "CDOs and the Financial Crisis: Credit Ratings and Fair Premia." *Journal of Banking & Finance* 39 (February): 1–13.

YCharts. 2016a. "Fannie Mae (FNMA) Income Statement." Accessed July 8. http://finance.yahoo.com/q/is?s=FNMA+Income+Statement&annual.

———. 2016b. "Federal Home Loan (FMCC) Income Statement." Accessed July 8. http://finance.yahoo.com/q/is?s=FMCC+Income+Statement&annual.

Zaring, David. 2014. "Litigating the Financial Crisis." *Virginia Law Review* 100 (7): 1405–81.

Zywicki, Todd. 2011. "The Auto Bailout and the Rule of Law" *National Affairs* 7 (Spring): 66–80.

译后记　波斯纳的浪漫主义

作为法律经济学运动的重要代表，理查德·波斯纳以其功利主义的世界观闻名于世，甚至还被评论者比作狄更斯小说《艰难时世》中那个习惯把一切关系货币化的葛擂硬。由于学了法律、当了法官，波斯纳似乎是一个理性务实得近乎冷酷的人。然而，朱苏力教授曾经说过，波斯纳确信自己是尼采式的浪漫主义者，因为他视人生为一个不断创造和突破自己的过程，要在人生的苦役和虚无中创造意义。

如果按照老波斯纳的标准，那么埃里克·波斯纳教授显然也是一个浪漫主义者。他的著述与论辩，不仅涵盖了国际法、经济法、宪法等多个法学部门，而且囊括了政治、经济、社会等诸多研究范畴，从法律的核心到边缘直至其他专业领域，都可以见到他的壮志雄心和不凡成就。仿佛是中了家族性的浪漫魔咒，小波斯纳同样是一位创作力极其旺盛的严肃学者，连他写书的速度，亦与其父不遑多让。

当最初拿到《最后防线：金融危机与紧急救市的未来》一书时，译者一度以为，据说"每天都会睡觉"的波斯纳法官，继连续出版《资本主义的失败》《资本主义民主的危机》之后，依然对当年的次贷危机不吐不快，于是又在"睡梦"中奋笔写下了第三本"天书"。等看清名字，才发现此波斯纳非彼波斯纳，本书的作者其实是老波斯纳之子。就在《最后防线：金融危机与紧急救市的未来》的英文版上市后不到一个半月，埃里克·波斯纳教授又与微软公司首席经济学家格伦·韦尔合作，由普林斯顿大学社出版了颇具思想实验色彩的《激进市场》一书，引起西方社会极大反响。与本书侧重于通过立法和法律来改革完善金融监管制度的思路不同，《激进市场》对相关主题作了大幅拓展，试图以领域空前浩大的市场试验彻底地变革资本主义市场机制，通过全新的"放任市场自由的社会主义"制度设计，从根本上化解西方体制的系统性风险，从而实现全球经济的持续稳定繁荣。今年，就在诸位编辑耐心审校本书译稿之时，他关于当前美国民主宪政危机的新作《蛊惑家的剧本》也已在海外面世，想必又可以为我们洞察西方政治提供一个重要的视角。

两年前的秋夏之交，在初步翻阅《最后防线：金融危机与紧急救市的未来》并检索相关评论后，译者最终决定接受邀请翻译本书，主要基于两点考虑：一是因为波斯纳父子在法学和经济学领域都卓有建树、享有盛誉，能有机会把他们的著作译介给国内的读者，是我们师兄弟的荣幸。二是因为彼时恰逢全球金融海啸十年之祭和亚洲金融风暴二十年之期，国际经济形势持续低迷，地缘政治摩擦此起彼伏，周期论危机论层出不穷。而本书的主要内容，就是在深度剖析美国应对国际金融危机的种种举措。

幸运的是，到目前为止，全球性的金融危机尚未再次发生。然而，危险真的已经过去了吗？"没有！"相信大多数人都会给出这样一个否定的答案。刘鹤副总理主编的《两次全球大危机的比较研究》指出，基于过去 800 多年金融历史数据的研究发现，历次金融危机的共同标志性特征主要有：资产价格大幅上升、债务负担加剧、经济增长率波动、经常账户赤字等。以之反观当下，危机并非无迹可寻。

2008 年的国际金融危机，中断了全球经济长达 30 多年的黄金增长期。金融体系的去杠杆化和实体经济的逐步下行，形成了具有放大效应的负反馈环，导致世界经济陷入长时间的深度衰退。许多国家不得不常年维持的低利率、零利率乃至负利率货币政策，渐趋泛滥的量化宽松、居高不下的债务杠杆、快速膨胀的财政赤字、左右摇摆的金融监管、背离现实的技术牛市、难以控制的资产泡沫、日益扩大的贫富差距、积重难返的社会矛盾、不断加剧的政治极化、深刻调整的世界秩序，特别是突如其来的新冠疫情又进一步加速了全球经济的下行趋势和衰退步伐，这一切的一切，都无不预示着系统性风险和全球性危机的阴霾并没有离我们远去。桥水基金的创始人瑞·达利欧甚至认为，从债务周期、内部矛盾、外部秩序三个方面来看，当前世界形势与 20 世纪大萧条末到第二次世界大战前的情况最为相似。

在这样的宏观大背景下，静下心来再度检视美国应对金融危机的具体措施及其优劣得失，无疑具有很大的参考价值和借鉴意义。

马克·吐温说过，"历史不会重复自己，但是会押着同样的韵脚"。在 2020 年这个充满魔幻现实主义色彩的"变乱时期"，屡次进入封闭式隔离点参与抗疫的译者却不无惊奇地发现，面对史无前例的全球公共健康危机，为了避免可能由此衍生的经济危机，美国政府、美联储和相关机构又再次祭出了让人似曾相识的在 2008 年金融危机中出现过的"流动性救市"政策：首先，是启动非常规货币工具，打出了"零年利率＋量化宽松"的组合拳。接着，又启动商业票据融资工具（CPFF）、一级交易商信贷工具（PDCF）、货币市场共同基金流动性工具（MMLF）等特殊机制；其中，前两者均创设于次贷风暴期间，后者的结构则与当年的资产支持商业票据货币市场共同基金流动性工具（AMLF）非常相似，区别主要在于其所购买的资产范围可以更为广泛。随后，美国总统又在国会审议通过的当天就将《冠状病毒援助、救济和经济保障法案》签署成法，授权财政部投入大量财力补贴失业民众。更为魔幻的是，2008 年是大选之年，2020 年又是大选之年，当年曾经困扰美国当局的种种政治考量，如今又再一次影响了危机的应对。

温斯顿·丘吉尔认为："美国人通常要在尝试所有可能性之后，才会选择做正确的事情。"面对与金融危机完全不同的公共健康危机，美国现在这种不计代价的巨量流动性漫灌，到底是救市活水，还是饮鸩止渴？目前还很难轻下定论。表面上看，从疫情之初美国股市破纪录地连续数次熔断，到放水之后股指破纪录地一再创下新高，过往的经验教训似乎已经起到了决策者们所预期的效果。然而，如果从更细节更微观的层面来看，就会发现许多金融资产的泡沫化程度也已经破纪录地达到了近数十年以来的最高水平。更何况，流动性救市只能治标，不能治本。美国经济至今未见很大起色，抗疫不力是其主因，只有控住疫情，才能让局面有实质性改善。当前美国股市一波又一波的高潮，很可能已经为下一次金融海啸的来临积蓄了危险的能量。

理论上，金融的发展有可能会继续沿着"危机—管制—金融抑制—放松管制—过度创新—新的危机"的历史周期律演进。以美国为例，奥巴马在任期间曾通过《多德-弗兰克法》大幅提高金融监管标准、扩大金融监管范围、加强金融监管力度。特朗普上任后却积极改弦更张，大刀阔斧地撤销860多项金融监管措施，放松对资本市场的管制。"特朗普牛市"的形成，在宏观层面的核心推动力是减税承诺和宽松政策下形成的美股估值和盈利的"戴维斯双击"式的提升，而非基于美国本身制造业或科技产业周期的崛起，这已然是一种背离；疫情期间的大放水，又进一步加剧了股指和经济之间的背离。拜登当选后或将推动国会再次批准加强和从严执行包括"沃尔克规则"在内的《多德-弗兰克法》，金融监管周期由宽向紧的变化，对当前泡沫化的股市将形成一定的调整压力。与此同时，再度强化的监管也可能会在未来引发难以预料的更加猛烈的金融创新和监管规避。如果没有前瞻性的思考和引领性的立法，对证券产品的复杂化和底层资产的混杂性缺乏深刻认识，那么，当全球性金融危机再度来临之时，世界各国的最终贷款人和相关职能机构，很可能又将面临缺少合法化解手段以致有责无权、有心无力的困境。译者希望本书关于最终贷款人需要同时是终极交易商或者终极做市商的法律建议，能够对破解困局有所助益。

各国应对金融危机的常规举措，在很多人眼中或许就是笼统的流动性支持。不过，从本书所揭示的微观结构来看，以及从伯南克等亲历者的回忆录来看，救市的处方绝非如此简单。危机是一步一步发展的，如何判断危机已经发生？通过放水救助企业时，如何确保社会公众受益，而非大资本家受益？如何平衡救助政策的需要与中小股东的权益？如何让放出去的"水"按照预计的方向不断地流下去？如何防止"大而不能倒"的企业在得救后再度引发风险？这些都是非常有现实意义，却又经常被人忽略的问题。译者希望读者朋友能够通过本书，从更为理性务实的法治视角，分析金融危机的始末由来、危机应对的种种考量以及不同措施的实际效果，从而进一步完善认识。

从2018年末着手翻译，到2019年初交付初稿，再到如今接近最后出版，不曾想时光已经匆匆过了两年。书成付梓之际，译者谨向下列个人和组织致以最诚挚的谢意：首先，特别感谢作者埃里克·波斯纳教授的信任，让我们有机会将此书译为中文。同时，感谢格致出版社的诸位编审和编辑老师、尤其是裴乾坤先生的细心沟通和细致审校；感谢徐鹏同学介绍裴编辑与我们相识；感谢母校各位恩师多年点滴教诲并指引译者走上法学之路。最后，衷心感谢中国国际私法学会副会长丁伟教授和中国首席经济学家论坛副理事长李迅雷教授的关心厚爱和大力支持，他们在百忙之中为译者倾情作序，分别从法律和经济角度对本书作了非常精彩而又精辟的专业点评和形势解读。

希望诸位师友能不嫌微末地接受致谢。当然，译文中可能存在的错漏盖由两位译者负责，具体分工如下：朱工宇负责绪论、第一章至第三章、第八章以及文末注释的翻译；刘熹微负责第四章至第七章以及文末致谢的翻译。尽管译者对本书全文作了多次通读审校，但是迫于学识和能力有限，译作难免有所疏忽，还望读者朋友予以海涵。

学问的甘苦和出版的不易，让译者深切体会到了波斯纳父子的浪漫主义是何等难能可贵。最后，且以宋代词人王槐建《水龙吟》中的诗句，与大家共勉："无穷事业，有穷光景。但相期，不负初心！"

朱工宇

2020 年 12 月 7 日

图书在版编目(CIP)数据

最后防线:金融危机与紧急救市的未来/(美)埃
里克·波斯纳著;朱工宇,刘熹微译.—上海:格致
出版社:上海人民出版社,2021.4
ISBN 978-7-5432-3195-5

Ⅰ.①最… Ⅱ.①埃… ②朱… ③刘… Ⅲ.①金融危
机-研究-美国 Ⅳ.①F837.125.9

中国版本图书馆 CIP 数据核字(2021)第 050423 号

责任编辑 裴乾坤
封面装帧 人马艺术设计·储平

最后防线:金融危机与紧急救市的未来

[美]埃里克·波斯纳 著

朱工宇 刘熹微 译

出 版	格致出版社	
	上海 人 民 出 版 社	
	(200001 上海福建中路 193 号)	
发 行	上海人民出版社发行中心	
印 刷	常熟市新骅印刷有限公司	
开 本	890×1240 1/32	
印 张	9.75	
插 页	2	
字 数	222,000	
版 次	2021 年 4 月第 1 版	
印 次	2021 年 4 月第 1 次印刷	

ISBN 978-7-5432-3195-5/D·152

定 价 52.00 元

上海市版权局著作权合同登记号:图字 09 - 2018 - 334